沂蒙精神融入高校思想政治理论课教学研究

孙海英　侯婷婷　著

中国矿业大学出版社
·徐州·

图书在版编目(C I P)数据

沂蒙精神融入高校思想政治理论课教学研究 / 孙海英,侯婷婷著. —徐州 : 中国矿业大学出版社, 2021.12
ISBN 978 - 7 - 5646 - 5277 - 7

Ⅰ. ①沂… Ⅱ. ①孙… ②侯… Ⅲ. ①高等学校—思想政治教育—教学研究—中国 Ⅳ. ①G641

中国版本图书馆 CIP 数据核字(2021)第 264497 号

书　　名 沂蒙精神融入高校思想政治理论课教学研究
著　　者 孙海英　侯婷婷
责任编辑 史凤萍
出版发行 中国矿业大学出版社有限责任公司
(江苏省徐州市解放南路　邮编 221008)
营销热线 (0516)83885307　83884103
出版服务 (0516)83995789　83884920
网　　址 http://www.cumtp.com　**E-mail**:cumtpvip@cumtp.com
印　　刷 徐州中矿大印发科技有限公司
开　　本 710 mm×1000 mm　1/16　**印张** 12.5　**字数** 249 千字
版次印次 2021 年 12 月第 1 版　2021 年 12 月第 1 次印刷
定　　价 52.00 元

目　录

绪 言

随着全面小康社会的建成，我国已经进入奋力实现第二个百年奋斗目标的新阶段，这是中华民族、中国人民和中国共产党的伟大光荣，同时这也是中华民族、中国人民和中国共产党的重大发展机会，更是当代青年施展才华、实现个人远大理想抱负的时代机遇。俗话说时势造英雄，这样的伟大时刻正是诞生英雄的时代，英雄的诞生永远绕不开人才的培养和教育问题，培养什么样的人、如何培养人、为谁培养人再一次成为育人的关键问题。纵观我国教育发展史、横看社会对人才的需求，我们是为实现第二个百年奋斗目标进而实现中华民族伟大复兴培育时代新人。

《关于深化新时代学校思想政治理论课改革创新的若干意见》、《新时代高校思想政治理论课教学工作基本要求》、《〈中共中央宣传部教育部关于进一步加强和改进高等学校思想政治理论课的意见〉实施方案》、《普通高校思想政治理论课建设体系创新计划》、《在学校思想政治理论课教师座谈会上的讲话》(2019 年 3 月 18 日)等，构成了宏观的政策依据。山东省高度重视思想政治理论课(简称“思政课”)建设，相继出台了《山东以举办重大活动为契机推动传承红色基因和中华优秀传统文化创造性转化创新性发展有关情况的报告》、《关于大力弘扬沂蒙精神的意见》的文件等。临沂大学红色文化育人继续走在前列，《临沂大学红色育人工程实施意见》、《关于大力弘扬沂蒙精神的实施意见》、《关于加强和改进新形势下高校思想政治工作的意见》、《关于加强和改进思想政治理论课建设的实施方案》等文件陆续出台并运用于实践。这一系列意见、通知和计划等文件、精神构成了本书的政策性写作背景。

近一段时间以来，关于沂蒙精神育人的相关理论研究成果较多，也产生了不少较有影响的力作，临沂大学的部分研究成果，如《用“五个融入”传承弘扬沂蒙精神》、《论沂蒙精神的价值取向与当代大学生的价值选择》、《红色文化融入大学生理想信念教育研究：以沂蒙精神为例》、《从心态到行为：心存敬畏，行有担当——论沂蒙精神育人中教师的心态调适与角色重构》、《沂蒙精神与井冈山精神、延安精神、西柏坡精神之比较》、《沂蒙精神融入大学生文化自信的路径研究》等，已在全国形成一定影响。这些研究集中在理论意义层面的居多，具体操作层面上或者说成熟经验的借鉴推广较少，而关于沂蒙精神如何融入教学以及在实践层面上如何操作等问题的研究相对较弱。在学校的政策、措施和经费等支持和推动下，临沂大学马克思主义学院已经在沂蒙精神融入思政课教学的实践探索和理论研究方面进行了近9年的深耕，对于如何提升红色文化和中国共产党革命精神在思政课教学中的针对性、实效性有着丰富的经验。我们依托这一基础，着力在实践层面上为高校红色文化育人及思政课教学改革提供具有操作性的借鉴。

"培养什么人、怎样培养人"始终是高校办学的根本问题。坚持育人为本，才是教育本身的重中之重。如今，大学多数实行的是"放养"的教学模式，学生认为上了大学就"自由"了，老师只管上课，"两耳不闻窗外事"。如果连老师都认为上课只是走一下形式，育人便无从谈起。临沂大学以培养具有沂蒙精神特质和国际视野的高素质应用型人才为自己的办学定位，将"能吃苦、善创新、敢担当、乐奉献"的品格升华为临沂大学学子的精神特质，将沂蒙精神融入教育部规定的四门思想政治理论课课程，面向全校学生开设校本思想政治理论必修课"沂蒙精神与沂蒙红色文化"，在提升学生个人品行、增强教师育人的能力方面发挥了重要作用。临沂大学紧密结合沂蒙精神开展育人工作，无论是在教学管理中还是在校园文化建设中，临沂大学将沂蒙精神潜移默化地融入高等教育的例证都随处可见。如，成立了沂蒙文化研究院、山东省马克思主义群众观研究中心等研究机构，先后承办了沂蒙精神与社会主义核心价值体系研讨会、沂蒙精神与群众路线研讨会、山东革命根据地建设研讨会等全国性学术研讨会，形成了丰厚的理论成果和教学成果。在教学管理中，学校将沂蒙文化与课程思想进行了深度的融合，如在音乐教学中开设红色艺术欣赏专题；在历史教学中贯穿党史教育、民族精神与时代精神教育；在中国现当代文学教学中突出中国共产党革命精神教育；在自然科学教学中用科学家的治学精神教育青年一代；在体育教学中融入革命传统元素。因此，作为高校思政课教师，我们有义务也有责任探索将沂蒙精神融入高校思想政治理论课三维教学的具体路径，助力学校达成育人目标、培育时代新人。

高校思想政治理论课以立德树人为根本任务，在高校课程设置中具有重要地位。高校思想政治理论课是落实立德树人根本任务的关键课程，以培育社会主义核心价值观为目的，是帮助学生确立正确的政治方向、提高思想政治学科核心素养、增强学生社会理解和参与能力的综合性、活动型学科课程。高校思想政治理论课应该"继承革命传统，传承红色基因"，从而培育学生对党的政治认同、情感认同、价值认同，因此思想政治教学应该有机融入革命文化教育内容。"水乳交融、生死与共"的沂蒙精神是党和国家的宝贵精神财富，将沂蒙精神运用于高校思想政治理论课的教学有利于提高思想政治教师的政治文化素养，有利于丰富思想政治理论课的教学资源，增强思想政治理论课的吸引力，从而调动学生学习思想政治理论课的积极性，培养一批具有沂蒙精神特质的接班人。

沂蒙精神融入高校思想政治理论课教学具有较高的理论意义和实践意义。就其理论意义来看：第一，将沂蒙精神与新版教材相结合运用于高校思想政治理论课教学，有利于丰富高校思想政治理论课的教学资源，为教学提供大量的教育素材。第二，沂蒙精神是党和国家宝贵的精神财富，将沂蒙精神与高校思想政治理论课教学相结合有利于弘扬和传承沂蒙精神。第三，本书将系统阐述沂蒙精神融入高校思想政治理论课教学策略，为现实的教学提供相关的理论依据。就其实践意义来看：第一，将沂蒙精神运用于高校思想政治理论课教学有利于增强思想政治理论课的情感性，沂蒙精神能够有效激发学生的真情实感，帮助学生深刻感受教材的内在价值。第二，有利于帮助教师解决沂蒙精神运用于高校思想政治理论课教学中存在的实际问题，并使其在实践教学中不断改进运用的方式方法，提高教学质量，提高运用效果。第三，基于现状分析提出相应的教学策略，有利于提升地方特色精神运用于高校思想政治理论课的效果，有助于建设具有山东特色的德育课程和教学体系。第四，我国红色文化资源众多，沂蒙精神融入高校思想政治理论课教学有利于建立弘扬革命精神的示范区，为其他地区的红色文化在高校思想政治理论课教学中的运用提供实践参考。因此，沂蒙精神融入高校思想政治理论课教学是一个有价值的选题，本书主要探讨沂蒙精神融入高校思想政治理论课教学的运用对策。

本书旨在为沂蒙精神融入高校思想政治理论课教学提供相关建议。本书研究沂蒙精神融入高校思想政治理论课教学现状，立足于教学实践中的实际问题，结合教育学相关理论有针对性地提出沂蒙精神融入高校思想政治理论课教学的建议，力求能够涵盖教学的重点因素，提供一系列可直接借鉴的经验，为教学任务繁重的一线教师提供具体的方法指引，形成一套可借鉴的运用模式，以期帮助高校思想政治理论课教师更好地运用沂蒙精神，提升思想政治理论课的教学效果。本书的选题视角和写作思路具有新颖之处。选题视角方面，沂蒙精神融入高校思想政治理论课教学是一个热点研究问题，从现实状况来看，沂蒙精神教育活动大多与社会实践活动相结合，如开展参观红色教育基地等实践活动，但因学生对沂蒙精神的理解程度有限，实践活动的教学目标难以达成。本书正是抓住这一突破口，将研究重心放在高校思想政治理论课教学上，将沂蒙精神运用于高校思想政治理论课教学的全过程。写作思路方面，泰勒的目标模式作为一种成熟的课程开发理论为课程开发与实施提供了基本模式，引入泰勒的目标模式从目标、内容、方法和评价四个方面开展沂蒙精神融入高校思想政治理论课教学的研究，使其运用更具系统性、条理性和清晰性。本书着眼于教材与沂蒙精神的内在联系，深入挖掘沂蒙精神中的“思政点”，提供两者之间的教学契合点，有设计地将沂蒙精神运用于高校思想政治理论课教学，将沂蒙精神运用到教材的教学中，体现了教育发展的时代性。

第一章　沂蒙精神概述

沂蒙精神是中国共产党人精神谱系的重要组成部分，凭借其与时俱进的精神品质在新时代闪耀着时代光芒。就沂蒙精神的形成背景来看，沂蒙精神的产生具有特定的文化基础、客观条件和主观因素；就沂蒙精神鲜明的精神特质来看，党群同心、水乳交融是沂蒙精神的核心要义，军民情深、生死与共是沂蒙精神的鲜明特征，艰苦奋斗、无私奉献是沂蒙精神的永恒主题；就沂蒙精神的教育价值来看，沂蒙精神有利于培养具有沂蒙精神特质的接班人，沂蒙精神有助于建设高质量的教师队伍，沂蒙精神有益于丰富高校思想政治课程的教学资源。沂蒙精神历久弥新，新时代应继续传承和弘扬沂蒙精神，为民族复兴注入精神力量。

第一节　沂蒙精神的形成背景

在沂蒙地区，伴着苍翠绵延的巍巍蒙山和清流奔腾的滔滔沂河，伴着革命战争的烈火和革命烈士的鲜血，诞生了伟大的沂蒙精神。“蒙山高，沂水长，军民心向共产党”，一曲沂蒙颂歌绝非舞台演绎，而是在血与火的锻造和凝练中沂蒙人民的历史选择。走进沂蒙，回首那段激情燃烧的峥嵘岁月，每个人都会不由自主地发问：中国共产党为什么能够赢得最广大人民群众的坚定拥护？人民群众为什么能够甘于牺牲、倾其所有在生存难保的战争年代支援革命？政之所兴在顺民心，政之所废在逆民心。答案就是我们党自建党之初，就坚定地高举出为人民谋利益的鲜明旗帜。

“沂蒙”是红色精神的产物，该词最早出现在革命战争年代，它始于党中央对115师东进“建立沂蒙山抗日根据地”的重要指示。从这个意义上说，沂蒙山不是指代山脉也不是指代地名，而是一座红色革命的高山和红色精神的高山。在沂蒙这片红色的热土上，孕育了用热血浸染的红色文化，催生了党群血肉熔铸的沂蒙精神。沂蒙精神形成于特定的文化基础、客观条件和主观条件。

一、沂蒙精神产生的文化基础

任何精神的产生都不是无源之水、无本之木，都有其产生的基础和条件。沂蒙精神继承中华优秀传统文化，根植于红色革命和伟大建设的实践沃土，在沂蒙这片红色土地上诞生，并不断发展壮大，以其与时俱进的精神品质不断焕发新的时代光辉，彰显出符合时代要求的价值取向。历史悠久、底蕴丰厚的沂蒙文化是沂蒙精神产生的重要基础。

中华文化绵延至今，在临沂这片文化圣地上涌现出了众多闻名中外的历史文化名人，例如战国末期博学深思的思想家、教育家荀子，未出茅庐而三分天下的政治家、思想家诸葛亮，被誉为"书圣"的东晋著名书法家王羲之，以及著名历算学家刘洪、古代著名先贤仲由、著名经学家匡衡，等等。在漫长的历史进程中，中华优秀传统文化对沂蒙文化产生的潜移默化的作用是非常巨大的，中华优秀传统文化可以说是沂蒙精神的源头活水，沂蒙精神的内涵特质都可以在中华优秀传统文化中找到源头。具体体现在沂蒙地区是东夷文化与齐鲁文化的交会处，文化的交流、融合与创新使沂蒙文化形成了自己鲜明的特色。例如，深厚的文化底蕴潜移默化地影响沂蒙人民，使其形成了独具特色的尽忠尽孝、崇文尚武的特色性格以及自强不息的文化气节。也正是在这种文化底蕴深厚的历史氛围中，沂蒙人民在弘扬和传承中华优秀传统文化的同时，逐步形成了崇道义、求真理、重气节、乐奉献的精神风貌和性格特征，这为沂蒙精神的产生和不断发展与完善奠定了深厚的文化基础。

二、沂蒙精神产生的客观条件

近代以来，沂蒙人民生活困苦，处在水深火热的煎熬之中，这份苦难是沂蒙精神产生的客观条件。沂蒙地区在地理环境上没有发展优势，崇山峻岭较多，土地较为贫瘠，造成生产力落后和生活艰难。地理环境本就没有发展优势却又多发自然灾害。军阀混战和抗日战争时期，沂蒙人民不仅要忍受生活本来的贫困，还要和水灾、风灾、蝗灾、旱灾、冰雹等自然灾害作斗争，要和军阀混战之下无恶不作的土匪作斗争。沂蒙地区村落衰败、民不聊生，温饱成了沂蒙人民所必须面对的难题，本就艰难贫困的生活更是雪上加霜。沂蒙人民迫切需要坚强有力的领导者带领他们摆脱贫困实现温饱，但事与愿违，无论是北洋政府还是国民政府，都未能真正为人民谋利益，在统治上一样欺压百姓。仅 1925 年到 1928 年，反动军阀张宗昌要求山东人民缴纳的苛捐杂税就多达十余种。高额的地租、赋税和高利贷，成为沂蒙人民难以承受的经济负担。中国共产党是真真切切为人民谋利益的政党，跟共产党走成为沂蒙人民坚定的选择。

三、沂蒙精神产生的主观条件

沂蒙人民勇于斗争、敢于斗争的无畏精神是沂蒙精神产生的主观条件。在特定的文化背景下，沂蒙人民自古便爱憎分明、不甘忍辱屈从、勇于顽强反抗。

正是这种勇于革命和不畏斗争的意识，为沂蒙精神的产生提供了主观条件。

在沂蒙人民千百年来的不屈抗争和不懈追求中，逐步形成了反压迫求解放、守家园谋幸福的思想文化基调，成为沂蒙精神产生的主观条件。可以说，抗日战争和解放战争中，沂蒙人民能够立场坚定、顾全大局、勇赴国难、无私奉献，正是对崇尚正义、永不服输思想文化传统的时代诠释和血脉传承。也正是这种薪火相传的主流思想文化传统，构成了蒙山沂水威武不屈的风骨和誓死抗争的秉性。

总之，沂蒙人民在厚重的沂蒙历史文化浸润和影响中，形成了独特的精神风貌和人生品格；在水深火热的生活中，盼望着摆脱贫困，过上安定生活；在一次次的抗争中体现出了为自由、平等和民族利益而不怕牺牲、英勇奋战的顽强斗志和英雄气概。这一切都为沂蒙精神的形成奠定了重要的基础。

第二节　沂蒙精神鲜明的精神特质

沂蒙精神最早提出于改革开放时期。1989 年 12 月 12 日，临沂地委委员李祥栋第一次提出沂蒙精神这个概念。他将沂蒙精神的内涵概括为“团结奋斗、无私奉献、艰苦创业、求实创新”，经政府和各级媒体不断推介后逐步为外界了解熟知。1997 年，中共临沂市委、市政府将沂蒙精神总结为“爱党爱军、开拓奋进、无私奉献、艰苦创业”。2013 年 11 月 25 日，习近平总书记视察临沂时发表讲话：“革命胜利来之不易，主要是党和人民水乳交融，党把人民利益放在第一位，为人民谋解放，人民跟党走，无私奉献，可歌可泣啊！”[①]习总书记的讲话揭示了沂蒙精神的本质，为我们从中国共产党和沂蒙人民的双重视角重新审视沂蒙精神指明方向。2013 年之后，学者们开始以习近平总书记的讲话为指导思想进行沂蒙精神的内涵研究，参考已有科学定论的内涵表述，依据习近平总书记关于沂蒙精神的深刻论述，结合沂蒙精神形成与发展的实践，沂蒙精神基本内涵被确定表述为“党群同心、军民情深、水乳交融、生死与共”。

一、党群同心、水乳交融是沂蒙精神的核心要义

中国共产党与沂蒙人民在长期的革命和建设中同命运、共呼吸，形成了深厚的军民鱼水关系。离开中国共产党的领导，沂蒙人民就失去了主心骨、顶梁柱；离开人民的参与和支持，中国共产党的奋斗目标就成了无源之水、无本之木。中国共产党全心全意为人民谋利益，是沂蒙人民群众意志坚定跟党走的逻辑前提；

① 徐东升、汲广运：《马克思主义群众观视域下的沂蒙精神研究》，人民出版社 2019 年版，第 79 页。

沂蒙人民意志坚定跟党走,是党反馈人民、为人民谋利益的逻辑必然。首先,党的领导是沂蒙人民的主心骨、顶梁柱。在战火纷飞的革命战争年代,沂蒙地区的广大党员干部以马克思主义为指导思想,践行马克思主义群众观,坚持一切为了群众、一切依靠群众,从群众中来、到群众中去的群众工作路线,坚定不移地捍卫沂蒙人民的利益,真正在实践中发扬民主政治、着力改善民生、发展文化教育事业,保障人民的切身利益。中国共产党时时刻刻发挥着主心骨、顶梁柱的作用。其次,人民的参与和支持是党实现奋斗目标的力量源泉。正是党全心全意为人民谋利益,赢得了沂蒙人民的衷心拥护,才使得沂蒙人民更加拥护党的领导,更愿意参与党领导的革命和建设的伟大实践,形成了水乳交融的党群关系,为中国革命的胜利和建设的成就奠定了坚实的群众基础。回顾中国共产党领导的革命和建设历程,其取得巨大成就的原因就在于始终扎根于人民群众之中,始终将人民放在第一位。

二、军民情深、生死与共是沂蒙精神的鲜明特征

人民军队为维护和实现人民利益舍生忘死、顽强拼搏,党的群众工作使党赢得了沂蒙人民的衷心爱戴。人民群众视人民军队如同自己的亲人,处处关爱他们、支持他们,沂蒙人民倾其所有支援革命战争。道路受阻时,沂蒙女性巾帼不让须眉,在冰冷的河水中用肉体架起一座“铁桥”,将人民军队前行的道路稳稳扛在肩上;支前队伍车轮滚滚,前线物资供给不足时,沂蒙人民用小推车将物资及时运送到前线;军队兵源不足时,涌现出无数母送子、妻送郎的感人场面。沂蒙人民用朴素的感情、大爱的举动,为中国革命和建设作出了重大贡献。沂蒙精神就是军爱民、民拥军、军民亲如一家人的生动写照。正是在党政军民的相互支持下,沂蒙地区的革命斗争才取得了一个又一个伟大的胜利。

三、艰苦奋斗、无私奉献是沂蒙精神的永恒主题

革命战争年代,沂蒙山区有数十万的革命战士血洒疆场,可以说乡乡有红嫂、村村有烈士。岁月艰难不掩人性光辉,沂蒙大地诞生了许多可歌可泣的英雄故事,例如用乳汁救伤员的沂蒙红嫂明德英、不顾性命拥军支前的沂蒙六姐妹、拼命保护革命后代的沂蒙母亲王换于。沂蒙人民用无私的行动支持着革命,体现了沂蒙军民艰苦奋斗、无私奉献的博大胸襟。新中国成立后,经过战争洗礼的沂蒙人民面对恶劣的生存环境没有退缩,继续发扬战争年代艰苦奋斗、无私奉献的精神,艰苦创业、开拓奋进,创造了一个个惊人的奋斗奇迹,极大地改变了沂蒙老区贫穷落后的面貌。沂蒙人民弘扬这种精神,不仅重建了一个山河壮美的物质家园,更缔造了一个意义深远的精神故乡。

正如习近平总书记视察临沂时所说，沂蒙这块神圣的土地，总是能令人想起革命战争年代可歌可泣的峥嵘岁月。在沂蒙这片红色土地上诞生的英雄儿女应永远被铭记。沂蒙精神作为红色精神的重要组成部分应被继承与发展，将其转化为实现中华民族伟大复兴的精神力量。

第三节　沂蒙精神融入高校思想政治理论课的必要性和可行性

习总书记指出，中华文化的繁荣是中华民族伟大复兴的条件，“坚定中国特色社会主义道路自信、理论自信、制度自信，说到底就是要坚定文化自信”[①]。由此可见，是否拥有坚定的文化自信将影响社会主义现代化强国目标和民族复兴的实现，影响我国走中国特色社会主义道路的底气。高校思想政治教育是培育学生坚定文化自信的主要阵地，沂蒙精神是优质的教育资源，将沂蒙精神融入高校思想政治理论课有其内在的必要性和可行性。

一、沂蒙精神融入高校思想政治理论课的必要性

党和国家的历史与现实以及当代大学生思想政治教育的特点需要教师将沂蒙精神融入高校思想政治教育理论课。

第一，沂蒙精神的形成过程要求我们铭记历史，发扬传播革命精神。前事不忘，后事之师。中国共产党在领导新民主主义革命的过程中创造的丰硕的革命文化需要我们加以弘扬和传播。习近平总书记指出，沂蒙精神与延安精神、井冈山精神、西柏坡精神一样，是党和国家的宝贵精神财富，要不断结合新的时代条件发扬光大。[②] 作为一种先进的红色文化，沂蒙精神的形成和发展过程就是党对人民群众进行思想政治教育的过程，在这一过程中积累了宝贵的思想政治工作经验，将这种成功的经验融入思想政治教育理论课的教学，对于提升当代大学生思想政治教育的有效性必将产生非常重要的价值。

第二，当下，社会中有一些文化因其特有的娱乐功能满足了大众缓解压力、放松身心的需求，成为普通大众日常生活中不可或缺之物。而历史虚无主义正是以这种具有较强吸引力的娱乐信息为载体来否定中国革命，推行全盘西化，重写近代历史，违背实事求是的原则进行主观片面歪曲。当代大学生社会经验不足，辨别意识不强，加之对于“看点”、“笑料”的高需求度的现实给了历史虚无主

① 习近平：《在哲学社会科学工作座谈会上的讲话》，人民出版社 2016 年版，第 17 页。

② 《让沂蒙精神在新时代发扬光大》，《人民日报》2021 年 11 月 4 日。

义群体在校园中传播的可乘之机。为此，坚持唯物史观，反对历史虚无主义思潮，是高校思政课教师的一项长期的重要任务。思政课教师要旗帜鲜明地反对历史虚无主义思潮，将沂蒙精神融入思想政治教育理论课，通过摆事实、讲道理，揭穿历史虚无主义制造的种种谎言和迷雾，引导当代青年正确认识和对待历史，维护中国革命的伟大成果，坚定不移地走中国特色社会主义道路。

第三，当代大学生具有主体意识较强、享乐主义倾向显著的特点，这同样要求我们要用沂蒙精神所蕴含的实事求是、艰苦奋斗、无私奉献的理想信念来坚定大学生的信仰和精神力量，号召和吸引更多的中华儿女在自己的岗位上贡献自己的力量。随着互联网信息技术的发展，学生获取信息的渠道日益增多，主体意识不断增强，主动学习的能力不断提高，填鸭式灌输已经无法满足信息时代的学习要求，思想政治理论课需要更加重视实践体验，灵活运用基于实践的体验式教学。同时，当代大学生热衷于带有娱乐化倾向的网络生活，更注重物质享受，缺乏节衣缩食与艰苦奋斗的精神。因此，将在艰苦卓绝的战争年代孕育生成的沂蒙精神融入思想政治理论课可以逐步引领学生自觉摒弃不良行为习惯、坚定理想信念、增强实践能力，为国家培养出一大批合格的建设者和接班人。

综上，无论是铭记沂蒙精神的形成历史，化解当下历史虚无主义的难题，还是结合当代大学生主体意识较强、享乐主义倾向显著的特点这一现实，都需要我们创新教育教学方式，将沂蒙精神融入高校思想政治理论课。

二、沂蒙精神融入高校思想政治理论课的可行性

在党的历史上，党对人民群众进行思想政治教育的内容丰富、形式多样，形成了丰富的教育经验，这对于当前高校在大学生中开展思想政治教育提供了可资借鉴的路径和范式。

第一，通过群众喜闻乐见的方式丰富了党对人民群众进行思想政治教育的手段。其一，党善于使用通俗易懂、脍炙人口的群众语言进行思想政治教育。群众语言相对书面语言来讲，比较通俗易懂、亲切朴实，更容易使群众产生共鸣，被群众记得住、说得清、讲得出、传得广。党在沂蒙地区做群众工作时，主动采用群众喜闻乐见的表达方式、通俗易懂的语言，展现群众生活、群众观点、群众路线，密切了党同沂蒙人民群众的联系，迅速拉近了党与群众之间的距离，让沂蒙人民更真实、更具体地了解到党的意图和目标，党的正确主张得到沂蒙人民的广泛认同。其二，党善于通过丰富群众文化生活进行思想政治教育。革命战争年代，党在沂蒙地区成立了沂蒙国剧社、战士剧社等文艺团体，将党的思想政治教育内容灵活融入《打渔杀家》、《谁养活谁》、《沂蒙山小调》、《跟着共产党走》等文艺作品，丰富了群众的文化生活，引起了群众对旧社会的批判以及对新社会的向往之情，

使党的路线、方针、政策在这些文艺故事、红色歌曲的传播中传遍沂蒙大地。其三，党通过开办平民教育、创办印刷报刊、深入农村宣传等方式进行思想政治教育。沂水县的李清漪是沂蒙地区早期马克思主义传播者，1926 年春他在沂水兴办了第一所平民学校，教育了周围很多贫苦农民。此外，这一时期沂蒙地区很多地方办起了农民夜校，如日照县成立"觅汉会"、"佃农会"，郯城县成立了"读书会"、"农民协会"等，党把这些组织变成了传播革命思想、进行思想政治教育的重要平台。我们可以将这种群众喜闻乐见的方式灵活地迁移到学生工作之中，减少因理论的枯燥而使学生产生排斥的状况，进而使学生在一种愉悦、轻松的氛围中理解知识、掌握真理。在思政课教学中要广泛运用学生喜闻乐见的方式，调动学生参与课堂的积极性，增强学生学习知识的主动性，培养学生将知识运用于实践的创造性，从而提升思想政治理论课的教学质量。因此，在沂蒙精神形成过程中积累的丰富、有效的思想政治教育方式，为今天开展高校思想政治理论课打下了良好的基础。

第二，以良好的党员干部形象增强党对人民群众开展思想政治教育的感染力和影响力。党员干部的形象代表着党的形象和威信，党对沂蒙人民开展革命工作，需要发挥党员干部的良好形象的感召作用，进而获得人民群众的支持。革命战争年代，在沂蒙地区工作的党员干部工作扎实、纪律严明、作风优良，在沂蒙人民心中树立了好形象，增强了党对人民群众开展思想教育的感染力。其一，党员干部积极深入群众，与群众在一起搞生产、闹革命，拉近了党与沂蒙人民的距离。广大党员干部和党的军队在日常军事训练之余，抽出时间帮助群众劳动，劈柴、挑水、种庄稼，积极为人民群众服务，树立党和人民军队的良好形象，赢得了沂蒙人民的信任。其二，加强纪律作风建设，提高党的形象和威信。在沂蒙革命根据地，共产党员认真贯彻《十大纲领》、《关于拥军爱民的决定》等纪律，如不拿群众一针一线、需要物品自己花钱买、借东西要及时归还、不破坏庄稼等，在群众心中树立了良好形象，赢得了群众爱戴。其二，党员干部时刻坚持为人民服务的宗旨，关心人民群众。党员干部带头践行为人民服务的宗旨，如心系沂蒙人民群众的刘少奇、给房东老大娘送甲鱼汤的罗荣桓等，都在身体力行中体现了党员干部对群众的关怀，拉近了党同沂蒙群众的距离，增强了党对沂蒙群众进行思想政治教育的感染力。

第三，从群众最关心的利益问题入手增强党对群众思想政治教育的实效性。在沂蒙地区，党积极维护沂蒙群众的各项民主权利，从他们最为关心的利益问题入手。一方面，积极捍卫沂蒙人民的生命财产安全。为保护沂蒙人民的生命财产安全不受侵犯，涌现出大量英雄人物，像临沂沂水夏蔚区委委员武善桐与日寇同归于尽，以及著名的"何万祥英雄连"等，这些都是党对沂蒙人民开展思想政治教育最优质的教材。另一方面,党努力保障沂蒙人民的各项政治、经济权利。长期以来,沂蒙地区的人民群众饱受各种剥削压迫,没有任何政治权利可言。党在沂蒙地区政权建设中采用“三三制”原则,建立了上至行署、下至村公所的各级民主政权,并使用“豆选”、“圈选”、“洞选”等民主选举方式,充分保障了沂蒙人民的民主权利,这些做法对提升思想政治教育的实效性有着重要的作用。

第四,把思想政治教育工作融于生产、生活以及斗争的实践。党把思想政治教育与革命工作紧密结合,开展了一系列实践运动,丰富了党进行思想政治教育的形式,提高了教育实效。首先,组织开展大生产运动,充分发挥党员干部的带头作用。从1943年10月开始,山东革命根据地陆续开展大生产运动,各级党员干部率先垂范,带领群众开展开荒垦地、挖井修路、疏浚河道、纺棉织布、劈柴做饭等生产运动,极大地改善了群众生产生活,加深了党群关系。其次,开展社会救济工作。面对沂蒙地区长期战乱和自然灾害造成的大面积田地荒芜和大量饥民,共产党在沂蒙地区成立专门的救济组织,对群众在医疗卫生、生活物资以及就业等方面进行救济,得到了群众的支持和拥护。最后,落实土地改革政策。沂蒙地区党组织根据中央《关于土地问题的指示》精神,积极开展土地改革运动,让无地的农民获得了土地,实现了沂蒙地区“耕者有其田”,以实际行动提升了对群众进行思想政治教育的效果,进一步坚定了沂蒙人民跟党走的信念。

第四节 沂蒙精神的教育价值

一个真正热爱人民的党必定是战无不胜的党,一个铁心向党的民族必定是大有前途的民族。沂蒙精神作为中国共产党红色革命基因孕育的革命精神,是一种革命精神图腾和文化软实力的象征,是一种永不歇息的历史传承,其生命力是长久旺盛的,更具有跨越时空的重要意义和时代价值,是中华民族精神的重要组成部分,是党和国家的宝贵精神财富。习近平总书记曾在很多重要场合对红色精神作出论述,强调新时代传承和弘扬红色基因的重要性。中华民族红色精神颇多,如果将红色精神看作一个整体,那么沂蒙精神就是红色精神独具特色的重要组成部分,两者是整体与部分、共性与个性的关系。因此,发挥红色精神的时代价值应具体精神具体挖掘,从而最大化实现每一种红色精神的时代价值。从沂蒙精神独特的形成历程以及特殊的精神内涵来看,沂蒙精神的时代价值值得深入挖掘。我们结合时代进步与发展深入探究沂蒙精神的教育价值,发现沂蒙精神价值巨大。青少年阶段是人生的“拔节孕穗期”,最需要精心引导和栽培。思想政治理论课是引导和栽培学生的关键课程,沂蒙精神作为立德树人的红色底色，将其运用到高校思想政治理论课教学中，不仅对学生而且对教师和课程都有重要的价值意义。

一、培养具有沂蒙精神特质的大学生

习近平总书记强调，要把红色资源利用好、把红色传统发扬好、把红色基因传承好。[①] 将沂蒙精神运用于高校思想政治理论课教学为思想政治课程“培养什么样的人”、“如何培养人”、“为谁培养人”提供了行动指南，有利于培养一批能够担起民族复兴大任的时代新人。

青年是整个社会力量中最积极、最有生气的力量，国家的希望在青年，民族的未来在青年。[②] 新时代大学生正是青年一代的主力军，是国家和社会发展的希望和栋梁，他们肩负着实现中华民族伟大复兴的历史使命。所谓新时代大学生，是指在网络信息化、社会价值取向和选择多元化的时代中成长的大学生，他们是一个特殊的社会群体，正面临着价值取向多元化的影响和价值选择多样性的考验。新时代大学生在思想观念、行为方式和价值认同等方面都显示出了许多新特点。

“党群同心、军民情深、水乳交融、生死与共”是沂蒙精神的基本内涵，“水乳交融、生死与共”是沂蒙精神的本质特征。结合沂蒙精神的形成背景、发展历程及内涵，我们发现沂蒙精神背后蕴含的是“爱党爱军、开拓奋进、艰苦创业、无私奉献”的精神品质。其中，“爱党爱军”是沂蒙精神的灵魂和核心，“开拓奋进”是沂蒙精神的动力支撑，“艰苦创业”是沂蒙精神的不竭源泉，“无私奉献”是沂蒙精神的精髓和主基调。沂蒙精神强大的思想内涵使其历经时代考验不过时，焕发出强大的生机与活力，契合新时代大学生的价值需求。

（一）爱党爱军：新时代大学生意识形态的指向标

爱党爱军是沂蒙精神的灵魂和核心。在战火纷飞的年代，沂蒙人民坚持中国共产党的领导，紧紧跟随党的步伐，与党生死相依。沂蒙人民为了全力支持党的革命事业，真正做到了“最后一粒米当军粮，最后一块布做军装，最后一个儿子送战场”，涌现出一批批热爱党和国家、热爱军队、政治信仰坚定的英雄人物，流传出一个个感人至深的沂蒙红色故事，如沂蒙红嫂、沂蒙六姐妹以及众多沂蒙革命烈士的故事等。爱党爱军是一种对党坚定的政治信仰，是民族自信的一种根本体现，是新时代中华民族的精神脊梁。无论是在革命战争年代，还是在和平发

① 《习近平在视察南京军区机关时强调　贯彻全军政治工作会议精神　扎实推进依法治军从严治军》，《人民日报》2014 年 12 月 16 日。

② 习近平：《习近平谈治国理政》（第三卷），外文出版社 2020 年版，第 333 页。

展的新时期，沂蒙人民都坚定党的领导、忠诚于党、热爱国家和人民，正是在这种坚定的政治信仰下，沂蒙人民为党和国家作出了突出贡献。

习近平总书记说，新时代中国青年的使命，就是坚持中国共产党领导，同人民一道，为实现“两个一百年”奋斗目标、实现中华民族伟大复兴的中国梦而奋斗。[①] 新时代大学生是青年群体中政治基础较好、文化水平较高、各方面素质较强的群体，他们的发展影响着国家和社会未来的发展。抓好新时代大学生的意识形态引导工作，关系国家未来的走向和命运。然而，当今社会是一个思想文化集聚的万花筒，新时代大学生面对的是一个思想开放、言论自由、各种文化思潮齐放的五彩斑斓的社会，他们很容易在各种思想文化中迷失方向。一方面，西方不良社会思潮涌入中国，如历史虚无主义、全盘西化论等。新时代大学生是一个比较单纯的群体，他们缺乏一定的判断力和抵制能力，容易受到不良思潮的影响。另一方面，随着时代主题的转换，新时代大学生的学习具有功利性，越来越关注金钱和权力，使得思想文化教育相对边缘化。上述两个方面是导致部分新时代大学生政治信仰缺失，缺少民族自信心，缺乏爱国主义情怀，意识形态逐渐偏离正轨的主要原因。爱党爱军，不仅是一种立场坚定、旗帜鲜明的崇高的政治信仰，其引申出来的更是一种对党和国家最朴素、最真挚的情感，一种对国家、对社会的热爱，一种对家国的责任和担当，是新时代大学生所缺少的政治信仰、爱国情感、责任与担当。

（二）开拓奋进：新时代大学生积极进取的精神支柱

开拓奋进是沂蒙精神的动力支撑。开拓奋进可以解释为：大胆创新，努力想办法拓展新局面，奋勇向前，走上新台阶。它高度凝练了沂蒙人民追求进步、改革创新、敢为人先的先进思想意识和昂扬奋进、不甘落后、不断进取的良好精神状态。[②] 在革命战争年代，人民处于水深火热之中，沂蒙山区恶劣的自然条件加剧了沂蒙人民生活的艰辛。也许正是自然环境条件的艰苦和历史底蕴的丰厚，造就了沂蒙人民积极进取、勇于创新的精神品格，他们骨子里充满拼劲和干劲，尽管生活再苦，也要想尽方法支持中国共产党搞革命。新中国成立后，沂蒙人民又发扬开拓进取的精神，全力以赴搞建设，经过几代人的努力，沂蒙山区已经发生了翻天覆地的变化。不论是在革命战争年代，还是在改革开放后的新时期，沂蒙人民都勇于创新、解放思想，大胆地闯出新天地。

创新是一个国家兴旺发达的不竭动力，也是中华民族最深沉的民族禀赋。新时代大学生是拥有创新思维、发展创新思维的优质群体，他们正值青春年华，

---

① 习近平：《习近平谈治国理政》（第三卷），外文出版社 2020 年版，第 333 页。

② 徐东升：《基于沂蒙精神的社会主义核心价值观教育》，山东人民出版社 2015 年版，第 117 页。

思维活跃、精力充沛，是出创新成果的大好时期。2019 年 7 月 16 日，习近平总书记在内蒙古大学考察时对大学生朋友说，未来是属于年青人的。未来掌握在青年一代手里，青年人身上肩负着重大使命，可是事实上，新时代大学生被贴上了“垮掉的一代”的标签。部分大学生不思进取，虚度光阴，萎靡不振，沉迷于游戏和一些与学习无关的事情，这类大学生被称为“垮掉的一代”情有可原。一个人不积极进取，不爱思考，思维和学习能力自然会日渐下降，何谈发展创新思维、发散思维？

无数历史事实证明，“惟改革者进，惟创新者强，惟改革创新者胜”是不变的真理，掌握科学核心技术是一个国家和民族挺立于世界的底气。那科学技术从何而来？核心技术是买不来的，国家的发展必须依靠创新。学习核心技术、善于创新是一件十分困难的事情，它要求有灵活善变的思维、敏锐的观察力、足够的精力及坐得住“冷板凳”的毅力和恒心，因此，科学技术必须从青年一代中来。新时代大学生是青年一代的中流砥柱，是掌握科学核心技术、促进国家和社会发展的主力军。因此，沂蒙精神中的“开拓奋进”内涵是新时代大学生急需的精神养料。

（三）艰苦创业：新时代大学生努力拼搏的动力源泉

艰苦创业是沂蒙精神的不竭源泉。艰苦创业是沂蒙人民骨子里能吃苦、能受累、能自力更生的生动体现。沂蒙山区自然条件艰苦，是沂蒙人民形成艰苦创业精神的客观条件，而党的培养和教育则是沂蒙人民形成艰苦创业精神的主观原因。在抗日战争和解放战争时期，尽管沂蒙山区的物资极度匮乏，但是沂蒙人民仍然坚持艰苦奋斗、自力更生、支援前线。粮食不够吃，就勒紧裤腰带，抓紧农业生产。物资短缺，就用小推车、门板等工具支援前线。新中国成立后，沂蒙人民继续发扬艰苦创业的精神，战天斗地，一改贫穷落后的面貌。

当今社会越来越注重人才培养，高等教育也随之快速发展，大学生数量大幅度增加。大学生数量的不断增加有利于社会的发展，但同时也造成了新时代大学生不得不面对“就业难”的困难局面。新时代大学生就业难主要由三方面原因造成，首先是大学生数量日益剧增，就业竞争激烈，就业人数与就业岗位之间是一种供大于求的关系。其次是大学生在择业时“眼高手低”，既想拿到高薪，又不愿吃苦，或者说吃不了苦。最后是新时代大学生缺乏“艰苦创业”精神，这也是其就业难的根本原因。他们在一个物质和精神高度发展的时代，生活条件好，他们中的大多数人在父母的精心照顾和培养下成长，从小衣食无忧，堪比温室里的花朵，缺乏吃苦耐劳的精神，不愿意在实践中磨炼自己，导致在找工作时处处受限。只有小部分大学生自主创业，具备创业精神，艰苦奋斗。对多数大学生来说，毕业后找份好工作就够了，但就业市场中高薪又轻松的好工作不是谁都能做的，或者说没有哪一份工作是不需要付出努力的。部分大学生在刚就业时总是喊苦喊累，在抱怨中完成工作的状态持续不了多久，他们就会辞职，辞职后靠着父母救济，甚至产生“啃老”现象。

新时代部分大学生严重缺乏艰苦奋斗、吃苦耐劳的精神，虚度光阴，殊不知青春是用来奋斗的。他们正值人生中最美好的青春年华，应不负光阴，吃苦耐劳，敢闯敢拼，等将来回忆起青春时光时不后悔。

（四）无私奉献：新时代大学生精神品质的追求

无私奉献是沂蒙精神的精髓和主基调。在抗日战争和解放战争时期，沂蒙人民不顾一切，出人出力出物，可以说，为了支援中国共产党，沂蒙人民几乎是倾其一切，将代表着中华传统美德至高境界的“无私奉献”精神书写在支援抗战的第一线，为抗日战争和解放战争的胜利作出巨大牺牲和贡献。在那个战火纷飞的苦难年代，有无数革命烈士牺牲，他们的孩子成了遗孤，还有一部分革命战士的孩子由于无人照看，百般无奈下，父母只能让孩子跟着部队四处奔波、风餐露宿。当“沂蒙母亲”王换于看到这些瘦弱的革命后代时心里如被刀割一般，于是作出了创办“战时地下托儿所”的决定，抚养革命烈士的后代。在衣不蔽体、食不果腹的艰难时期，为了养活革命后代，她宁愿让自己的孙子饿肚子，也要把粮食留给托儿所里的孩子们，致使自己的4个孙子先后夭折。“沂蒙母亲”王换于用无私奉献的伟大精神力量抚养了革命后代，她的感人事迹只不过是沂蒙人民无私奉献精神的一个缩影，沂蒙人民在处理国家、集体、个人利益关系时顾全大局、无私奉献，为党和国家的革命、发展作出了巨大贡献。

无私奉献自古以来是中华民族优良的传统美德，它是使国家和社会充满关爱和正能量的精神力量。但无私奉献这种历经历史积淀和洗礼、一代代传承下来的优良传统，似乎离新时代大学生越来越远，抑或是他们离无私奉献的精神越来越远。一方面，新时代大学生基本上是“95后”、“00后”，他们中的多数人是独生子女，过着“衣来伸手，饭来张口”的生活，享受着家人的无尽宠爱。在这种环境下成长的大学生难免会形成自私自利的性格，不懂得分享和奉献。另一方面，社会上充斥着利己主义、功利主义、拜金主义、享乐主义等不良社会思潮，大学生判断和抵御不良思潮的能力比较弱，难免会受到影响。目前，利己主义思潮在我国的大学生群体中泛滥，在这一思潮的影响下，大学生不再把追求知识和发展能力作为学习重心，谋求个人利益反倒成为他们的追求和动力。具体表现为学习仅仅是为了取得好成绩并获得奖学金或取得其他利益，参加活动是为了获得学分，而不是为了锻炼自己的能力。在这种环境下成长和生活的大学生对无私奉献的精神根本不屑一顾，他们只知道索取而不会回报，价值信念缺失，长此以往必然造成严重后果。

（五）水乳交融、生死与共：新时代大学生的价值追求

“水乳交融、生死与共”是沂蒙精神的本质特征。2013年，习近平总书记在考察临沂时指出：“山东是革命老区，有着光荣传统，军民水乳交融、生死与共铸就的沂蒙精神，对我们今天抓党的建设仍然具有十分重要的启示作用。”[①]习总书记的讲话不仅充分肯定了沂蒙精神的地位和价值，还为沂蒙精神注入了新的时代内涵，把沂蒙精神的内涵提升到更高的层次。“水乳交融、生死与共”这简洁而有力的两个成语揭示了沂蒙精神的本色就是时刻以国家和人民的利益为先，站在人民的高度和立场上思考问题，尽其所能，报效祖国。这是对“党群同心、军民情深、水乳交融、生死与共”十六字基本内涵的高度概括和凝练，要时刻牢记党和人民，把为民族谋复兴、为人民谋幸福作为沂蒙精神的出发点，同时也是沂蒙精神的归宿。

习近平总书记说：“新时代中国青年要树立远大理想。青年的理想信念关乎国家未来。青年理想远大、信念坚定，是一个国家、一个民族无坚不摧的前进动力。”[②]因此，新时代大学生要树立远大理想，树立雄心壮志，心怀国家和人民，努力成为对国家、人民有用的人才。然而，在当今物欲横流的社会，很多大学生没有远大理想。一个人没有理想，就会像无头苍蝇一样，四处乱飞乱撞，迷失方向。

二、丰富高校思想政治理论课程的教学资源

沂蒙精神作为一份极具特色的教学资源，将沂蒙精神运用于高校思想政治理论课教学可有效使教学基于教材并高于教材，极大丰富教学资源。将沂蒙精神作为一份教学资源运用于高校思想政治理论课教学，其作用具体体现在三个方面：第一，促进资源开发，激活核心素养；第二，扩充教学内容，改变依纲靠本；第三，丰富教学情境，打造韵味课堂。

（一）促进资源开发，激活核心素养

以沂蒙精神丰富高校思想政治理论课的教学资源能够促进沂蒙精神教学资源开发，激活核心素养。高校思想政治理论课强调实践教学与理论教学的统一，这就要求充分结合当地的环境条件、社会生活等实际特点帮助学生健康成长。毋庸置疑，地方特色资源对课程实施有极大的帮助。高校思想政治理论课教学具有预设性与生成性的特点，在充分发挥学生主体地位的前提下将沂蒙精神运用于高校思想政治理论课教学，学生的能动性和创造性将有效促进沂蒙精神教

① 《不断结合新的时代条件发扬光大沂蒙精神：论中国共产党人的精神谱系之三十三》，《人民日报》2021年11月4日。

② 习近平：《习近平谈治国理政》（第三卷），外文出版社2020年版，第333页。

育资源的开发和利用。在这个过程中，学生成为开发和利用沂蒙精神教育资源的主体，开发和利用沂蒙精神的过程也将成为发展学生能力、提升学生思想政治学科核心素养的过程。因此，教师应重视沂蒙精神的开发和利用，深入挖掘沂蒙精神的内在价值，运用沂蒙精神激活核心素养，培育学生的必备品格和关键能力。

（二）扩充教学内容，改变依纲靠本

以沂蒙精神丰富高校思想政治理论课程的教学资源能够扩充教学内容，改变依纲靠本的局面。传统的教材观认为教材是权威的、法定的教学文本，这种观点使教学“依纲靠本”，教学资源显得相对匮乏。新课程的教材观认为教材是教学所依托的主要资源，而非唯一资源，强调教材只是实现国家课程方案和课程标准的载体，是引导学生认知发展、生活学习、人格建构的“范例”。教师应根据课程标准的要求充分利用各种教学资源，做一名会用教材的好老师。沂蒙精神是一本以革命史为背景底色撰写出的活教材，真实地记录着历史，真挚地启示着后人。高校要想用革命先烈英勇奋斗的壮丽篇章激发学生的精神力量，就要发挥教师开发课程资源的主体作用，要鼓励和支持教师采取灵活多样的活动方式，充分结合当地的环境条件、社会生活等实际特点，选择学生感兴趣的主题，开展深入的活动探究。

（三）丰富教学情境，打造韵味课堂

就沂蒙精神的物化形式来看，沂蒙精神可触可感。沂蒙精神的传承和弘扬需要可操作性的物化形式。沂蒙精神的物化形式主要表现为沂蒙红色教育基地和沂蒙红色文学作品。沂蒙红色教育基地蕴藏着沂蒙红色记忆，每一处红色基地都是有灵魂的，它凝聚的是中华民族坚强不屈的革命精神和伟大追求。

以沂蒙精神丰富高校思想政治理论课程的教学资源有利于丰富教学情境，打造韵味课堂。高校思想政治理论课程是有意义的课程，但一直以来教学的韵味性不够，如何提高高校思想政治理论课教学的韵味一直是一个热点也是难点问题。新课程标准规定高校思想政治理论课程是活动型学科课程，要求思想政治教学创设丰富的活动情境，引导学生在活动情境中亲身实践、主动思考、善于合作、乐于探究。教学情境的创设依赖于课程资源的开发和利用，以沂蒙精神所蕴含的感人故事丰富活动情境，可有效增强学生的情感体验，激发学生的学习兴趣，增强高校思想政治理论课教学的吸引力。用沂蒙精神丰富教学情境不仅有利于通过“情境寓意道理”的方式解决课程本身的枯燥问题，而且有利于凭借沂蒙精神润物无声育新人。

三、拓宽高校思想政治理论课的教学渠道

沂蒙精神扎根于沂蒙大地，具有古老的文化传统。它并不是一成不变的，在新的历史时期有新的表现形式。在社会主义建设新时期，被誉为新时代的沂蒙精神——愚公移山改造中国的厉家寨；改革开放时期，沂蒙精神又体现为“蓝田商城精神”、“经济开发区精神”。自古以来，红色旅游资源始终是包罗万象、顺应历史潮流、弘扬爱国精神体现的人文景观，红色资源是新中国成立以来能够集中体现爱国主义精神和革命精神的历史文化遗迹。临沂这片广袤大地上有许多红色旅游资源，临沂是山东乃至全国的红色旅游重点城市和红色文化的高地，素有“山东小延安”的美誉。临沂最大的亮点文化便是沂蒙文化，临沂市政府深入挖掘红色资源并大力开发旅游资源。

新时代厚植大学生爱国主义情怀，要充分发挥沂蒙红色教育功能。在我国进入社会主义现代化发展的新阶段，要通过红色教育全面培育“四个自信”。临沂市拥有大量红色遗址，沂蒙精神的诞生地沂蒙山区有众多领导机构、革命纪念地。孟良崮战役遗址、华东革命烈士陵园等 5 个景区被列入全国红色旅游经典景区。沂南县红嫂家乡常山庄村、华东革命烈士陵园两个项目在我国红色经典景区三期总体建设方案中得到国家支持。为了更好地让人们了解、认识、传承沂蒙精神，山东省委先后颁布试行了弘扬沂蒙精神的意见，挖掘整理史料、组织开展主题活动和文艺创作。沂蒙红色旅游资源中的遗址、烈士陵墓、纪念馆、展览馆等包含和继承了丰富的革命精神和文化，要讲好“红色故事”必须充分利用好这些优秀的物质资源，充分开发和利用第二课堂，在追溯历史今昔对比中感受时代变迁，深化对沂蒙精神的认知。在课堂教学中灵活运用，将沂蒙精神融入音乐节、舞台剧等一些文化艺术活动，通过学生喜闻乐见的方式，让其在潜移默化中了解沂蒙红色文化，主动传承沂蒙精神。

随着信息传播方式的多样化，现代传媒手段和技术踏入时代舞台，将沂蒙精神学习借助现代媒体资源融入大学生的理想信念之中。在校园文化建设中，可以打造沂蒙精神的宣传网站，将沂蒙精神作为主要内容，通过丰富革命史料、革命故事、红色歌曲、红色电影传递给学生正确的价值理念。邀请沂蒙精神研究专家、学者讲述沂蒙红色故事，邀请革命烈士与沂蒙红色人物的后代讲述革命先辈的事迹，不断赋予沂蒙精神时代特色。高校应充分重视这些红色文化资源的示范教育功能，将红色文化的教育贯穿到中国传统节日当中，以建党、建军、国庆等重要节日为契机，让大学生到红色教育基地中寻找真知，从而真正教育大学生，使学生从一而终地守住理想信念，并将理想信念这一灵魂教育贯彻到大学生思想政治教育实处。

四、培育具有正确价值导向的师资队伍

教师是立德树人的主要力量，教师自身的价值导向至关重要。2019 年 3 月 18 日，习近平总书记在学校思想政治理论课教师座谈会上强调："办好思想政治理论课关键在教师，关键在发挥教师的积极性、主动性、创造性。思政课教师，要给学生心灵埋下真善美的种子，引导学生扣好人生第一粒扣子。"[①]习近平总书记要求思想政治教师做到六要，即政治要强、情怀要深、思维要新、视野要广、自律要严、人格要正。将沂蒙精神运用于高校思想政治理论课教学，思政课教师作为教学的主导者势必会认真钻研沂蒙精神以提高自身的教学能力，正所谓"给学生一碗水，教师应先有一桶水"，这个过程对于建设高质量的教师队伍有着深远意义。

（一）提高思政课教师政治站位、家国情怀

沂蒙精神运用于高校思想政治理论课教学有利于提高思政课教师政治站位、家国情怀。首先，沂蒙精神有利于提高思政课教师的政治站位。思想政治课程同其他课程相比彰显出极高的政治属性，思政课教师要绝对拥护中国共产党的领导，具有绝对正确的政治方向，善于从政治立场看问题，心怀共产主义远大理想。沂蒙精神是在中国共产党的领导下，军民水乳交融、生死与共形成的，中国共产党为人民谋幸福的生动案例有助于增进思政课教师对党的拥护和爱戴，进而提升思政课教师的政治站位。其次，沂蒙精神有益于涵养思政课教师的情怀。思政课教师应增强自身的家国情怀，心系民族和国家，积极关注时事政治，不断提高自身的思想觉悟，用自身的人格魅力感染新时代的接班人。沂蒙人民为了国家的独立与建设无私奉献，生动形象地诠释了什么是家国情怀，沂蒙人民身上的这份家国情怀对涵养思政课教师的家国情怀具有重要意义。

（二）引领思政课教师更新思维、开阔视野

沂蒙精神运用于高校思想政治理论课教学能够引领思政课教师更新思维、开阔视野。首先，沂蒙精神有利于更新思政课教师的思维。思政课教师应具有辩证唯物主义和历史唯物主义思维，通过创新课堂教学丰富学生的情感体验，引导学生树立正确的理想信念、学会正确的思维方法。在马克思主义指导思想下孕育出的沂蒙精神，可物化为红色教育基地、红色文学作品等多种可操作化的形式，这些内容可帮助教师更新教学思维，以更加丰富的教学内容打

① 习近平：《习近平谈治国理政》（第三卷），外文出版社 2020 年版，第 330 页。

造有深度、有趣味的课堂。其次，沂蒙精神有益于开阔思政课教师的视野。思想政治教材所承载的教学资源是有限的，思政课教师要想把晦涩难懂的思想政治教学内容讲清楚、讲明白，就要有宽广的知识面及开阔的视野。沂蒙精神蕴含着丰富的教育内容，与思想政治教材内容有着非常多的契合点，将沂蒙精神运用于高校思想政治理论课教学能开阔思政课教师的视野，进而将知识讲得更透彻。

（三）引导思政课教师自律自强、端正人格

沂蒙精神运用于高校思想政治理论课教学有利于引导思政课教师自律自强、端正人格。首先，沂蒙精神有利于引导思政课教师自律自强。“所谓自律，是相对于他律而言的一个范畴”①，自律的思政课教师应能够自觉弘扬主旋律、积极传递正能量。就教师职业的特殊性来看，教学的疲惫容易产生职业倦怠。沂蒙精神所体现出的开拓创新、敢于进取品质是人生奋进的宝贵精神力量，这份精神力量可以帮助教师克服职业倦怠，自律自强，踏踏实实地教书育人。其次，沂蒙精神有利于帮助思政课教师端正人格。“思政课教师要做经师，更要做人师，引人向善，而绝不能扭曲学生的人格，绝不能误导学生走上歧路。”②思政课教师应以自己堂堂正正的人格感染学生，以身作则。沂蒙人民身上所展现出来的革命风骨以及刚正不阿的英雄气节，有利于端正思政课教师的人格，并感染学生形成稳定的人格。

五、增强高校思想政治理论课的教学有效性

怎样界定课堂教学的有效性，教学论专家余文森教授做过很通俗的解说：课堂教学的有效性是指通过课堂教学活动，学生在学业上有收获、有提高、有进步。当前思想政治理论课存在的最大问题是很多大学生认为抽象听不懂、难以理解，从而对本门学科不感兴趣进而忽视这门学科。教师和学生只有坚守有效性这一概念并始终在实践中落实，追求思想政治理论课教学有效性的实践活动才能成为现实而不是纸上谈兵。习近平总书记在学校思政课教师座谈会上说：“思想政治理论课是落实立德树人根本任务的关键课程。……办好思想政治理论课关键在教师，关键在发挥教师的积极性、主动性、创造性。”③思政课教师是思想政治

① 刘娟娟、霍东军：《德育重心：从他律转向自律》，《中学政治教学参考》（下旬）2019 年第 18 期，第 48-49 页。

② 张广良：《“六要”是思政课教师的不懈追求》，《中学政治教学参考》（中旬）2019 年第 20 期，第 12-15 页。

③ 习近平：《习近平谈治国理政》（第三卷），外文出版社 2020 年版，第 329、330 页。

理论课的主力军，打铁还需自身硬，思政课教师如何灵活巧妙地将沂蒙精神贯穿于思政课，如何引起学生的学习兴趣，如何增强思政课的有效性，是当下思政课亟待解决的问题。

红色资源在高校立德树人的实践中具有十分重要的现实意义，是高校思想政治理论课十分珍贵的素材资源。习近平总书记强调："青年一代有理想、有本领、有担当，国家就有前途，民族就有希望。"①在思想政治理论课施教过程中，教师应主动和学生探讨，注重倾听学生的声音，以启发式、互动式、案例式等教学方法，深入开展教学实践，结合时代要求创新思想政治理论课教学与考核方法。思政课教师不要拘泥于闭卷考试，而是要以学得知识、培养兴趣为出发点和立足点，让学生设身处地地感受到沂蒙精神的伟大力量，自觉学习沂蒙精神。

六、革新高校思想政治理论课的教学评价机制

教学评价不仅仅是研究教师的教，学生的学也应放在同等重要的位置，是教学工作中不可缺少至关重要的环节。《基础教育课程改革指导纲要（试行）》中明确规定："发挥评价的教育功能，促进学生在原有水平上的发展。"即以学生在学习中能力得到提高、创造力得到发挥为评价指标，这些要求超越传统评价模式，倡导新的课程评价理念，建立一个过程式的、多元化、多视角的总和评价体系。让学生运用知识对学生的学习进行评价，是教学最为重要的环节。

当下高校思想政治理论课在考试考核方面主要还是以闭卷考试为主，沂蒙精神作为高校思想政治理论课一朵绚丽的瑰宝，充分体现了理论学习与实践体验的多样性。在考试考核方面，不仅要考核知识点，设置闭卷考试方案，还应丰富考核的多样性。① 知识问答。通过知识问答的方式进行竞赛，设置奖项和奖品，不仅可以增加学生学习沂蒙精神的兴趣，还可以拓展学生的知识具体性，丰富学生的知识储备。② 主题演讲。沂蒙精神的丰富内涵存在于思想政治理论课的各个层面，爱党、爱国、爱人民、爱家乡、坚强、不怕吃苦等，可以任由学生选择某个方面进行主题演讲，既使学生对沂蒙精神内涵精髓的理解更深了一个层面，又锻炼了学生的表述、总结、概括等各方面的能力，使学生发自内心地喜爱思想政治理论课。③ 探究报告。学生以研究性学习、参加社会实践活动为平台，充分利用课余时间走访调研，对红色老一辈进行访谈，通过真实事例感悟沂蒙精神的力量。学校积极组织学生去红色文化展览馆当志愿者、沂蒙精神讲解员，让学生在学习沂蒙精神的同时传承沂蒙精神。鼓励学生把参加活动的内容整理为调查报告，能有效提高学生的独立思考能力、社交能力、团队协作能力。

---

① 习近平：《习近平谈治国理政》（第三卷），外文出版社2020年版，第54页。

课堂的主导是教师，思想政治理论课教师应顺应潮流，结合时代背景发挥自己的主动性与能动性，充分挖掘自己的优势和特长，在教学实践中充分发挥教学积极性、实践性、创新性，立足区域文化和革命精神，在成长的过程中不断进行自我修复、不断汲取新的教学方式。在课堂教学中要坚持立德树人、铸魂育人的初心和使命，落实习总书记“浇花浇根，育人育心”的重要指示，自觉弘扬革命精神，厚植崇高的政治信仰，培育深厚的家国情怀，续写新时代思政课传奇，探索出彩教学篇章。

沂蒙精神是红色文化资源绚丽的瑰宝。传承、保护和挖掘弘扬沂蒙精神不仅是创新红色文化资源，也是大学生思想政治教育工作的基础。沂蒙精神在历史长河中积淀，在千年文化的滋养下孕育与积淀、丰富与创新，沂蒙精神在时代发展的潮流中丰富和深化。高校思想政治理论课是学习传承沂蒙精神的重要课程，通过思想政治建设强化大学生的家国情怀，提高大学生的历史使命感，通过沂蒙精神的弘扬和继承进一步推动中国梦的实现。

第五节　沂蒙精神融入高校思想政治理论课存在的问题

历经时代考验仍焕发强大生命力的沂蒙精神，虽然是新时代大学生所急需的精神养料，但是沂蒙精神却未能满足他们的价值需求。客观上，沂蒙精神在传播过程中存在很多问题，如在传播时未能突破地域限制、传播途径缺少创新等。主观上，新时代大学生的思想觉悟不够，对红色革命精神的学习不积极、不主动。

一、沂蒙精神的传播未突破地域限制，影响力不足

沂蒙精神形成发展于沂蒙山区，沂蒙山区主要指的是以蒙山和沂水为地质坐标的地理区域，是一个人文地理概念。广义上的沂蒙山区，大致包括山东省临沂市的三区九县和淄博市的沂源县、日照市的莒县、潍坊市的临朐县、济宁市的泗水县，枣庄市的市中区、峄城区、台儿庄区、山亭区的一部分，江苏省连云港市区及连云港市的赣榆县、东海县，徐州市的新沂市等县市的一部分地区等。沂蒙精神自形成以来，广泛地流传在沂蒙山区，但却未能像“西柏坡精神”、“井冈山精神”、“延安精神”一样在全社会广泛传播，其未能广为流传主要由以下两方面原因造成。

一方面，沂蒙精神的概念提出相对较晚。1989 年，临沂地委委员、地委宣传部部长李祥栋在《大众时报》发表一篇名为《发扬老区优势，弘扬沂蒙精神》的文章，第一次明确提出了“沂蒙精神”这一概念。1997 年，经过专家学者的共同研究，沂蒙精神被高度概括为“爱党爱军、开拓奋进、艰苦创业、无私奉献”这 16 个

字。沂蒙精神虽然形成在革命战争年代，但是其概念的提出却在20世纪末，概念提出晚对其传播造成了影响。另一方面，从当前我国的发展角度看，沂蒙山区所处的城市并不发达。经济是精神文化发展的基础，经济得到了高度保障，人们会愈加追求精神需要。反之，沂蒙精神形成和发展的地区经济不发达，在一定程度上限制了沂蒙精神的传播和其影响力。

二、沂蒙精神宣传途径偏少且缺乏创新

沂蒙是一个历史文化底蕴丰厚的老区，从古至今，流传下来的优秀传统文化不胜枚举，如古代的书法文化、孝文化、兵学文化，当代的沂蒙红色文化等。特殊的地理位置和自然条件，长期积淀下来的历史文化底蕴，使沂蒙精神成为一种极具特色、地域鲜明的红色文化，更是一种强大的红色革命精神，其包含的内容丰富多彩。然而，自沂蒙精神的概念正式提出以来，其以传统媒介作为主要的传播途径，如报纸、杂志、著作、影视等，造成传播内容丰富但传播的方式和途径吸引力不足的现象。沂蒙精神中包含很多感人至深的传奇故事，如沂蒙红嫂的故事、沂蒙六姐妹的故事、女子火线桥的故事、革命烈士陈若克的故事等，仅仅通过文字描述这些故事很难将其蕴含的沂蒙精神力量淋漓尽致地传递出来。现在是新媒体时代，但沂蒙精神的传播没有结合时代特点，没有将新媒体技术运用到沂蒙精神的传播当中，这严重影响了沂蒙精神的传播。沂蒙精神内容很丰富，但由于传播的方式和途径缺乏创新，没有将其更好地传播出去，这是一件多么令人遗憾的事情。沂蒙精神在全社会没有形成一种特定的文化氛围，知道沂蒙精神的新时代大学生为数不多，何谈沂蒙精神对他们的价值需求？

三、沂蒙精神难以融入大学生的实际生活

在五千多年历史的积淀中，中华民族有着丰厚的精神文化，精神文化是一个民族的脊梁。从古至今，中华民族形成了无数优秀的精神文化，如大禹治水精神、红船精神、井冈山精神、载人航天精神、抗震救灾精神，等等。在精神文化如此多元丰富的时代下，各种优秀的精神文化之间虽然不是对立的关系，但是大学生的价值需求是有限的，这在无形中造成了各种精神文化之间相互“竞争”的现象。另外，据调查显示，沂蒙精神无论传播质量和数量都远不如井冈山精神、西柏坡精神、延安精神。沂蒙精神如何才能做到从各种精神文化的“竞争”中脱颖而出融入新时代大学生的生活中是一个难题。还应值得注意的是，社会中不仅有优秀的精神文化，同样存在各种各样的思想糟粕，如历史虚无主义、利己主义、拜金主义等不良社会思潮，影响新时代大学生的价值取向和选择。因此，多元化的精神文化环境对沂蒙精神融入大学生的价值选择造成了一定的阻力。新时代

大学生是主体意识很强的群体，对于新潮、独特的思想观念，他们乐于接受，甚至会主动学习，但对于条条框框、一板一眼的精神文化却没有兴趣，往往是被动地去接触和了解优秀的精神文化。新时代大学生对学习精神文化的主动性弱是造成沂蒙精神难以融入其生活的又一重要原因。

第二章 沂蒙精神融入高校思想政治理论课的7W模式及理论

高校思想政治理论课是培育学生的爱国主义精神，引导学生践行社会主义核心价值观的重要阵地，在高校思想政治理论课中融入沂蒙精神是重要途径。我们初步探索，引入7W传播模式，构筑沂蒙精神融入高校思想政治理论课体系，深入推进沂蒙精神融入高校思想政治理论课，确保沂蒙精神进思政课堂、进思政课教材、进学生头脑。

第一节 沂蒙精神融入高校思想政治理论课的7W模式

一、7W模式简介

（一）教育传播模式

传播一词，译自英语单词communication，它来源于拉丁文communicure，意思是共用或共享。现在一般将传播看作某一个信息传递的主体，即传播者。从这个意义上来看，传播是特定的个体或群体作为传播者通过一定的方式和方法向受众进行信息传递、交流和获得反馈的一种社会活动。

教育是一种有目的、有计划、有组织地传递社会文化知识的活动。在这个过程中，社会文化知识的传递是动态深入变化的，正如德国著名哲学家雅斯贝尔斯所说："教育的本质是一棵树摇动另一棵树，一朵云推动另一朵云，一个灵魂召唤另一个灵魂。"只有像这样，引起教育对象共鸣的才能称之为有效的教育。教育传播是由教育者按照一定的目的要求，选定合适的信息内容，通过有效的媒体通道，把知识、技能、思想观念等传送给特定的教育对象的一种活动。

（二）教育传播系统的组成

当媒体应用于传递以教学为目的的信息时，称之为教育传播媒体，它成为连接传者与受者之间的中介物。人们把它当成传递和取得信息的工具。许多研究者利用传播理论的概念及有关模型中的要素来解释教学过程，并提出了许多关于教学传播过程的理论模式，为教育传播学奠定了理论基础。

7W 传播理论由布雷多克提出，7W 传播理论揭示了教学传播过程所涉及的要素，包括 who（谁）即教师或其他信息源、say what（说什么）即教学内容、in which channel（通过什么渠道）即教学媒体、to whom（对谁）即教学对象、with what effect（产生什么效果）即教学效果、why（为什么）即教学目的、where（在什么情况下进行）即教学环境。其中每个 W 代表教学过程中的一个相应要素，这些要素当然也就成为研究教学过程、解决教学问题的教学设计者应该关心的重要因素。运用该理论可系统全面地论述沂蒙精神如何融入高校思想政治理论课教学，能为教学提供一整套可行的运用建议。

二、沂蒙精神融入高校思想政治理论课的 7W 模式建构

沂蒙精神作为一种有教育价值的红色文化，是我们将沂蒙精神融入高校思想政治理论课的一项教学内容，沂蒙精神本身可看作待传播物质，沂蒙精神融入高校思想政治理论课则是将由传播者将其传播给受众。传播效果的保证需要在我们厘清传播者（教育主体）、传播物质（沂蒙精神）以及受众（学生）的同时，综合考虑教学目的、教学媒体、教学环境以及教学效果，整体规划、系统实施，建立沂蒙精神融入高校思想政治理论课的可操作化模式。（表 2-1）

表 2-1　沂蒙精神融入高校思想政治理论课的 7W 模式

7W	教学要素	模式建构
who	教师或其他信息源	教育主体不断探索沂蒙精神的融入机制
say what	教学内容	结合教材挖掘相契合的教学内容
in which channel	教学媒体	合理选择并不断探索高效的教学方法和渠道
to whom	教学对象，即学生	学生主动践行沂蒙精神
with what effect	教学效果	将沂蒙精神教育纳入教学评价
why	教学目的	设计沂蒙精神融入高校思想政治理论课的课程目标
where	教学环境	营造沂蒙精神融入高校思想政治理论课的大环境

第二节　沂蒙精神融入高校思想政治理论课的理论基础

科学的理论对实践有重要的指导意义，理论学习的最终目的是解决实际问题，保证和提高沂蒙精神融入高校思想政治理论课的效果需要科学理论的指导。

一、马克思主义理论为教学提供方法论指导

马克思主义理论为教学提供方法论指导，具体体现在马克思主义实践观为

增进学生情感体验提供指导，马克思主义认识论为丰富学生理性认识带来启示。

(一) 马克思主义实践观为增进学生情感体验提供指导

人类的生存和发展离不开实践，实践是能动地改造世界的社会性物质活动。就实践的特征来看，实践具有直接现实性、自觉能动性和社会历史性三个基本特征。就实践的基本结构来看，实践活动包括实践主体、实践客体、实践中介三个基本要素，三者的有机统一构成了实践的基本结构。就实践的类型来看，实践可分为物质生产实践、社会政治实践、科学文化实践。就实践的作用来看，实践在认识活动中起到决定性的作用，“实践的观点是辩证唯物论的认识论之第一的和基本的观点”①。实践是认识的来源，实践是认识发展的动力，实践是认识的目的，实践是检验认识真理性的唯一标准。

从马克思主义实践观出发剖析沂蒙精神融入高校思想政治理论课，得到如下启示：第一，教学中应充分发挥学生的自觉能动性，通过确立明确的目标指引学生的学习活动。第二，对教学各要素有清晰定位，教学实践中的实践主体是教师和学生，实践客体是沂蒙精神与思想政治理论课程，实践中介是教学目标、教学方式等。第三，沂蒙精神融入高校思想政治理论课教学作为一种教育活动属于科学文化实践活动，思想政治理论课教师运用沂蒙精神进行教学不是纯粹的意识活动，而是通过教学提高学生的思想觉悟。第四，注重引导学生从实践中获得认识并不断提高自身的认知水平，引导学生在认识的基础上作出正确的行为并在实践中检验行为的正确性。

(二) 马克思主义认识论为丰富学生理性认识带来启示

辩证唯物主义认识论认为，认识的本质是主体在实践基础上对客体的能动反应。就人对客观世界的反应形式来看，人对客观世界的反应形式有感性认识和理性认识两种水平。感性认识是认识的初级阶段，是指人们在实践基础上，通过视觉、听觉、触觉等感觉器官直接感受到的关于事物的认识。此阶段的认识主要是对事物外部联系的认识，尚未涉及对事物本质的认识，具有直接性的特点。理性认识是认识的高级阶段，是指人在整理和概括大量感性材料的基础上借助于抽象思维产生对事物的本质、全体、内部联系和事物自身规律性的认识。此阶段的认识是对事物内部本质的认识，具有抽象性和间接性的特点。感性认识有待于深化和发展为理性认识，理性认识依赖于感性认识，两者相互渗透、相互包含。就认识过程的阶段来看，人的认识过程是一个从实践到认识、再从认识到实践的循环往复过程，正如毛泽东所强调的：“一个正确的认识，往往需要经过由物

① 《毛泽东选集》(第一卷)，人民出版社1991年版，第284页。

质到精神，由精神到物质，即由实践到认识，由认识到实践这样多次的反复，才能够完成。”①

从马克思主义认识论的观点出发剖析沂蒙精神融入高校思想政治理论课，得到如下启示：第一，教学内容的选取应具有感染力、教学方法的选择应能够调动学生多种感官以帮助学生形成丰富的感性认识。第二，教师应该引领学生积极投身于实践，在实践中深刻感受沂蒙精神，以帮助学生将对沂蒙精神的感性认识上升为理性认识，将沂蒙精神内化于心。第三，教学应使学生从实践中将沂蒙精神外化于行，作出符合沂蒙精神价值选择的行为。

二、泰勒的“目标模式”为教学步骤提供依据

1949年，泰勒的《课程与教学的基本原理》一书出版，该书开宗明义地指出课程开发和教学计划所必须回答的四个基本问题：学校应该试图达到什么教育目标？提供什么教育经验最有可能达到这些目标？怎样有效组织这些教育经验？我们如何确定这些目标正在得以实现？

（一）确定目标阶段为设置沂蒙精神课程目标带来启示

与“学校应该试图达到什么教育目标”这一问题相对应的是确定目标阶段，确定目标阶段是课程开发与教学计划的出发点。如果要设计一种教育计划并不断加以改进，那就有必要拥有关于所指向的目标的观念。目标应该来源于对学习者自身的研究、对当代生活的研究、学科专家的建议，对目标的陈述应包含行为和内容两个方面。基于确定目标阶段的要求，本书通过对学生的研究、对当代生活的研究、听取学科专家的建议，为沂蒙精神融入高校思想政治理论课设置了课程目标，为沂蒙精神在高校思想政治理论课中的运用提供了目标指向。

（二）选择经验阶段为挖掘沂蒙精神契合内容打开思路

与“提供什么教育经验最有可能达到这些目标”这一问题相对应的是选择经验阶段，在这一阶段教师应该解决确定哪些种类的经验有可能达到既定教育目标的问题，教师应通过安排与目标相适应的环境和构建与目标相适应的情境向学生提供学习经验，以激发学生产生教师所期望的反应。基于选择学习经验阶段的要求，本书通过挖掘沂蒙精神与高校思想政治理论课教材的契合点提供了相应的学习经验，解决了应该呈现哪些学习经验的问题，为沂蒙精神在高校思想政治课教学中的运用提供了内容建议。

① 《毛泽东文集》(第八卷)，人民出版社1999年版，第321页。

（三）组织经验阶段为选择沂蒙精神教学方法提供思考

与“怎样有效组织这些教育经验”这一问题相对应的是组织经验阶段，只有对教育经验进行有效组织才能使教育经验产生累积效应。泰勒提出横向组织和纵向组织两种经验组织形式。横向组织强调不同领域学习经验之间的联系，如大一思想政治理论课程与大一历史课程提供的学习经验之间的联系。纵向组织强调不同时期的学习经验之间的联系，如大一思想政治理论课程与大二思想政治理论课程所提供的学习经验之间的联系。基于组织学习经验阶段的要求，本书对沂蒙精神教育内容进行组织。从教学内容最恰当的组织形式来看，教学应遵循连续性、序列性、整体性的原则，探究式教学本着这一原则安排综合探究活动，这为选择探究式教学方法作为主要教学方法提供了理论指导。

（四）评价结果阶段为评价沂蒙精神教学效果带来启迪

与“我们如何确定这些目标正在得以实现”这一问题相对应的是评价结果阶段，评价过程是从教育计划的目标开始的，此过程是课程开发系统得以运行的基本保证。泰勒的评价理念主要包含两个方面：第一，将评价与目标相结合，使评价成为目标得以达成的手段；第二，扩充评价的内涵，用评价观代替传统的测验观。泰勒的目标模式系统地论述了课程开发的模式，基于评价结果阶段的要求，本书在综合考虑教学目标、教学内容、教学方式的基础上融合高校思想政治教学评价，提出了沂蒙精神融入高校思想政治理论课的评价建议。

三、布卢姆目标分类系统为设置三维教学目标带来思路

20 世纪 50 年代，美国著名的教育心理学家布卢姆提出把教育目标分为认知、情感和动作技能三个目标领域，制定了教育目标分类系统。我国对布卢姆等的教育目标分类理论的关注始于改革开放以后，而对于三维目标、三维教学的一定共识的形成则是进入 21 世纪后。教育部《基础教育课程改革纲要》和相关学科课程标准文件的颁布，标志着我国课程标准改革实验的正式启动。学界对于大学三维教学的理解或者说对于三个维度的界定还存在着一定差异，或许是由于学术视野和立意角度的不同，在一些观点上形成了不同的见解。林滨、黄晓星在研究中指出，在遵循教育与学生成长的双重规律的前提下，以理论逻辑为基础、认知逻辑为尺度、生活逻辑为指向的三维一体是中山大学思想政治理论课教学取得实效性的有效机制。[①] 丁小景提出了“自主、合作、创新”三维复合教学模

① 林滨、黄晓星：《理论逻辑、认知逻辑与生活逻辑的三维一体：中山大学博士生思政课教学改革研究》，《教育研究》2011 年第 10 期，第 105-108 页。

式的构建。[①] 张百霞探索了思政课“三维一体”自主实践教学模式，构建网络空间、创新课堂和开拓校外实践三个空间维度的具体实施步骤。[②] 陈仁涛在《浙江日报》撰文指出：高校思政课作为承担大学生马克思主义理论教育的主渠道和落实立德树人根本任务的核心课程，必须始终聚焦认知、情感和能力三维育人目标。[③] 这些研究把三维教学理解为“理论学习、自我感悟、实践体验”的过程或“知识传授、能力培养、价值引领”的目标，具有一定的共识性和借鉴性。但是，这些研究大多局限于三个维度的自我设定，要么是目标，要么是过程。

我们在研究中发现，思政课三维教学不是独立的三个问题，而是一个问题的三个方面或者说三个维度。从广义上讲既包括一个完整的教学过程或教学方法，也包括实施中目标的制定和达成。就其过程或方法而言，作为一个有机整体，课堂讲授、学生自学（包括课堂讨论、作业练习等）和社会实践等三个环节或层面是相互联系、相互制约和相互影响的。就其目标的制定和达成而言，三维目标即知识与能力，过程与方法，以及情感、态度、价值观的统一。思政课三维教学的核心思想是自主、合作、创新，实现的途径是教师教学改革和学生学习方式变革的同步推进。就其现实意义而言，将沂蒙精神有机地融入思政课教师授课、育人的教学、管理实践以及学生个体良好行为养成等方面，对于培育担当民族复兴大任的时代新人具有极为重要的现实意义。

由此，我们形成了沂蒙精神融入高校思想政治理论课教学目标设定的基本观点：将沂蒙精神融入教师主导下的知识传授、能力培养和价值引领的教学目标，将沂蒙精神融入学生理论学习、自我感悟和实践体验的全过程。

---

① 丁小景：《高职思政课“自主—合作—创新”三维复合教学模式的构建》，《长春教育学院学报》2015 年第 3 期，第 127-128 页。

② 张百霞：《应用型本科院校思政课“三维一体”自主实践模式的构建与研究：以“中国近现代史纲要”课为例》，《知音励志》2016 年第 15 期，第 38-39 页。

③ 陈仁涛：《办好思政课关键在教师》，《浙江日报》2019 年 3 月 28 日。

第三章　教育主体不断探索沂蒙精神的融入机制

习近平总书记指出："我们办中国特色社会主义教育，就要理直气壮开好思政课"，"思政课不可替代，思政课教师队伍责任重大"。① 承担思政课育人这一使命和责任，不断增强思政课的思想性、理论性和亲和力、针对性，思想政治理论课就要守正创新，思政课教师就要精耕细作责任田。以沂蒙精神为代表的中国共产党的革命精神是思政课教学改革创新的重要资源依托和精神指引。2013年11月，习近平总书记在山东临沂考察时指出："沂蒙精神与延安精神、井冈山精神、西柏坡精神一样，是党和国家的宝贵精神财富，要不断结合新的时代条件发扬光大"，"军民水乳交融、生死与共铸就的沂蒙精神，对我们今天抓党的建设仍然具有十分重要的启示作用"。② 沂蒙精神是中国共产党革命精神谱系的重要组成部分，是高校思想政治工作的宝贵资源。进入新时代，我们更要传承红色基因，培育红色精神，发扬红色文化。沂蒙精神是中华民族的精神食粮，能够为实现中华民族伟大复兴的中国梦凝聚强大动力。提高沂蒙精神融入高校思想政治理论课的效果，需要从教学过程所涉及的各因素出发，多方面探索有效的融入路径。为切实提高融入效果，教育主管部门应统筹规划其融入工作，学校应着力营造沂蒙精神教育大环境，教师应砥砺前行不断提高自身的能力。同时，各方教育主体都应在实践中积极探索有效的融入机制。

第一节　各级教育部门统筹规划其融入工作

教育部门作为教育事业的组织和管理机构，应在习近平新时代中国特色社会主义思想的指导下，充分发挥自身的职能作用，重视沂蒙精神的弘扬和融入思想政治课的建设。

① 《用新时代中国特色社会主义思想铸魂育人　贯彻党的教育方针落实立德树人根本任务》，《人民日报》2019年3月19日。

② 《让沂蒙精神在新时代发扬光大》，《人民日报》2021年11月4日。

一、国家教育部门

国家教育部门是高校思政课开发利用沂蒙精神的倡导者和引领者，在沂蒙精神有效融入高校思政课的过程中起着举足轻重的作用。因此，应科学制定教育目的，科学规划课程，科学选择教材，科学分配教育资源，从而使沂蒙精神与高校思政课更科学有效地结合在一起。

首先，在教育目的的制定上，应让学生充分认识到沂蒙精神的深刻内涵和时代价值，让是否理解沂蒙精神成为衡量实现教育目的的标准之一。学习沂蒙精神在一定程度上属于道德教育，这与学生的德育发展紧密相关，也是关乎学生全面发展的一部分。让学生接受沂蒙精神的熏陶，感悟中国发展的艰难历程，理解沂蒙精神的精神内涵，从而真正成为有理想、有道德、有文化、有纪律的新时代青年。

其次，在教育资源的分配上，应尽可能地公平分配各地教育资源。对经济发展相对落后、教育资源较缺乏的地区，国家应发放教育补助，改善教育资源匮乏的状况，促进教育过程公平。沂蒙精神在新媒体等现代化教育资源的帮助下能更有效地调动学生学习的积极性，加深学生对沂蒙精神内涵的理解，从而使沂蒙精神与高校思政课紧密结合。

再次，在课程的规划上，应给予地方充分的自主权，让地方有权力开设与本地沂蒙精神紧密相关的特色课程，促进思政课和沂蒙精神的融合，提升思政课的教学效果，让学生充分感受到沂蒙精神的魅力和感染力，并结合本地实际，让学生贴近生活，从而更深刻地了解和感知沂蒙精神。

最后，在教材的选择上，应充分考虑学生的知识水平和兴趣，选择的思政教材应图文并茂，编排合理，逻辑清晰，也可以插入学生感兴趣的沂蒙红色故事，使红色故事和思政课有机融合，让学生身临其境，引起学生对沂蒙精神以及思政知识的好奇心和求知欲。

二、地方教育部门

地方教育部门应与地方政府通力配合，充分发挥本地优势，积极弘扬和发展沂蒙精神。地方教育部门应进一步整合和挖掘沂蒙精神资源：一是深入研究沂蒙精神的内在含义、价值定位、分布特点以及资源载体，对其进行整理、分析和归纳，将其纳入高校思政课学科体系，从而实现沂蒙精神向思政课教育资源的转化。二是充分挖掘沂蒙精神的文化内涵，把红色事迹、红色人物等融入高校思政课教学，突出沂蒙精神的教育传承。三是深入挖掘沂蒙精神的时代价值，响应新时代的号召，开发打造具有时代特色的沂蒙精神品牌，营造沂蒙精神氛围，整合生成具有鲜活时代气息的思政课教学资源，让高校学生切实贴近并深刻感悟沂蒙精神。

地方教育部门应重视加强高校思想政治理论课的师资保障。通过完善高校思想政治理论课教师的准入机制和在职进修机制，全面提高高校思想政治理论课教师的政治素养、理论素养、专业素养，为高校思想政治理论课建设一支“政治强、情怀深、思维新、视野广、自律严、人格正”的思想政治教师队伍，为沂蒙精神融入高校思想政治理论课提供关键的能力保障。

地方教育部门应继续转变应试教育的思维，深入认识高校思想政治理论课是落实立德树人教育目标的有温度的课程，重视用感天动地的沂蒙精神增强思想政治理论课的育人效果，积极倡导并监管学校的沂蒙精神教育工作，加大检查力度，确保沂蒙精神有效融入高校思想政治理论课，用沂蒙精神帮助学生扣好人生的第一粒扣子，培育新时代青少年。

地方教育部门应为沂蒙精神融入高校思想政治理论课的相关工作提供经费保障，健全硬件设施。沂蒙精神作为一种生动的教育资源，通过活灵活现的方式展示给学生才能有效地引发情感共鸣。因此，应为其投入相应的经费，例如，建立沂蒙精神仿真实验室、完善沂蒙精神育人基地建设等。同时，教育主管部门还应建立沂蒙精神融入高校思想政治理论课的共享资源库，促进优质资源的共享和利用。总之，地方教育部门应充分发挥自身的职能和作用，为具体的融入工作提供有力的支持。

第二节　学校着力营造沂蒙精神教育大环境

要想更好地将沂蒙精神融入高校思想政治理论课堂，应提高学校的重视程度，统筹规划融入工作，营造出弘扬沂蒙精神的校园环境，逐步推进沂蒙精神进课堂、进人心。

首先，学校应以沂蒙精神为特色开发校本课程。开发校本课程就是指学校应在国家的课程标准、地方的课程计划的指导下，组织本校对沂蒙精神有深入了解的教师基于本校实际开发课程，将沂蒙精神与高校思想政治理论课有机结合在一起，发挥协同育人的作用。明确沂蒙精神融入思想政治课堂的教师配备、学时安排、内容设定、考核方式等，从整体上构建沂蒙精神融入思想政治理论课的融入机制，以校本课程的开发保障实施。如果有可能，还可以申请制定中小学一体化的考核方式，将沂蒙精神贯穿受教育的全过程，降低在高校阶段中途融入沂蒙精神的困难程度。其次，学校应通过定期举办弘扬沂蒙精神的活动等方式，营造传承沂蒙精神的校园氛围。校园氛围虽不属于沂蒙精神融入高校思想政治理论课的直接途径，但却是必不可少的隐性教育，隐性校园氛围对于提高学生的思想品德具有潜移默化的影响。比如学校可以通过校园广播、学校展览墙、班级文化墙等方式宣传沂蒙精神；通过开展沂蒙精神代代传的主题教育活动，将沂蒙精神贯穿于学校教育的各个方面。总之，只要学校能够提高重视程度，营造出沂蒙精神教育的大环境，就能提高教师与学生学习沂蒙精神的意识和热情，为在思想政治课堂中进一步融入沂蒙精神奠定坚实的基础。最后，学校要充分运用新媒体等现代化网络设备，让新媒体成为沂蒙精神宣传的主阵地。学校要最大限度地发挥新媒体平台的舆论引导功能，提升平台建设，加强平台黏度，抢占舆论制高点，为沂蒙精神融入高校思政课创造良好的舆论生态，用接地气的方式将沂蒙精神融入其中，引起学生共鸣，努力将沂蒙精神讲得有情怀。

第三节　教师砥砺前行不断提高自身的能力

思想政治教育主要是受教育者建立在价值认同基础上的内在情感接受，只有在价值认同、情感接受的基础上，学生才能产生躬行的动力，思想政治教育也才能真正从“道问学”转化成“尊德性”。这也是思想政治教育的最终目的。教学包括三个最基本的要素：第一，教师；第二，学生；第三，教学媒介。另外，班级授课制依然是我国主要的教学组织形式，在这种教学组织形式下，教师是教学活动的组织者、教学过程的主导者、学生学习的引导者，沂蒙精神能否有效地融入高校思想政治理论课关键看教师。

“国将兴，必贵师而重傅。”习近平总书记在 2013 年教师节致全国广大教师的慰问信中指出，教师是立教之本、兴教之源，承担着让每个孩子健康成长、办好人民满意教育的重任。这一论断准确强调了教师队伍在教育工作中的关键性作用。教师是整个过程的引领者，提高沂蒙精神融入高校思想政治理论课的教学效果，落实沂蒙精神融入高校思想政治理论课的目标，建设优质教师队伍刻不容缓。教育行政部门首先应保证任课教师与当前教师需求相匹配，并关注当前教师的离休情况，以根据具体情况适时调整师资。教师是现实社会中的人，教师自己的价值观念、人生信念、社会理想都会在教育过程中有意识或无意识地影响学生。因此，可通过公开课、示范课、教师论坛、专家讲座等多种交流学习的途径，引领教师的价值观念，提高教师的质量，配齐建强师资队伍，增强课堂的思想性、理论性和亲和力、针对性，为落实核心素养打好基础。

第一，要加强对思政课教师的红色教育培训，提升思政教师课的专业素质，强化教师信息技能，为沂蒙精神融入思政课堂奠定基础。教师应自觉参加专家讲座或者研讨会，调动自身的积极性，自觉研究思想政治新教材和沂蒙精神，找到两者的契合点，用沂蒙精神优化教学设计，并不断创造出实用的教学案例。例如，在学习我国的基本经济制度时，用沂蒙精神的践行者王传喜带领村民发展集体经济、实现共同富裕的事迹当作案例，带领学生学习如何发展和壮大农村集体经济这个新知识，并培育学生开拓奋进、艰苦创业的精神，将沂蒙精神化作授课素材融入思想政治课堂。第二，可以多举办沂蒙精神红色学术讲座，聘请一些老革命、老英雄或是相关专家来主讲。同时定期组织教师到红色博物馆、革命遗址参观学习，激发思政课教师对红色文化的研究欲望，促进科研育人。第三，教师不断提高自身的创新精神。著名的教育家叶圣陶说过：教学有法、教无定法、贵在得法。教师在教学过程中应不断在沂蒙精神融入思想政治课的教学实践中挑选出合适的教学方法，不断创新教学方法。最初，教学可以多采用体验式教学法，创设与教学内容联系紧密的场景，增强学生的情感体验，调动学生积极性。例如，在学习党对一切工作的领导时，用党为人民谋利益、谋解放的真实事例创设情境，激发学生的情感体验，感受党全心全意为人民服务的宗旨和"生死交融、水乳交融"的沂蒙精神。总之，教师是沂蒙精神能否有效融入高校思想政治理论课的关键，通过培训激发自身的潜力，踏实钻研，用沂蒙精神优化教学设计，再辅之以新颖有效的教学方法，将有效推动沂蒙精神融入高校思想政治理论课堂。

办好思想政治理论课关键在教师，关键在发挥教师的积极性、主动性、创造性。① 习近平总书记在全国学校思想政治理论课教师座谈会上，对思政课教师队伍建设提出了明确要求。因此，将沂蒙精神更好地融入高校思想政治理论课教学的关键也在教师。加强思政课教师队伍建设，提高思政课教师的红色素养，是提高沂蒙精神育人实效性的关键环节。思政课教师要严格落实思政教师队伍建设的六个标准，不断提高自身的综合素质；同时要坚持思想政治理论课改革创新的"八个相统一"，让沂蒙精神在铸魂育人中发挥重要作用。理论往往只有在实践中得到真实的体验才能被受教育者更好地接受和践行，这是一个将沂蒙精神的德育过程与美育过程一体推进的工程，不仅可以使理论更好地为学生所接受，并且可以实现春风化雨、润物无声，以促进学生的全面发展。在施教的过程中，教师要注意发挥学生的主体性和创造性，使学生自己去体会、发现和创造。教师在教学过程中更多地起引导和启发作用，积极引导学生进入历史画面中，并且及时与学生沟通教学内容，以便进行教学反思。

综上所述，各级教育主体都对沂蒙精神能否更好地融入高校思想政治理论课起着关键作用，教育主管部门应统筹规划其融入工作；学校应着力营造沂蒙精神教育大环境；教师应砥砺前行不断提高自身的能力，充分发挥教育主体的主导

① 习近平：《思政课是落实立德树人根本任务的关键课程》，人民出版社 2020 年版，第 10 页。

作用。同时，各教育主体也应在教学实践中不断探索行之有效的路径，齐心协力提高沂蒙精神融入高校思想政治理论课的效果。

【相关链接】

高校思想政治理论课教师专业成长规划案例

一、个人分析

作为一名新教师，对于思想政治教学的研究还不够深入、对于教材体系的把握还不够系统，就目前来看，劣势很多。但是我有强烈的学习愿望，并能够从自己的经历中寻求上进的力量。我写过德育相关文章，这使我对教师行业和德育工作有一定的知识和实践基础。我学习了思想政治教育原理和教材研读等相关课程，为个人的专业成长打下了知识基础。我参加了“华文杯”比赛，经过整个过程的打磨和历练，对于高校学生的特点、教材的特点、政治教学目标的维度、教学环节等有了一定的了解，同时参赛的教学设计获得一等奖、教学展示获得二等奖。比赛的获奖激发了我对于思想政治课教学的自信心，也让我发现了自己的不足。结合习总书记对新时代思政课教师“政治强、情怀深、思维新、视野广、自律严、人格正”的要求，结合现代思想政治课教师的专业化发展、优秀思想政治课教师的专业素质、优秀思想政治课教师的专业成长动力等相关内容，我对自己的专业成长规划有了一定的思路。

二、专业规划

个人成长目标是成为符合时代要求的政治强、情怀深、思维新、视野广、自律严、人格正的思政课教师，成为一名享受型、发展型教师。为此，我对自己的专业发展做了具体的规划。

（一）发展总规划

(1) 养成良好的阅读习惯，树立终身学习的理念，在不断地综合学习中提升自己的素养，成为一个有内涵、有素质、有独特教学风格的思政课教师。

(2) 关注课堂有效性研究和实践，善于思考、发现、反思、著述，具有辩证唯物主义的哲学思想，争取成为具有自己教学风格的知名教师，让学生喜欢、家长放心、领导省心。

(3) 积极锻炼自己，使自己的专业知识、基本功都达到一个全新的高度，具备亲近社会、亲近他人的素质，能在动态发展的过程中考察、提升自己的理念和素质，发挥自己的潜质，做一个真正的教育者。

（二）近三年的短期规划

1. 夯实理论，提高理论修养

夯实相关理论是形成教师职业所需要的知识与能力的关键，是教师专业化发展的起始和奠基阶段。我会认真学习各项专业课程，认真阅读相关教育名著（表 3-1），为自己的未来打好知识与实践基础。认真钻研学科内容，争取发表相关文章，提高自己的科研水平。

表 3-1　计划阅读的书单

序号	书名
1	《马克思恩格斯文集》
2	《毛泽东选集》
3	《邓小平文选》
4	《给教师的建议》
5	《学与教的心理学》
6	《有效教学方法》
7	《德育新论》
8	《陶行知教育名篇》
9	《大教学论》
10	《教育漫话》

2. 接受在职培训，不断精进业务能力

国家为了适应教育改革与发展的需要，为在职教师提供了继续教育培训，以扩大和提高他们的专业知识和教育能力。我将积极参与培训，秉承终身学习的理念继续提高自己。不管是通过理论学习、尝试实践还是反省探究，都一心一意提高自己，积极参与学校组织的业余进修、集体观摩、相互评课、小组研讨等活动。

3. 自我教育，实现教师新手向专业教师的转变

教师的自我教育就是教师专业化的自我建构，它是教师个体专业化发展最直接最普遍的途径。我会积极进行自我教育，例如自我反思、主动收集教改信息、研究教育教学中的各种关键事件、自学现代教育教学理论、积极感受教学的成功与失败等，从而使自己确立专业理想、积淀专业情感、提高专业技能、形成专业风格。

（三）完成规划的措施

1. 善于学习，做终身学习的示范者

学习是教师专业成长的前提和基础，除了参加学校培训、参加研讨观摩活动等途径和方法以外，最主要的是自己的主动学习。我计划从以下几方面做：

(1) 从书本中学习。养成良好的阅读习惯，扩大阅读的范围，形成科学合理

的读书方法。通过阅读教材、参考书、专业报纸杂志、优秀的本书著作，学习各种文献，学习先进的教育教学思想观点；通过圈圈点点画画、做批注、写感受等形式理解内容，并及时地运用到课堂教学、班级管理中，及时发现问题，思考问题，形成课题；在追求量的同时发生质的变化，不断丰富、提高自己的文化底蕴和教育教学理论水平。

(2) 向一位自己特别喜欢的名师学习。通过读名师的文章、观看课堂实录等方式学习，从点滴的教学方法到严谨的课堂结构乃至独到的教学风格，然后再转益多师，水到渠成，从而形成自己的教学风格。

(3) 从网络中学习。在网上搜集需要的资料，同时利用网络与远隔千里的同行形成即时互动式的交流，使我们在自己的工作圈内无法解决的问题得以顺利解决。

2. 勇于实践，在实践中提升技能

(1) 在每一节训练课中实践。在备课时，争取“多想”(想学生会出现的问题，即新课标中提出的预设)；在上课时，争取“多问”(教师的语言简短精练，给学生多一些说话、交流的机会)；在课后，争取“多悟”(关注课堂上出现的“意外事件”，分析其原因)。

(2) 多观摩公开课。公开课是专业教师的展示活动，我要积极外出观摩优秀的公开课，通过公开课的观摩和感悟，提升自己的课堂教学技能。同时，我要积极争取公开课教学的机会。通过公开课的磨炼，提升课堂教学技能。

(3) 在德育工作中实践。在班主任工作中，以行为养成教育为突破口，以课堂生活为主体，以常规训练为主线，培养学生对学习的责任感和自学、自理、自控的能力，同时提高班务管理能力。

3. 注重自我反思，提高个人道德修养

遵循“反思—学习—调整—反思”的规律，客观地看待自己，正确地对待别人，理性地化解矛盾，提高个人修养。

(1) 在合作交流中反思。积极参与到教研组听、评、议研讨活动中，使自己在与同事的合作交流中不断自省，感悟，升华。

(2) 在教育教学中反思。养成“爱反思”、“多交流”、“勤动笔”的习惯，并善于挖掘其中蕴藏的教育契机，写成教育案例、教育随笔等，积极向报纸杂志投稿。

(3) 在师生互动中反思。教育教学中做好学生学习的合作者、引导者和参与者，营造良好的氛围，激发学生参与课堂，倾听建议，并及时反思改进。

三、个人寄语

“追光的人，自己也会披万丈光芒”，我非常喜欢这句话，我希望自己走在学习路和职业路上都能向着美好的目标不断前进，使自己披上奋斗的光芒。

第四节 社会给予学校思政教育以环境支持

沂蒙精神育人价值的实现不仅需要学校的统筹规划、教师的不断成长，还需要社会大环境予以支持，构建课外、校外巩固课程，为沂蒙精神融入思想政治课堂提供实践教学的机会。习近平总书记强调，“在党史学习教育中，要充分运用红色资源，教育引导广大党员、干部坚定理想信念、筑牢初心使命”①。用好用活红色资源，要创新方式方法，强化红色资源的教育功能。因此，社会先进榜样的模范作用以及红色教育基地是十分重要的。将沂蒙精神融入高校思想政治理论课教学中，不仅要重视课堂教学，还应该重视社会先进榜样的模范作用以及教育基地的作用。只有将沂蒙精神与校外课堂有机地融合起来，才能营造良好的教育氛围。

一方面，应充分发挥社会先进模范的榜样作用。沂蒙人民在沂蒙精神的熏陶下涌现出了一大批先进时代楷模，这些先进楷模都是思政课的活教材，可采用楷模讲座的形式拉近学生与楷模的距离，使学生近距离地从楷模的身上感受伟大的沂蒙精神，并以楷模为榜样，以沂蒙精神为指引，鼓足学习的动力，在自己的学习和生活中践行沂蒙精神。另一方面，社会应加大红色教育基地的开放力度，“红色文化资源作为中国共产党在长期革命、建设和改革过程中积淀的历史遗存，本身就是实践的成果，因而特别适用于实践教学”②。打造沂蒙教育基地最重要的就是选取适当的场地，革命纪念馆、革命旧址就非常合适。它们大多用于沂蒙革命精神展示、红色影视教育、党史陈列、沂蒙革命精神研究等，对于学习革命历史、提升道德品质以及丰富思想文化有良好的推动作用。例如沂蒙革命纪念馆就浓缩了整个沂蒙地区战争时期的重大历史事件，馆藏内容十分丰富。用乳汁救伤员的红嫂明德英、舍子拥军的方兰亭、宁死不屈的吕宝兰、永远的新娘李凤兰……一幅幅图片、一件件实物，见证了一段波澜壮阔的沂蒙革命史。只有灵活利用红色文化教育资源，积极开展有关红色文化的实践活动，组织学生参观革命教育基地，才能不断振荡学生的心灵，真正做到理论与实践相结合。

例如，在学习文化生活中《文化对人的影响》相关内容时，将红色教育基地作为思政课教学的实践资源，带领学生参观孟良崮战役遗址、华东烈士陵园等红色

① 《习近平论中国共产党历史（二）》，《党史文汇》2021年第5期，第1页。

② 肖发生、张泰城：《近年来高校红色文化资源育人的理论与实践》，《红色文化资源研究》2017年第1期，第205-220页。

教育基地，使学生融入其中，在感受革命情怀的同时增强自己的爱国情怀，力求将沂蒙精神内化于心、外化于行。总的来说，在社会的大力支持下，发挥楷模的榜样作用，充分利用红色教育基地的陶冶作用，能充分将沂蒙精神的课堂讲授和实践体验有机结合在一起，提高沂蒙精神融入高校思想政治理论课的效果。

概言之，沂蒙精神融入高校思想政治理论课具有极高的教育价值，目前取得的成效将为沂蒙精神更好地融入思想政治理论课提供借鉴，现存的困难都可以通过社会、学校和教师的共同努力得以克服，从而为祖国的发展培养出一代又一代具有沂蒙精神特质的合格青年。

第四章　践行沂蒙精神　彰显青春底色

高校思想政治教育是帮助大学生树立正确的三观，成为社会主义合格建设者和接班人的教育活动。中华民族拥有自己独特的文化传统、独特的革命传统、独特的基本国情，决定了我国高等教育的独特性，应该扎扎实实办好中国特色社会主义高等院校。大学生是国家建设的后备军，终将会成为国家社会主义事业的接班人，在高校思想政治理论课中融入沂蒙精神从而提升大学生的文化自信是高校的一项重要任务。学生应认识到自己进行思政课学习的重要性，认识到沂蒙精神融入高校思政课的重大意义，对于思政课的学习要积极主动。学生不应该把通过考试作为自己学习思政课的唯一目的，学习思政课的一个重要目的是提升自身政治素养。学生应该调整好自己的心态，对自己的思政课学习充满信心，提高积极性，了解沂蒙精神的深刻内涵，继承和发扬沂蒙精神，响应新时代的号召，努力使自己成为有理想、有道德、有文化、有纪律的新时代青少年，从而为中国特色社会主义建设贡献自己的力量。

第一节　提高自身思想认知打基础

思想政治理论课兼具德育和智育双重功能，其中德育目标注重培养学生高尚品格和道德情操，智育目标注重向学生传递意识形态领域内知识及相关文化知识。因其本质属性是德育，所以将沂蒙精神融入高校思想政治理论课教育中，学生应明确自身的学习目标：一部分是智育目标，要让学生接受有关沂蒙红色文化的历史知识，了解革命战争年代沂蒙大地军民共同抗战的具体实践经过，以及在抗战过程中形成的沂蒙精神文化内容；另一部分是德育目标，将所学的关于沂蒙精神的知识内化于心、外化于行，培养起自身对党和对人民的敬畏之心，体会到党和人民在革命战争年代无私奉献、敢为人先的伟大精神，切实铭记革命战争年代革命先辈们为取得胜利而作出的巨大牺牲，自觉将个体的命运与国家的命运联系到一起，将自身的价值融入国家民族复兴、人民幸福的事业中。

第二节　增强自身价值认同促内化

感悟是在理解分析基础上的感触或感想、体悟或顿悟，可以是逐渐进行的，也可能是瞬间的开悟。首先，引导学生用沂蒙精神对照自己，正视自己，剖析自己。认识自我，客观正确地看待自己，是自我感悟的前提，教师在目标的确定、实施和反馈过程中的主导作用至关重要。其次，引导学生用沂蒙精神反思自己，提升自己。青年学生“吾日三省吾身”未必做到，见贤思齐、经常反思是快速成长的重要途径。最后，引导学生用沂蒙精神观照现实，以积极的心态和科学理性的思维看待现实问题。信息时代学生思维方式和价值取向的多元化愈加明显，更要旗帜鲜明地捍卫主流的价值理念，塑造马克思主义的世界观、价值观和人生观。沂蒙精神是最好的教科书，在沂蒙精神和现实生活的契合点上切入价值引领是必要的也是可行的。当然，无论课堂教学还是校园文化建设，氛围的营造都不可或缺。

学生应该增强自身对沂蒙精神的价值认同，将沂蒙精神内化于心。沂蒙精神是党和国家的宝贵精神财富，沂蒙军民一家亲的鱼水情故事震撼着当代人的心灵，革命年代的战火虽已经远去，但是当代的中国依旧面临着发展的风险挑战，依旧需要爱党爱军、军民团结一心、拥护共产党的领导、坚持共产主义的远大理想；依旧需要开拓奋进、艰苦创业，在危机中育新机，在变局中开新局，以艰苦朴素、吃苦耐劳的精神砥砺前行，为中华民族的伟大复兴燃烧自己；依旧需要无私奉献的精神，尤其作为拥有高级理论知识的大学生群体，将来无论从事什么样的工作，都是行业的佼佼者，要心有大局，有人民，才能真正实现自我的价值，而这些就是沂蒙精神。

第三节　转变自身实践行动保落实

沂蒙精神作为一种价值理念，它的生命力在于亿万万人民的坚守、践行与传承。大学生是国家的未来、民族的希望，每一位大学生对沂蒙精神的学习、体悟、传承都对沂蒙精神的发展至关重要。

明确使命与担当，做社会主义事业的合格建设者和可靠接班人。青年一代在自身发展的同时，要树立家国情怀，将自身发展与社会发展、国家繁荣相结合，明确自身的历史使命与担当。当今世界正经历百年未有之大变局，国际形势风云变幻，此时更加需要青年一代尤其是大学生时刻保持清醒的头脑，紧密团结在党中央周围，坚定不移地维护国家主权和利益，能够按照沂蒙精神的内涵要求，在国家层面爱党爱军，在社会层面无私奉献，在个人层面开拓奋进，勇于担负起中华民族复兴伟业的重要生力军的历史使命。

深入学习沂蒙精神中的典型案例和理论知识，清晰把握历史规律和我国国情。沂蒙精神自诞生以来，始终坚持以马克思主义为指导思想，始终跟随党的领导，进行革命、建设、改革和发展。沂蒙精神显现的是广大人民之魂，沂蒙精神在形成发展的过程中，始终坚持人民的主体地位，体现的是人民的主体理念、主体价值和主人翁姿态。这种朴素、平实与人民血脉相连的精神，更加能与广大人民群众产生共鸣，被人民所接受、理解和吸收。所以，大学生不仅应当知晓这些理论知识，更应当深入挖掘理论的内在规律与价值，以更好地指导自己的实践活动。

纸上得来终觉浅，绝知此事要躬行。为了深刻体会沂蒙精神的魅力，自发的实践活动必不可少。在课余时间可以亲身到“沂蒙红嫂精神”、“小推车精神”、“厉家寨精神”、“九间棚精神”等的发源地实践考察学习，参观各类纪念景点；也可实际调查城市文化建设中这些思想留下的痕迹和影响力，根据不同的内容需求，确立适应的活动形式。这些实践活动更加贴合现实，更有利于在实践中真实地感受沂蒙精神的魅力。在大数据蓬勃发展的今天，网络学习往往更加快捷。2020 年新冠疫情的全球暴发，导致网络更加成为人们获取信息的主阵地。因此，也可以通过多样的线上平台进行学习，例如一些视频、图片和文字的学习网站以及沂蒙红色资源的分享平台等。最后，还必须将自己所学应用到生活、学习中，解决实际问题，使理论变成活的知识，在实际的生活和劳动中感受沂蒙精神的馈赠。

沂蒙精神这个诞生于革命战争年代、真正属于广大人民的优秀红色革命精神，伴随着时代的发展而不断求变，在新的历史时期散发着越来越夺目光辉，令无数后人敬仰。它必将继续被一代又一代的革命后人继承、传播、发扬和创新，由此，造就着一代又一代民族的脊梁。

高校思想政治理论课中融入沂蒙精神的教学过程是一个促进学生发展矛盾积极转化的过程，学生现有的道德水平和责任担当与社会对学生道德水平和责任担当的新要求之间的矛盾构成了学生学习的动力。教师在教学过程中应更多地关注学生道德的提高、责任意识的提升，有针对性地处理好两者之间的矛盾关系。在高校思想政治理论课中学习沂蒙精神的过程实质上是一个学生自我教育的过程，学生自我教育能力包括自我认识、自我期望、自我调控、自我评价。学生只有在学习过程中获得很强的自我教育能力，才会对日常生活中的问题积极反思，有意识地提高自己的各方面能力，同时这种力量才是最持久、最自觉、最有效的内在力量。高校思想政治理论课中融入沂蒙精神的教育过程应是一个晓之以理、动之以情的过程，是一个以理服人、以情服人的过程。学生正处于发展的关键期，拥有极强的自尊心，他们希望自己能够被尊重，教师应多关注教育的过程，在教学过程中循序渐进地落实沂蒙精神教育目标。

第五章　设计沂蒙精神融入高校思想政治理论课的课程目标

要想落实好沂蒙精神融入高校思政课的课程目标，教师必须明确课程目标的指向是什么。其指向一定是学生主体，落实课程目标要有学生立场。课程目标应该指向于学生学习的全过程，重点抓学生思想方面的提升。党的十八大报告和党的十九大报告分别提出和强调了“立德树人”是教育的根本任务。习近平总书记在学校思想政治理论课教师座谈会上指出，思想政治理论课是落实立德树人根本任务的关键课程。沂蒙精神融入高校思政课的课程目标必须指向于学生的发展，也就是促进学生全面、持续、健康发展。学生的全面发展不仅是学生智力的提升，而且是涵盖德、智、体、美、劳等各方面内容的全面提升；这里的持续发展是能遵循教育规律及学生身心发展规律的终生发展过程；这里的健康发展是使学生从内心感受到学习是快乐的、积极向上的、值得的，德性的不断完善是极其有价值成就的。

任何活动都需要事先明确其目的指向，沂蒙精神融入高校思政课的教学也不例外。共和国是红色的，不能淡化这个颜色。[①] 我国教育必然要加强红色文化教育，“加强红色文化教育，就是为了更好地培养社会主义建设者和接班人，培养能够担当民族复兴大任的时代新人”[②]。为沂蒙精神融入高校思想政治理论课教学设置目标是加强沂蒙红色精神教育的要求，将沂蒙精神融入高校思政课的课程目标设置为运用沂蒙精神培养有理想、讲政治、懂法治、敢担当、乐奉献的人。

第一节　有　理　想

马克思主义传播至沂蒙大地，沂蒙人民积极当起马克思主义的传播者，坚定不移跟随中国共产党走，彰显出对马克思主义的坚定信仰以及对中国共产党的

① 《“共和国是红色的”（两会现场观察）》，《人民日报》2019 年 3 月 5 日。

② 石书臣、张朋林：《习近平关于红色文化重要论述的德育思考》，《思想政治教育研究》2019 年第 5 期，第 1-6 页。

无限拥护。沂蒙人民积极参与中国革命、建设和改革，凭借其坚定的理想信念书写了一个又一个华丽的篇章，直至今日依旧可歌可泣，值得当代新青年从历史的光辉事迹中汲取力量。

新时代实现中华民族伟大复兴的中国梦，需要一批有坚定理想信念的中坚力量。高校思想政治理论课是高校的思想政治教育主渠道，思想政治教育的目标是培养社会主义事业的合格建设者和可靠接班人，主抓学生的理想信念教育。因此，在高校思想政治理论课中充分利用沂蒙精神帮助新时代青年坚定理想信念可行又必要，沂蒙精神所具有的文化符号将成为大学生坚定理想信念的一大法宝。

第二节　讲　政　治

沂蒙人民跟党走、无私奉献，具有鲜明的政治立场、明确的政治观点、崇高的政治信仰；沂蒙人民敢为人先、坚韧不拔、与时俱进，坚定地走在中国特色社会主义道路上，创造出许多令人称赞的奇迹；沂蒙精神形成的思想基础、深厚的文化底蕴、重要的价值功能，是培育和践行社会主义核心价值观的生动载体。沂蒙精神展示出了沂蒙人民鲜明的政治立场。具有讲政治品质的沂蒙特质学子具有以下特征：

从党把沂蒙人民的利益放在第一位，为沂蒙人民谋解放的事迹中，认同中国共产党，拥护党的领导，领会中国特色社会主义最本质的特征是中国共产党的领导。

回望改革开放时期，沂蒙人民开拓奋斗、敢为人先的脱贫历史，以及“大美临沂”建设时期，沂蒙人民在经济、社会等方面创造的辉煌业绩，认同中国特色社会主义道路是历史的必然选择，坚定中国特色社会主义是国家富强、民族振兴、人民幸福的根本保障。从沂蒙精神的发展和完善中坚定文化自信，进而坚定道路自信、理论自信、制度自信。

沂蒙精神是社会主义先进文化的重要体现，是社会主义核心价值体系的精神支柱，基于沂蒙精神的文化基础认知、认同、践行社会主义核心价值观。

第三节　懂　法　治

沂蒙抗日民主政权的施政理念中蕴含着法治精神的具体内容。1940 年 11 月颁布的《人权保障条例》规定了人民群众在法律上、政治上一律平等，明确规定了人民的权利和义务，这一条例已经具有了新中国宪法的影子。1943 年 8 月，山东分局对 1940 年 9 月 2 日山东省临时参议会通过的省战工会制定的《山东省战时施政纲要》的内容进行了修改和补充，强调“按照新民主主义的原则，加强民主政治建设；贯彻法治精神，实行司法公正，保障人权”[①]。这有利于增进学生对法治的理性感知、增强学生对法律的情感认同，具有懂法治品质的沂蒙特质学子具有以下特征：

从沂蒙抗日根据地民主政权的施政理念和实践中，感受法治是一种先进的国家治理方式，全面依法治国是建设社会主义法治国家的基本要求；从沂蒙人民学法、尊法、守法、用法的具体事例中提高自身的法治意识，坚持法律面前人人平等，养成依法行使自身权力、依法履行自身义务的好习惯。

第四节　敢　担　当

沂蒙抗日根据地的各级参议会和政府都是由民众选举产生的，民众享有选举权。因当时民众的选举水平相对较低，民众主要以“豆选”的方式行使自己的选举权，方法虽然原始，但是能充分反映民众的意愿，激发民众的参政热情。民众还拥有监督权和罢免权，能对权力进行制约和监督。具有敢担当品质的沂蒙特质学子具有以下特征：

从沂蒙抗日根据地民主政治的实行中感受民主政治的价值和意义，从沂蒙人民行使自己的选举权、监督权、罢免权等权利的事例中感受民主决策、民主管理、民主监督的意义，体会沂蒙人民当家作主的幸福感，激发自身公共参与的责任担当精神。

第五节　乐　奉　献

马克思主义在沂蒙地区的传播孕育了沂蒙精神，沂蒙人民以马克思主义科学的世界观和方法论为指导，不断解放思想，坚持实事求是、开拓奋进，促进了沂蒙精神的形成和发展，乐奉献在沂蒙人民身上展现得淋漓尽致。

从沂蒙人民解放思想、敢为人先不断提高政治、经济、文化、社会、生态文明发展水平和锐意进取不断促进社会和谐进步的事迹中，了解马克思主义基本原理，运用马克思主义辩证唯物主义和历史唯物主义的基本观点看问题，不断摆正自己的价值取向，不断增强自身的实践创新能力，不断解放自身的思想，成长为有责任、有奉献、有价值的人。

---

① 徐东升、汲广运：《马克思主义群众观视域下的沂蒙精神研究》，人民出版社 2019 年版，第 112 页。

【相关链接】

依托课程目标设置教学目标的建议

沂蒙精神融入三维教学目标，传承红色基因，发挥沂蒙精神价值引领的重要作用。从思政理论课的教学目标上理解，三维指知识和能力、过程和方法、情感态度和价值观三个维度，在层次性上包括课程目标、课堂教学目标和立德树人目标。三个层次的目标不能割裂是完整统一的，而课程和课堂目标的设定都最终服务于立德树人的根本任务。因此，沂蒙精神融入思政理论课，首先，要实现课程资源的整合和课程目标的准确定位，沂蒙精神育人要融入课程建设的目标中，资源的整合尤其是理念的更新是基础性的，不仅仅在于思政课教师，更在于高校的各项配套支持。为此，要通过优化课程设置和目标设置，形成和完善以教育部规定课程与校本特色课程相结合的课程体系。其次，要围绕目标的设定实现课堂教学改革和师生关系重塑，通过改革实现由“一言堂”、“满堂灌”的固有模式到“引领、自主、合作”模式的转变。再次，思政理论课是“姓党”的，任何层次的目标设定都要旗帜鲜明地捍卫思政课的红色属性，坚持中国共产党领导思政课的独有特色，始终把通过价值引领实现立德树人的目标放在突出位置，这是目标，也是方向。最后，教师要主动挖掘思政课理论中体现出实事求是、艰苦奋斗、开拓进取、无私奉献这一系列伟大精神的地方，让学生在学习专业知识的同时，感悟到沂蒙精神的蓬勃力量，引导学生自觉将其应用到实际生活中去。

沂蒙精神融入高校思政课的课程目标，旨在通过情境的代入增强目标的具体性，从宏观上消除高校思想政治理论课教学目标的晦涩。本书从宏观上论述了沂蒙精神融入高校思政课的课程目标，从大方向上为教学目标的表达提供了指引，同时也为具体教学素材的选用提供了框架。因为高校思想政治理论课教学是以课为单位循序渐进进行教学的，每一课都有具体的教学目标和教学内容，所以还需要在宏观教学目标指引之下进一步挖掘沂蒙精神和高校思想政治理论课相契合的教学内容，从而细化每节课的教学目标，提高沂蒙精神融入高校思想政治理论课教学效果。沂蒙精神融入高校思想政治理论课即将沂蒙精神融入教师主导下的知识传授、能力培养和价值引领的教学目标中，将沂蒙精神融入学生理论学习、自我感悟和实践体验的全过程。思政课三维教学的核心思想是自主、合作、创新，实现的途径是教师教学改革和学生学习方式变革的同步推进。沂蒙精神融入高校思想政治理论课的目标是传承红色基因，发挥沂蒙精神的价值引领作用，即将沂蒙精神融入教师课堂教学，创新课堂教学，发挥思政教育主阵地的重要作用；将沂蒙精神融入学生自我感悟，拓宽沂蒙精神育人渠道，营造红色文化和沂蒙精神的浓厚氛围；将沂蒙精神融入学生实践体验，拓展延伸育人链条，构建大思政课堂。

第六章　结合教材挖掘相契合的教学内容

沂蒙精神育人价值应体现在每一个学生的身上，讲求育人的全面性。沂蒙精神是高校思想政治理论课教学的重要实践资源，但就高校教学实际来看，开展实践活动面临教学任务繁重、学生安全隐患等难题，真正在实践活动中发挥沂蒙精神的育人价值相对课堂教学较为困难，因此课堂教学应成为沂蒙精神育人的主要教学组织形式，如何在课堂教学中运用沂蒙精神育新人是个值得思考的问题。要注意的是，肯定沂蒙精神在课堂教学中的运用，并不意味着否定了实践活动的开展，实践活动是课堂教学的重要补充，当结合实际情况开展必要的沂蒙精神主题实践活动。

马克思主义基本原理、毛泽东思想和中国特色社会主义理论体系概论、思想道德与法治、中国近代史纲要是高等教育阶段开展思想政治教育的重要依托材料。经研究，马克思主义基本原理、毛泽东思想和中国特色社会主义理念体系概论、思想道德与法治、中国近代史纲要是嵌入沂蒙精神的最佳载体。深入挖掘沂蒙精神中的“思政点”，有设计地将沂蒙精神运用于马克思主义基本原理、毛泽东思想和中国特色社会主义理论体系概论、思想道德与法治、中国近代史纲要的教学，有利于实现沂蒙精神的全面育人。将沂蒙精神运用于高校思想政治理论课教学，一线教师总感觉找不到沂蒙精神与教材内容的契合点，要想解决契合点的问题，首先应该明确教材内容教什么，其次考虑嵌入哪些沂蒙精神教育内容，从而实现沂蒙精神在教材中的精准嵌入、深度融合。

第一节　沂蒙精神融入“马克思主义基本原理”

一、教材分析

现代教育学认为，要达成教学的实效性，就必须着眼于教学目标和教学过程两方面，实现二者的和谐统一。对于教材的分析与研究，正是落实教学目标和实现教学过程最优化的重要手段。

从广义上来看，对于教材的开发和利用水平，关乎教材内容的价值实现程度，教材育人目标与教育总目标的契合程度，以及教材实践性质与现实生活的转化程度。从狭义角度来看，对于教材的分析是教师工作中的重要环节，是教师进行教学设计、教学计划和学生考核的基础，其主要目的在于使学生对教材内容、逻辑结构、现实意义进行高质量把握。此外，教师对于教材的理解深度与分析角度直接影响学生的思考方式和价值观念。故而，用马克思主义科学的世界观和方法论来研究《马克思主义基本原理》教材对于思想政治课教学实践来说必不可少。

（一）《马克思主义基本原理》教材分析

1.《马克思主义基本原理》的地位与作用

现使用的《马克思主义基本原理》（2021 年版）是中央马克思主义理论研究和建设工程重点教材。该教材主要阐释了马克思主义哲学、马克思主义政治经济学和科学社会主义的一般规律和本质特点，全面体现了马克思主义的科学体系、鲜明特征和当代价值。本书是在 2018 年版本基础上修订而成的，这次修订集中体现了党的十九大精神和习近平新时代中国特色社会主义思想，同时兼收一线师生在使用教材过程中提出的宝贵建议。教材修订过程充分彰显了马克思主义的发展性与实践性特征。

本教材旨在引导学生系统地学习和把握马克思主义的基本原理，并学会运用马克思主义的科学世界观和方法论来分析问题和解决现实问题。本教材在教育教学方面的作用主要体现在以下几个方面：

第一，培养学生科学的世界观和方法论。马克思主义是科学的世界观和方法论，科学性来自马克思主义对人类所赖以生存的自然界、人类社会和历史演进中人类思维发展规律的正确反映。马克思主义的理论意义，绝非简单地体现于现成的结论，而体现在这些理论赖以形成的科学世界观和方法论上，这些方法和手段是经过人类实践和历史发展所证明了的科学方法。这些方法的有效掌握是学生树立科学的人生观、价值观、事业观的重要法宝。

第二，指引学生构建全球视野。马克思主义从物质世界、人类社会和人的思维等全方位考察了社会一般发展规律，并提出“资产阶级的灭亡和无产阶级的胜利是同样不可避免的”①科学论断。纵观时代发展脉络，当今世界正处于百年未有之大变局，世界格局的加速演变自全球新冠肺炎疫情暴发以来尤甚。今日之中华，欲以昂扬之姿伫立于世界民族之林，兴文教、育新人尤为重要。新时代的新人才，既要有家国情怀，又要有国际视野。

第三，把握人类社会一般发展规律，树立共产主义远大理想。

① 《马克思恩格斯文集》（第二卷），人民出版社 2009 年版，第 43 页。

马克思主义通过对资本、资本主义的无情揭露与批判，指出资本主义社会灭亡的必然性。这是由于资本主义的基本矛盾“已经包含着现代的一切冲突的萌芽”①。生产力与生产关系的矛盾，经济基础与上层建筑的矛盾，是社会发展的基本动力和基本矛盾，当生产关系和上层建筑不再适应生产力和经济基础时，生产力和经济基础必然要求改变生产关系和上层建筑的现状。在资本主义社会，生产社会化和生产资料私有制是不可调和的矛盾，这个矛盾将导致资本主义的经济危机，也必将使资本主义逐渐走向灭亡。在奋力实现第二个百年奋斗目标的今天，历史的接力棒已经传递到当代青年手中。当代大学生是青年中的先锋力量，尤其是具有坚定的共产主义信的大学生更是历史接力发展中的新生力量。马克思主义基本原理，是帮助大学生进一步树立共产主义远大理想的必要课程。中国特色社会主义的丰富实践，使马克思主义在21世纪的中国蓬勃发展，新时代中国所取得的政治、经济、文化、科技、生态文明等各项成就，强有力地证明了社会主义道路的科学性和生命力。

2.《马克思主义基本原理》教材的逻辑架构

《马克思主义基本原理》教材包含七章内容、三大部分，每一章都体现了相应的学习主题，价值导向十分清晰。教材立足于大学生的生活实践和发展规律，以价值观培养为主线。遵循物质世界、人类社会、人的思维发展规律的基本关系脉络，充分彰显了马克思主义唯物辩证法和剩余价值理论的耀眼光芒。通过本教材的学习可以使学生全面把握马克思主义的意蕴与价值，并自觉学习和运用马克思主义，培养科学的世界观和方法论，树立共产主义远大理想，积极投身于中国特色社会主义的建设和中国梦的实现。

《马克思主义基本原理》第一至三章内容主要体现了马克思主义哲学基本思想，包括世界的物质性及发展规律、实践与认识及其发展规律和人类社会及其发展规律，其核心是唯物辩证法。与以往的任何旧的唯物主义相比，新唯物主义之所以是“唯物”的，并不在于所谓“物本身”，而在于理解隐藏在“物本身”内的发展规律和把握“物本身的”的方式，也就是“实践的方式。”马克思主义哲学所追求的知识不同于以往的各种哲学思想和各门自然科学、社会科学所探寻的具体的、实证性的知识，而是人类赖以安身立命，对人类生活具有根本性和普遍性的知识，它是通过对各门旧哲学理论和具体科学知识的批判与升华而得到的。

第四至五章为马克思主义政治经济学基本原理，马克思基于人类社会发展的两大基本矛盾，即生产力和生产关系的矛盾运动、经济基础与上层建筑的矛盾运动，揭示了资本主义生产社会化和生产资料的资本主义私人占有是资本主义

① 《马克思恩格斯选集》(第三卷)，人民出版社1995年版，第744页。

社会不可调和的矛盾，并提出了剩余价值理论。从物与时代的关联来看，马克思主义政治经济学中的“所唯之物”是批判的、革命的。马克思所讲的“现实的人”就是资本主义时代现实社会当中具体的人，而在资本主义社会一切都被物化和商品化了。所以，要解决无产阶级和资产阶级的矛盾，实际上就是要解决人与物的矛盾。可见，马克思的理论兴趣不在于离开所处时代去探寻世界的本源，而是在关注商品、资本这样具体的物和矛盾。唯物史观从人类社会发展的宏观角度出发，得出资本主义必然灭亡、共产主义必然胜利的结论。剩余价值理论则从剩余价值的生产、积累、流通以及分配的微观领域阐述了资本主义生产关系的剥削本质，即工人生产出剩余价值而资本家源源不断地无偿占有剩余价值。资产阶级和无产阶级之间阶级斗争的经济根源以及无产阶级革命的必然性，同样论证了资本主义必然会走向灭亡的历史发展趋势。

第六至第七章内容为马克思主义的科学社会主义理论，主要剖视了社会主义从空想到科学，从理想到现实，从一国到多国发展的艰辛和曲折历程，通过探究人类社会一般发展规律和剖判资本主义的基本矛盾包含着现代的一切冲突的萌芽，论证了社会主义代替资本主义的必然性与长期性。改革开放以来，我国从生产力到生产关系，从经济基础到上层建筑，都发生了意义深远的重大变化，马克思主义在21世纪的中国焕发出强大的生命力，中国特色社会主义的伟大实践证明了马克思主义的科学性，同时证明了社会主义必将胜利。此外，中国梦的实现，关键需要人民自身的努力和奋斗，马列主义不能照搬，马克思主义普遍原理与中国具体实际相结合是发展中国特色社会主义的思想基础。总而言之，从人类社会发展的一般规律来看，共产主义的实现既是一个必然的结果，又是一个长期的过程。我们对此应该保持一种科学的态度，全面而准确地学习把握“两个必然”和“两个绝不会”理论，充分地尊重历史规律的实现方式和实现过程

（二）沂蒙精神融入马克思主义基本原理教学内容

1. 沂蒙精神与马克思主义基本原理的内在关联

沂蒙精神作为一种革命精神，是党和国家的宝贵精神财富。在炮火纷飞的革命年代，沂蒙精神对于军民团结、争取民族独立发挥了重要作用。新中国成立后，沂蒙精神对我国社会主义改革、建设事业提供了重要理论支撑和实践素材，在教育事业中也发挥了重要育人作用，对学生树立科学的世界观、人生观、价值观、事业观等起到了不可磨灭的贡献。沂蒙精神形成于革命战争年代，发展于改革开放时期，完善于中国特色社会主义新时代，其爱党爱军、开拓奋进、艰苦创业、无私奉献的内涵蕴含着丰富的德育思想，既是社会主义核心价值体系的生动体现，又是高校思想政治教育的重要理论来源和鲜活素材，也是学生成长成才的指路明灯。加强沂蒙精神在高校中的育人作用具有特殊时代意义和普遍社会

价值。

（1）沂蒙精神的育人目标与马克思主义基本原理育人旨归的统一性。沂蒙精神的育人价值主要体现在培养人的爱党爱军、无私奉献、开拓奋进、艰苦创业等优秀品质。爱党爱军是沂蒙精神的内在灵魂，在战火纷飞的年代，广大沂蒙人民与中国共产党所领导的人民军队紧紧团结在一起，“最后一粒米当军粮，最后一块布做军装，最后一个儿子送战场”充分体现了军民鱼水之情。这其中所涌现出的沂蒙红嫂祖秀莲、卖儿捐粮的方兰亭等人物的事迹更是可歌可泣，感召后代。当帝国主义侵略势力入侵时，沂蒙人民的无私奉献精神更是体现得淋漓尽致。在沂蒙老区，乡乡有红嫂，村村有烈士。开拓奋进 、艰苦创业精神充分体现在沂蒙地区城市建设进程中。沂蒙人民时刻保持能吃苦、善创新的秉性，在社会主义改革和建设时期不断涌现出“九间棚精神”、“经济开发区精神”、“蓝田商城精神”等创业典范，这也为新时代我国建设社会主义现代化国家提供了生动的发展素材。马克思主义基本原理课程的教学目的旨在培养有理想、有道德、有文化和有马克思主义信仰的新时代青年。故而，沂蒙精神融入马克思主义基本原理课程教学可以有效充实本课程的教学，使学生通过身边发生的故事和人物事迹更好地理解基本原理。随着时代条件的不断变化，沂蒙精神的内涵也在不断丰富与创新，其正以新的姿态诠释着马克思主义中国化的进程。

（2）沂蒙精神的显性形态。沂蒙地区作为中国抗日战争和解放战争的主要根据地之一，孕育并生成了以沂蒙精神为代表的红色文化。广泛散布在沂蒙地区的革命遗址遗迹与历史文物，成为沂蒙红色文化的物化形态与主要遗存。在沂蒙老区，承载着沂蒙革命精神与革命文化的物态载体，主要是指鲁中、鲁南和滨海革命根据地时期以及新中国成立以后留存下来的革命旧址、战争遗址、革命文物、纪念馆、纪念地、诞生地、博物馆、烈士陵园等，它们是沂蒙精神和沂蒙红色文化的显性存在。这主要包括：八路军 115 师师部旧址暨山东省政府成立纪念地、《大众日报》社旧址、抗大一分校旧址、中共中央山东分局旧址、新四军军部旧址、中共鲁南第一支部旧址、八路军山东纵队指挥部旧址、山东分局党校旧址、山东第一个党支部——沂水支部诞生地、野战医院旧址、中共苏鲁豫皖边区省委遗址、大青山战斗遗址、甲子山战斗遗址、留田突围遗址、柱子山战斗遗址、九子峰战斗遗址等。

（3）沂蒙精神的隐性形态。随着互联网技术的不断发展，在文学艺术领域，以沂蒙地区革命战争经历和历史事件、历史人物为素材，创造出了《沂蒙山小调》、《跟着共产党走》等经典歌曲，《红嫂》、《红日》等革命文学经典，《沂蒙六姐妹》、《孟良崮》等影视经典，《蒙山沂水》、《沂蒙情》等演艺经典，这些作品正以全新的形式传唱着沂蒙红色故事。

2. 沂蒙精神融入马克思主义基本原理课程教学的现实意义

第一，通过沂蒙精神当中人民群众的奋斗历程和杰出人物英雄事迹的讲述，帮助学生更好地理解马克思主义基本原理中辩证唯物主义真理与价值。沂蒙精神在沂蒙人民脚踏实地的实践和生活中成型、发展和成熟，从抗战支前的“小推车精神”，到社会主义建设时期“石头缝里栽树”的厉家寨，到改革开放时期“没向国家要一分钱，奇迹般创造出新时期典范”的九间棚，再到新时代临沂经济、文化和社会建设的飞速发展，在社会主义市场经济的条件下，沂蒙人民将艰苦创业、开拓奋进融入改革开放的实践建设，以求真务实、勇敢探索的态度创造了众多令人称赞的奇迹，树立了良好的城市形象。因此，沂蒙这个地区给人的整体印象总能与诚实能干、吃苦耐劳等代名词联系到一起。新时期，临沂作为一座飞速发展的现代化商业大都市，经济、城市建设都在蓬勃发展，创业意识和创新思维是这座城市活力四射的源泉。一代代沂蒙人民始终在困难面前铆着一股劲儿，永不低头服输。这种自信昂扬、朴素平实而又昂扬奋进的精神，激励一代又一代的青年人发愤图强、积极奋进。

沂蒙精神的发展历程与马克思主义基本原理中的人类社会发展一般规律学说高度契合，能够帮助学生正确处理尊重客观规律和充分发挥主观能动性的关系。认识客观世界和改造客观世界是人类自主、自觉创造自己历史的两种基本活动。马克思认为，在人们认识世界的过程中包含着认识的主体、认识活动的客体和主客体之间的联系中介。认识的主体即“人自身”，认识的客体即“纳入人类实践范围的客观事物”，而认识的中介是起着决定性作用的，它是人们具有物质性、社会性和能动性的实践活动。在关于哲学中认识论的发展过程中，出现过“经验论”、“唯理论”等众多学说，但无论是“经验论”还是“唯理论”，都有一个前提就是人类对外部世界的认识在某种意义上是可以通过单独的个体来完成的，这就忽视了人类在认识活动当中的社会性。而马克思通过把实践作为认识活动的基础，强调了认识的社会性因素。纵观人类社会发展历程，人类在认识事物活动中显然不是单个的个体直接去面对客观世界，而是不断通过教育、通过社会交往在所处的社会情境中能动地和客体发生关系，来产生并形成普遍的认识。此外，在实践的问题上，马克思科学地指出，人的思维是否具有客观的真理性，这不是一个理论的问题，而是一个实践的问题。马克思不仅从人类的道德生活和参与政治活动中去理解实践，更侧重于在人与世界的关系中去探讨实践，特别强调人在实践过程中同时改造主观世界和客观世界。实践是人们改造世界的客观的物质性活动，具有直接现实性，能够把主观的意念转化为客观的物质，所以实践的直接现实性特点是作为检验真理标准的重要依据。总而言之，马克思主义的认识论和实践论科学性的一面在于强调认识的社会性和实践的直接现实性，把整个认识过程和实践过程把握为一个历史性过程，在人们的能动性活动中坚持实践与认识的相统一。沂蒙精神的发展从战争年代到社会主义建设时期，再到社会主义新时代的历程，有效证明了尊重历史发展规律与发挥主观能动性统一的重要性。尤其是新时代沂蒙地区经济、文化、教育事业的飞速发展，也是我国改革开放取得重大成就的现实例证。实践证明，改革促进了生产力的发展，引起了经济生活、人们生活方式和精神状态的一系列深刻变化。

在我国社会主义现代化建设中，要坚持发展内因与外因的辩证统一。既要独立自主、自力更生，搞好内部改革，又要重视外部因素的影响，坚持对外开放，善于利用国际社会有利条件来发展自我。加快构建以国内大循环为主体，国际国内双循环相互促进的新发展格局。将国内、国际形成合力，加速我国社会主义现代化进程。

第三，沂蒙精神的创新性发展为马克思主义基本原理课程教学提供了丰富的理论和实践素材。近年来，在政府和广大人民群众的共同努力下，临沂地区先后建成了华东革命烈士陵园，孟良崮战役纪念馆，沂蒙红嫂纪念馆，新四军军部旧址暨华东军区、华东野战军诞生地纪念馆，沂蒙影视基地等红色文化教育基地。以上种种人物事例和红色文化教育基地都为高校思想政治教育提供了丰富的理论之源和多样的实践基地。

沂蒙精神具有兼容并包的求变特质，这对当代大学生创新创业意识的培养具有重要意义。沂蒙精神在发展演变的过程中，伴随时代的脉动，不断吸纳新的优秀精神文化。内涵丰富且不断发展创新的优秀品质，使得沂蒙精神一直是激励沂蒙人民乃至全国人民砥砺自我、不断前行的优秀思想；同时，这种优秀的精神品质也让沂蒙精神在学校教育尤其是高校思想政治教育中，发挥着不可替代的作用。沂蒙精神能帮助大学生树立正确的世界观、价值观、历史观。沂蒙精神具有厚重的历史感，从革命战争年代到新时代中国特色社会主义的建设，它囊括了中国共产党带领人民革命、建设、改革和发展的完整红色史实。在高校思想政治教育中，科学系统地设置与沂蒙精神相关的史实学习，不仅能够提升学生的精神高度，而且能够使学生树立正确的历史观和大局观。在当今国际国内形势复杂多变的情况下，树立开阔的大局观，立足历史、国情看问题十分关键。沂蒙精神所包含的优秀精神内涵、丰富史实事例和不断求变的特质，使得这种精神具有永恒的精神感染力，能够帮助大学生立足实际国情看待国内国际形势变化，放稳心态，以坚定的信念和昂扬进取的心态投入到中华民族伟大复兴事业中去。

随着时代条件的发展演变，必须不断挖掘和丰富沂蒙精神的内涵，为其注入时代新鲜血液，使其在教育领域中更加契合社会主义办学要求。亦需结合“智慧时代”的新特征，灵活变革高校思想政治教育模式，使其更具活力，更好地为人民服务，为中国共产党治国理政服务，为巩固和发展中国特色社会主义制度服务，为改革开放和社会主义现代化建设服务。

二、教学案例

将沂蒙精神融入高校马克思主义基本原理课堂教学，优化教学过程。路径，即为实现既定目标而选择的道路、方法和措施。不断结合新的时代条件和实际教学情况，创新沂蒙精神教育融入思想政治理论课的形式与方法，才能使沂蒙精神教育在学思悟践中落实做细。在新的历史条件要求下，将红色精神融入高校思想政治教育已成为必然要求。

课堂即教学主体与客体进行教学活动的场所，马克思主义基本原理课程教学的课堂主要是以传授马克思主义科学世界观与方法论和中国特色社会主义理论为主，是培养学生正确的历史观、价值观、人生观、世界观、道德观等素养的专门场所，具有文化的传承性、方法理论基础的多样性、教育方式的渗透性、方法选择的自由性等特点，课堂是学生系统而全面掌握科学文化知识和提高思想道德修养的最主要渠道。

在实践教学过程中我们深刻认识到，在沂蒙精神融入高校思想政治理论课的过程中，教育者要找规律、抓重点，循序渐进进行引导，在讲授、宣传时采取多样的形式。例如，在翻转课堂、交流讨论等环节，在听课人数较少和时间充裕的情况下，尽可能使每位同学都参与到教学活动中，使学生及时地表达自己的所感所想，对教学效果进行有效反馈，防止灌输式和填鸭式而造成适得其反的状况。

此外，沂蒙红色案例的选取和讲解方式的科学与否，直接关系到其融入马克思主义基本原理课程教学的实效性。所以，教师在备课过程中对沂蒙红色故事的选取、设计及讲解方式一定要规范，在一定的原则和要求下进行。所谓原则，是说话或行事所依据的标准，是一种度，是一条主线，是规律和真理的具体化和理论化。在沂蒙精神融入马克思主义基本原理教学过程中主要应遵循以下原则：

一是目的性原则。沂蒙红色故事融入高校马克思主义基本原理课程教学的目的主要有两点。首先，丰富理论教学，激发学生学习马克思主义基本原理的兴趣，举例实际发生在学生身边的故事，便于学生更好地理解马克思主义相关理论知识。其次，传承、保护和创新地方红色文化。沂蒙地方红色文化资源作为社会主义先进文化的重要组成部分，蕴含丰富的革命精神和深厚的历史文化，能在一定程度上激发学生的文化创造活力。立足于实现中华民族伟大复兴的中国梦的要求，充分传承与弘扬沂蒙红色文化资源，发挥沂蒙地方红色文化资源的育人功能，在引领社会思潮和坚持社会主义先进文化的前进方向上具有重要意义。讲好沂蒙红色故事，缅怀革命先烈的光辉事迹，重温革命之路，在很大意义上保证了红色精神的代代传承。

二是真实性原则。首先，教师在沂蒙红色故事选取时要遵循真实性原则，即选取已被权威研究机构所证明了的真实发生了的事迹。这是因为沂蒙红色故事在流传过程中，大多数是通过老一辈红军战士、红嫂家属、沂蒙地区老百姓等口头讲述，由后人所记录下来的。由于时代历史条件的限制，讲述过程无法完全恢复历史原貌或者完整体现人物当时的思想变化，某些红色故事在真实性和准确性方面会存在一些偏差，有待进一步考证，类似这种故事教师应该在教学过程中审慎选择。其次，教师在沂蒙红色故事讲授时应遵循真实性原则。教师在讲授沂蒙红色故事时，不能单纯为了引起学生共鸣、激发学生兴趣而自己杜撰故事或者故事细节，这样不仅是对历史的不尊重，而且会模糊学生的理性认识，不利于学生发展。在红色故事讲授过程中，教师还应当适时地引导学生独立思考，学会明辨是非，形成自我认识，结合新的时代历史背景科学看待历史故事和历史人物。

三是适度性原则。沂蒙精神融入马克思主义基本原理课堂教学要遵循适度性原则，主要体现为三点，即融入的时间节点要适度、讲解的内容要适度和讲授的时间长短要适度。换言之，就是什么时候融、融什么和融入多久。首先，融入的时间节点要适度，教师应根据讲授的马克思主义基本原理的内容，安排好沂蒙精神案例是在课前融入还是应当在课中抑或是课尾融入。只有在合适的时间节点讲授沂蒙精神案例，才能更好地达到教学目的，实现预期教学效果。其次，讲解的内容要适度，选用的沂蒙精神案例要与讲授的马克思主义基本原理内容有高度的契合性和代表性，不能毫无关联、生搬硬套，也不能模棱两可。概言之，就是教师要在充分把握马克思主义基本原理内容和沂蒙精神内涵的基础上有目的、有计划、有组织地选取沂蒙红色故事案例。最后，讲授的沂蒙红色故事时间长短要适度，讲授马克思主义基本原理是主，而融入沂蒙精神是辅，沂蒙精神只是本课程的载体之一，是为了让学生更深入地理解马克思主义基本原理而讲授的。不能反客为主，在马克思主义基本原理课程的课堂上大篇幅讲沂蒙精神，任何课程资源的使用最终还是要回归教材和课程本身。

教师在马克思主义基本原理课程教学过程中，应选择好恰当的沂蒙红色故事来融入马克思主义基本原理课程教学，并妥善处理好融入的节点。可以把沂蒙红色故事安排在导入新课环节，来激发课堂活力，诱导学生思考；在教学过程当中也可以巧用沂蒙精神的故事作为原理的例证，来解决教学重点、难点；在课堂教学即将结束时，可以用沂蒙红歌、人物故事等丰富多样的形式来升华主题，使学生对教学内容深刻把握，引起灵魂上的触动。下面将依次举例说明。

【教学案例1】

《人民群众在历史发展中的作用》

教师活动	学生活动	设计意图
【教学目标】 1. 政治认同：认同党的群众观点和群众路线。 2. 科学精神：正确看待人民群众和个人的历史作用。 【教学方法】 讲授法、案例教学法、情境教学法。 【导入新课】【教师活动】		
同学们，上一堂课我们学了社会历史发展的动力，包括生产力、阶级斗争、改革、科学技术等在人类社会历史发展中所分别起到的作用。那究竟谁是历史的创造者？怎样看待人民群众的历史作用？这是在社会认识史上长期困扰人们的难题。唯物史观第一次科学地回答了这些问题，本堂课我们将学习人民群众在历史发展中的作用。首先老师想给大家讲一个发生在同学们脚底下这片土地上的红色故事——“中华抗日第一村”：渊子崖。 七七事变后，日军迅速侵占了我国大片领土。在华北，占领天津、北平、太原、张家口、济南等城市后，继续沿津浦铁路南进；在华中，占领上海、南京、杭州后，将重兵集结于淮河南岸并向北进攻，以实现会师徐州、迅速灭亡中国的侵略计划。为此，日军华北方面军命第五师团沿胶济铁路东进，占领潍县、青岛后南下，大举向沂蒙山区进攻。日军所到之处，烧杀抢掠，无恶不作。面对日军的侵略暴行，具有光荣革命传统的沂蒙人民，在中国共产党的领导下，不畏强暴，奋起反击，沂蒙大地到处都是杀敌的战场。在日伪军进攻渊子崖村时，该村的300多名自卫队员和群众，用大刀、长矛、土枪、土炮，同日寇、汉奸的大炮、机枪进行拼命搏斗，谱写了可歌可泣的抗日史篇。渊子崖赢得了“中华抗日第一村”的光荣称号。 渊子崖村位于莒南县板泉镇的沭河东岸。八路军115师挺进沂蒙后，许多青年参加了八路军，村里成立了青年抗日先锋队、儿童团、自卫队，抗	学生沉浸在生动的故事之中，爱国主义的情感被人民的抗日英勇斗争所激发。	故事案例导入，用《“中华抗日第一村”：渊子崖》营造课程背景，激发学生的兴趣，吸引学生的注意力，激发学生对本节课的探究欲望。

续表

教师活动	学生活动	设计意图
粮抗捐抗伪顽。接着成立了农救会、妇救会、青抗先等群众抗日组织，还先后建立抗日自卫队和游击小组，大家把过去打土匪用的“生铁牛”、“五子炮”、大刀、长矛、雁枪集中起来，作为准备同敌人战斗的武器。大街上，贴出了抗日标语；村子内外，传遍了抗日歌声，整个村的抗日救国工作开展得轰轰烈烈。 　　党和人民政府为了颂扬渊子崖人民的英雄业绩、纪念死难的烈士，1944 年在该村北面的岭上，用紫红色的巨石，建立了一座六角七级纪念塔。在渊子崖抗日自卫战纪念碑上有这样一篇碑文：“云山苍苍，沭水泱泱，烈士之风，山高水长。”渊子崖自卫战，是我国抗战史上最著名、最惨烈的一场村民自发地抗击日寇的血战。滨海专署、滨海参议会和沭水县政府、县参议会的领导同志都在碑上题词。渊子崖村也因此被誉为“抗日楷模村”。 　　新中国成立以后，在临沂烈士陵园纪念堂里，陈列了渊子崖战斗的浮雕；在山东省博物馆里，展出了渊子崖战时用过的大刀、长矛；在北京军事博物馆里，曾设置专门版面，介绍渊子崖战争的英雄事迹；渊子崖人民英勇抗击日寇的事迹，还多次被拍成电视片，在中央和省、市、县电视台多次播放。 【教师活动】 　　故事讲完了，哪位同学可以和大家分享一下自己听完这则故事的感受呢？ 【学生活动】 　　生甲：人民群众是历史的主体，是历史的创造者。毛主席在《关心群众生活，注意工作方法》一文中曾经指出：“因为革命战争是群众的战争，只有动员群众才能进行战争，只有依靠群众才能进行战争。”①真正的铜墙铁壁是什么？是群众，是千百万真心实意地拥护革命的群众。 　　生乙：渊子崖保卫战，充分展现了沂蒙人民不畏强暴、不怕牺牲、勇于战斗的革命气概，杀出了中国人民的凛凛正气、赫赫威风，谱写了一曲惊天地、泣鬼神的英雄赞歌！	学生对人民群众是历史的创造者的背景拥有了初步认识。	通过案例，自然引出本节课所学的内容——人民群众是历史的创造者。

① 《毛泽东选集》(第一卷)，人民出版社 1991 年版，第 136 页。

续表

教师活动	学生活动	设计意图
【讲授新课】【教师活动】 同学们已经对人民群众是历史的创造者这一主题有了生动的认识，下面我们来正式学习该节相关理论知识。 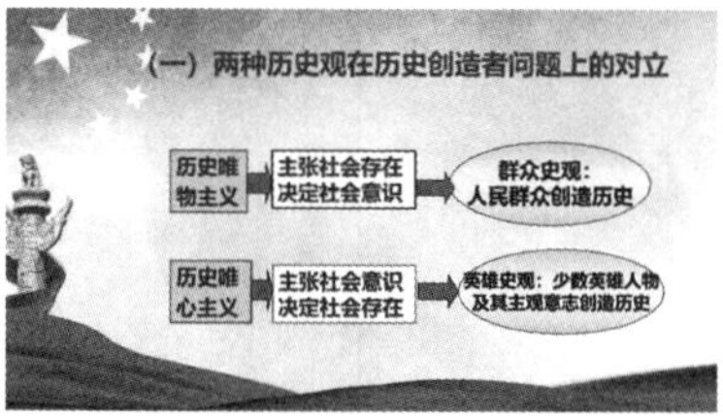 群众史观还是英雄史观，这是唯物史观与唯心史观的分水岭。英雄史观从社会意识决定社会存在的基本前提出发，否认物质资料生产方式是社会发展的决定力量，抹杀人民群众的历史作用，宣扬少数英雄人物创造历史；而马克思主义群众史观认为，全部历史由人的活动构成的，人民群众是历史的创造者。 唯物史观在考察谁是历史的创造者时坚持了如下原则： 首先，唯物史观立足于现实的人及其本质来把握历史的创造者。历史当然是人创造的，不能脱离人去探索历史的创造者。但唯物史观认为，人不是抽象的而是现实的，现实的人及其活动是社会历史存在和发展的前提。 其次，唯物史观立足于整体的社会历史过程来探究谁是历史的创造者。社会历史发展过程虽然离不开个体的人的活动，但整体的社会历史并非个体的历史的简单堆砌。 再次，唯物史观从社会历史发展的必然性入手来考察和说明谁是历史的创造者。顺应历史发展趋势、符合历史发展必然性的历史主体是创造历史的决定力量。 最后，唯物史观从人与历史关系的不同层次上考察谁是历史的创造者。它不是对历史表象的经验描述，而是对历史本质的逻辑把握。人与历史的关系具有类与历史、群体与历史、个体与历史三层关系。		本案例展现了渊子崖村民浴血抗日的感人故事。在教学过程中，通过本案例让学生了解人民群众在历史发展中的地位和作用，从而明白密切党群关系的重要性，同时引导学生继承爱国传统，弘扬民族精神。

续表

<table>
<tr><th>教师活动</th><th>学生活动</th><th>设计意图</th></tr>
<tr><td>
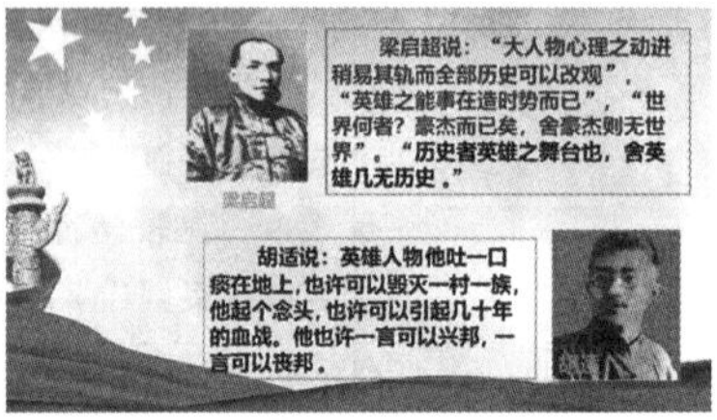

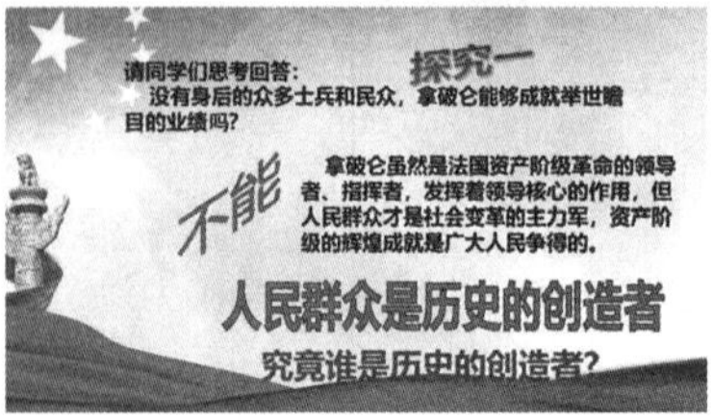

人民群众从本质上说是一切对社会历史发展起推动作用的人们。人民群众是一个历史范畴。在社会历史发展过程中，人民群众起着决定性的作用：人民群众是社会物质财富的创造者；人民群众是社会精神财富的创造者；人民群众是社会变革的决定力量。但要明确，虽然人人都参与历史活动，每个人都在历史上发挥作用，但是只有在历史中起正面的、积极推动作用的才是创造者。人民群众是历史的创造者的基本原理要求我们必须树立重视人民的力量、尊重人民、热爱人民的群众观念。带着这种观念，在生活中我们必须做到：以人为本，人民的利益高于一切，为人民服务。
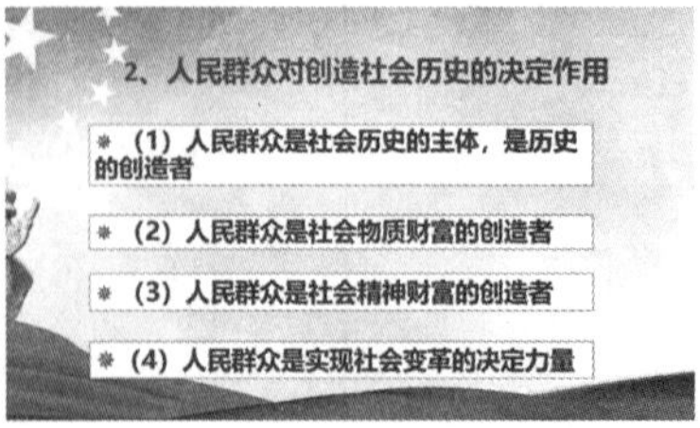

</td><td>学生认真体味案例故事的内涵。</td><td></td></tr>
</table>

续表

<table>
<tr><th>教师活动</th><th>学生活动</th><th>设计意图</th></tr>
<tr><td>

人民群众创造历史的活动受到一定社会历史条件的制约。经济条件对于人民群众创造历史的活动有着首要的、决定性的影响。一定历史阶段所达到的生产力水平是人民群众创造历史的物质基础和前提。在不同的生产关系或经济制度中，人民群众的经济地位、经济利益及其在生产过程中的作用是不同的。

问：人民群众创造历史的活动受到哪些条件的制约？

我国的社会主义制度为人民群众创造历史的活动提供了极为有利的经济、政治和精神文化等方面的条件，但也存在有待完善和改进的方面。当前，我国正处于并将长期处于社会主义初级阶段，还存在发展不平衡不充分的问题。这就要求我们必须坚持社会主义改革，加强经济建设、政治建设、文化建设、社会建设、生态文明建设，进一步调动和发挥人民群众的积极性和创造性。

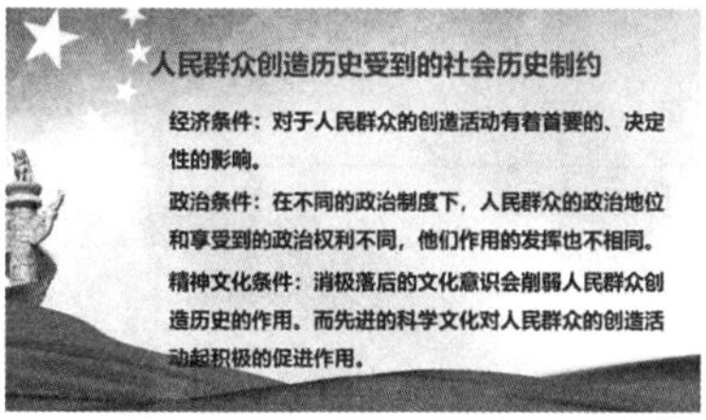

1. 经济条件：对于人民群众的创造活动有着首要的、决定性的影响。

2. 政治条件：在不同的政治制度下，人民群众的政治地位和享受到的政治权利不同，他们作用的发挥也不相同。

3. 精神文化条件：消极落后的文化意识会削弱人民群众创造历史的作用。而先进的科学文化对人民群众的创造活动起积极的促进作用。

【总结回顾】

人民群众是历史创造者的原理是无产阶级政党的群众观点和群众路线的理论基础。群众观点就是坚信人民群众自己解放自己的观点，全心全意为人民服务的观点，一切向人民群众负责的观点，以及虚心向群众学习的观点。党的群众路线，即一切为了群众，一切依靠群众，从群众中来，到

</td><td></td><td></td></tr>
</table>

续表

教师活动	学生活动	设计意图
群众中去。习近平总书记在党的十九大报告中把坚持以人民为中心作为新时代坚持和发展中国特色社会主义的重要内容。他强调:人民是历史的创造者,是决定党和国家前途命运的根本力量,必须坚持人民主体地位,坚持立党为公、执政为民,践行全心全意为人民服务的根本宗旨,把党的群众路线贯彻到治国理政全部活动之中,把人民对美好生活的向往作为奋斗目标,依靠人民创造历史伟业。这些重要论述充分彰显了我们党始终坚持以人民为中心的价值追求和执政为民的责任担当,为把新时代中国特色社会主义推向前进提供了价值遵循。这些内容创造性地阐释了马克思主义关于人民群众创造历史的唯物主义基本观点。 【课后思考】 如何辩证看待个人在历史发展中的作用?		

【教学案例 2】

《真理与价值的辩证统一》

教师活动	学生活动	设计意图
【教学目标】 1. 政治认同:认同马克思主义的真理观和价值观。 2. 科学精神:价值的基本特征;价值评价及其特点;真理和价值在实践中的辩证统一。 【教学方法】 讲授法、故事教学法、情境教学法。 【导入新课】 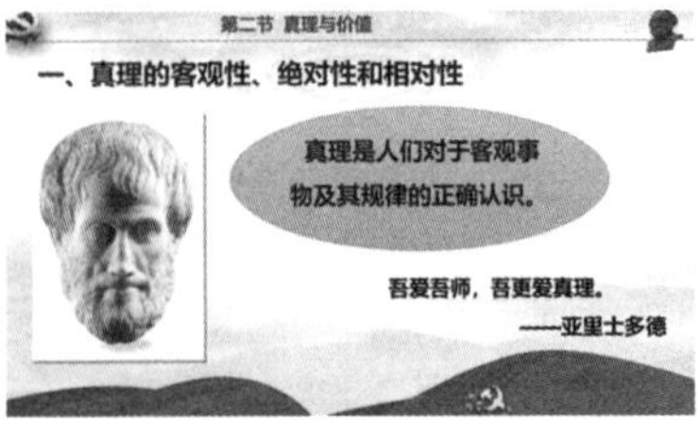 通过名人名言和播放视频材料《不朽的马克思》导入新课。	学生沉浸在视频之中,探寻真理的情感被视频材料所激发。	视频导入,用视频《不朽的马克思》激发学生的兴趣,吸引学生的注意力,激发学生对本节课的探究欲望。

续表

教师活动	学生活动	设计意图
【讲授新课】 一、关于马克思主义真理观问题 真理是人们对于客观事物及其规律的正确认识。真理是客观的。凡是真理都具有客观性。首先,真理的内容是客观的。真理作为一种主观的思想形式,最根本的特征就在于对客观事物的本质和规律的正确揭示,在于思想与客观事物的本质和规律的一致性。其次,检验真理的标准是客观的。实践是检验真理的唯一标准,经得起实践检验的认识就是真理。 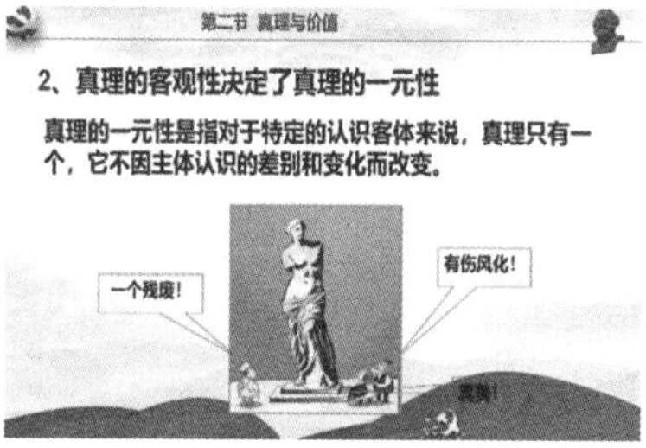 承认真理是客观的,这是真理问题上的唯物论,就真理的发展过程以及人们对它的认识和掌握程度来说,真理又是绝对的和相对的,这是真理问题上的辩证法。任何真理,既具有客观性,又具有绝对性和相对性。 真理的绝对性,是指真理的无条件性、无限性。首先,任何真理都必然包含着同客观对象相符合的客观内容,都与谬误有原则性的界限,都不能被推翻。否则,就不能称其为真理,这一点是绝对的、无条件的。其次,人类认识按其本性来说,能够正确认识无限发展着的物质世界,认识每前进一步,都是对无限发展着的物质世界的接近,这一点也是绝对的、无条件的。 真理的相对性,是指真理的有条件性、有限性。首先,真理所反映的对象是有条件的、有限的。任何真理都受到人类实践水平和范围以及认识能力的限制,它只能是对无限的物质世界发展的某一阶段、某一方面、某一层次的认识,因而是有限的。这是真理在广度上的有条件性、有限性。		通过视频,自然引出本节课所学的内容《真理与价值的辩证统一》。

续表

<table>
<tr><th>教师活动</th><th>学生活动</th><th>设计意图</th></tr>
<tr><td>
作为真理的两种基本属性，真理的绝对性和相对性是辩证统一的。具有绝对性的真理和具有相对性的真理是相互渗透和相互包含的。一方面，相对之中有绝对，绝对寓于相对之中；真理的相对性之中，也包含着绝对性的颗粒。另一方面，绝对之中有相对，真理的绝对性通过相对性表现出来，无数具有相对性的真理之总和构成具有绝对性的真理；具有相对性的真理和具有绝对性的真理又是辩证转化的。真理永远处在由相对向绝对的转化和发展中，这是真理发展的规律。

二、关于检验真理的标准问题
问：首先，检验真理的标准是什么？
检验真理的标准问题，就是依据什么来判断一个认识是否正确地反映了客观事物及其规律，实现了主观与客观的统一。在人类认识史上，马克思主义哲学真正科学地解决了真理的检验标准问题，明确地提出实践是检验真理的唯一标准。
其次，为什么说实践是检验真理的标准？实践之所以是检验真理的唯一标准，是由真理的本性和实践的特点决定的。真理的本性在于主观和客观相符合。检验真理，就是检验人的主观认识同客观实际是否相符合以及符合的程度。主观认识本身不能自称自己正确，客观事物本身无所谓正确和错误。
所以，检验真理的标准只能是把主观和客观联系起来的桥梁——社会实践。实践是人们改造世界的客观的物质性活动，具有直接现实性的特点。实践的直接现实性特点，是作为检验真理标准的主要根据。
</td><td></td><td></td></tr>
</table>

续表

教师活动	学生活动	设计意图
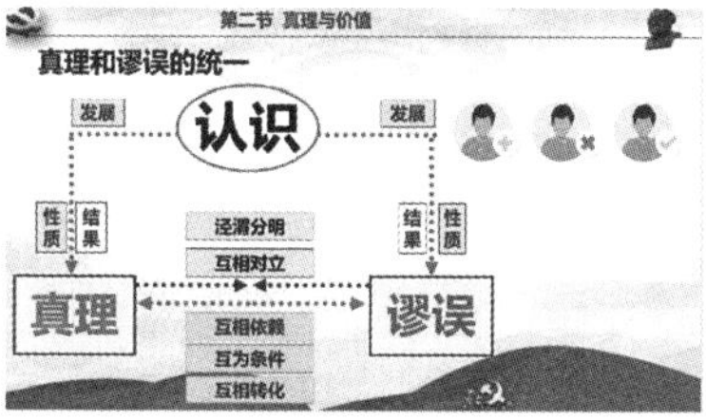 最后，实践标准的两重性——确定性与不确定性。实践作为检验认识真理性的标准的确定性即绝对性，是指实践作为检验认识真理性的标准的唯一性。即离开了实践，再也没有另外的标准，实践最终一定能鉴别出认识的真理性。这就是实践标准的确定性。肯定了实践标准的客观性和唯一性，也就必须承认实践标准的确定性、绝对性。 实践作为检验认识真理性的标准的不确定性即相对性，是指实践对认识真理性的检验的条件性。任何具体的实践活动对于真理的检验作用，都会由于历史条件的种种限制而表现出某种相对性、有限性和不确定性的特点。因此，坚持实践是检验真理的唯一标准，既要看到实践标准的确定性，防止和反对否认真理标准问题的唯心主义、怀疑主义和相对主义，又要看到实践标准的不确定性，防止和反对教条主义和独断论错误。 三、关于马克思主义价值观问题 为了满足人类生存和发展的需要，人们必须通过实践改造外部世界，创造出能够满足人类需要的事物。在这一过程中，不仅存在着主观符合客观的真理问题，而且存在着按照主体的需要和尺度认识与改造世界的价值问题。 【师生探究】 问：价值的内涵及特点是什么？ 作为哲学范畴，价值所揭示的是客体对于主体的意义和效用，即客体以自身属性满足主体需要或主体需要被客体满足的效用关系。价值具有客观性，这是因为价值关系的各个环节都是客观的。包括人的需要、满足需要的对象及满足人的需要的过程和结果等都具有客观性。价值具有主体性，价值本身的特点直接同主体的特点相联系，		

续表

教师活动	学生活动	设计意图
价值的特点表现或反映着主体性的内容。 价值具有社会历史性，价值关系的主体具有社会性和历史性，因此，人们的需要、实践以及需要满足的形式都表现出了社会性和历史性，这就决定了价值的社会历史性的特点。价值具有多维性。任何一个层次的主体都表现为一定的整体，由于其结构和规定性是复杂、立体和全面的，因而每一主体的价值关系都具有多维性或全面性。 其次，为什么现实生活中对于同一事物或同一行为，人们分别可作出美或丑、善或恶的不同结论？从哲学角度看，这就涉及价值评价等问题。 价值评价是评价主体在对价值事实一定认识的基础上，借助于一定的评价标准，对价值主体与价值客体之间的价值关系进行的评价和判定，是价值客体与主体需要的关系在主体意识中的反映，是对价值事实的理性判断、情感体验和意志保证等的综合反映。价值评价通过主体的态度、情感、意志等主观意向形式表现出来。 【思考探究】 问：个人如何实现自身价值呢？ 【沂蒙精神案例导入——抗日女英雄：陈若克】 在抗日战争中，有一位“江姐”式的女英雄壮烈牺牲在沂蒙大地上，她就是伟大的英雄母亲：陈若克。 1936 年 8 月 23 日，陈若克加入了中国共产党，并成为党支部负责人之一。1937 年，上海“八·一三”抗战爆发，陈若克随厂迁往武汉。1939 年 6 月，她跟随丈夫朱瑞一起来到山东抗日根据地，任山东临时参议会驻会议员和山东妇联执委会常委。1941 年深秋，数万日本侵略军大举扫荡沂蒙山区，陈若克所在的部队要立即转移。这时她已有 8 个月的身孕，房东王换于大娘劝她留下来，她谢绝了：“我是个领导干部，要是为了个人安全躲起来，怎么号召同胞们去抗战？” 11 月 7 日，敌人突袭大崮，飞机、大炮轮番轰炸。掩护部队在打退敌人的几次进攻后，决定紧急撤退。这天夜里，陈若克挺着大肚子在同志们		

续表

教师活动	学生活动	设计意图
的帮助下艰难地行进，由于阵痛加剧，她的行动越来越缓慢，渐渐地，与突围的队伍失去了联系。 陈若克被捕了！烧红的烙铁烙在陈若克的胸部、脸部。她一声不吭，直到昏死过去。日本人想用暴力摧毁一个中国女八路军的意志，他们却失败了。 11 月 26 日，日寇杀害了陈若克母女。刑场上，抱在怀里的孩子的无力哭声唤醒了陈若克，她挣扎着站起来，伸出流血的手，对孩子说："孩子，妈妈对不住你。你来到这个世上，没有吃妈妈的一口奶，现在就要和妈妈一起离开这个世界了，你就吸一口妈妈的血吧！"说完，咬破手指，把手上的鲜血滴进孩子的嘴里。 残忍的敌人向她举起了刺刀，在她和孩子身上连捅 27 刀，年仅 22 岁的陈若克和孩子一起壮烈牺牲。这个个性极强、热爱时装、热爱骑马、热爱丈夫、热爱孩子、热爱理想的中国女军人，拼上她年仅 22 岁的生命，让敌人知道中华民族是不可战胜的。 【思考讨论】 1. 为什么共产党员陈若克面对敌人和死亡毫不畏惧？ 2. 从陈若克身上体现出了共产党人的什么精神？ 【教师总结】 价值评价的客观标准与正确价值观的树立。价值观是人们关于价值本质的认识以及对人和事物的评价标准、评价原则和评价方法的观点的体系。它与世界观和人生观是一致的。价值观对人的行为起着规范和导向作用。价值观不同，人们的行为取向也会不同，甚至可能截然相反。 对民族和国家来说，最持久、最深层的力量是全社会共同认可的核心价值观。社会主义核心价值观是当代中国精神的集中体现，具有强大的引领作用。因此，莘莘学子只有在正确的世界观、人生观、价值观指导下，才能在前进的道路上经受住各种困难、挫折的磨炼和考验，锻造自身过硬的素		

续表

<table>
<tr><th>教师活动</th><th>学生活动</th><th>设计意图</th></tr>
<tr><td>质,为自身价值的实现,为祖国的繁荣发展作出卓越的贡献。
四、关于价值与真理在实践中的辩证统一问题
人类活动的两大原则——真理原则与价值原则。真理原则与价值原则的侧重点是不同的。这表现在:真理原则体现客体尺度的要求,它要求人们在认识真理时按世界本来面目及其规律从事实践活动,而不能考虑人的主体需要和利益。价值原则体现主体尺度的要求,它要求人们的思想和行动要体现主体需要和利益的满足;真理原则主要表明人的活动的客观制约性,而价值原则主要表明人的活动的目的性;真理原则是社会活动中的统一性原则,价值原则是社会活动中的多样化原则;真理是一元的,真理本身没有主体的差别,它服从于世界的物质统一性。而价值是多元的,不同的主体有不同的需要、不同的价值要求和价值选择。

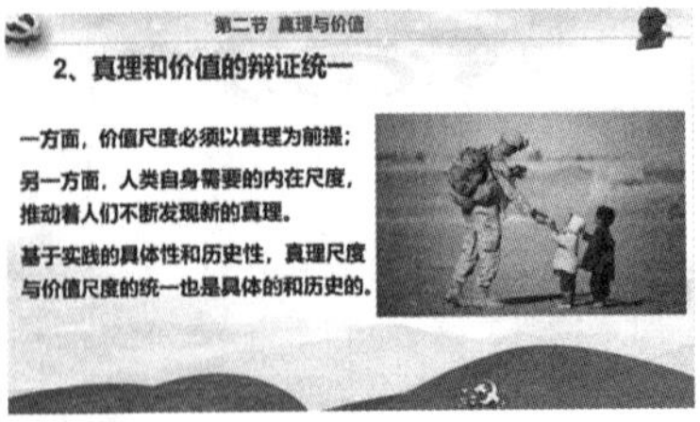

真理与价值在相互区别的基础上又相互统一。真理与价值相互包含、相互渗透,共存于人类的实践——认识活动过程之中;真理与价值在实践中相互引导、相互促进;真理与价值统一于人的实践活动。
总之,真理与价值的统一表现在它们的相互联系、动态过程和共同检验标准之中。这种统一</td><td></td><td>陈若克用自己短暂的一生,塑造了一个优秀共产党人的光辉形象。她对党和人民事业无限忠诚、对理想信念坚定不移的精神在战火中得到了永生。这种精神跨越时空、历久弥新,无论过去、现在还是将来,永远都是人民心中一座永不磨灭的历史丰碑</td></tr>
</table>

续表

教师活动	学生活动	设计意图
是具体的历史的。人们在追求这种统一的过程中不断达到真、善、美的境界，不断地认识世界、改造世界，不断满足自身的物质文化需要，不断地从必然中得到自由。 【总结回顾】 中国特色社会主义思想的提出，让21世纪中国的马克思主义更加旗帜鲜明，其中所展现出的强大真理力量让世界更深刻地认识了反映中国立场、中国智慧、中国价值的理念、主张和方案。恩格斯说过："一个民族要想站在科学的最高峰，就一刻也不能没有理论思维。"①世界每时每刻都在发生变化，中国也每时每刻都在发生变化，我们必须在理论上跟上时代，不断认识规律，在实践基础上推进理论创新。 任何国家，不管其经济结构和社会思想多么复杂多样，都要有占主导地位的意识形态和价值导向。现在我们倡导的社会主义核心价值观也是这样。也就是说，社会生活的多样化是客观的，但并不等于不要价值的引导。换句话讲，社会现实价值取向的多样性，恰恰更需要社会价值的引导。这是思想文化发展的规律。 【课后思考】 如何看待认识世界与改造世界的辩证关系？		

【教学案例3】

《在实践中探索现实社会主义的发展规律》

教师活动	学生活动	设计意图
【教学目标】 1. 政治认同：认同中国特色社会主义发展道路。 2. 科学精神：建设社会主义的长期性；社会主义发展道路的多样性；实事求是。 【教学方法】 讲授法、案例教学法。		

① 《马克思恩格斯文集》(第九卷)，人民出版社2009年版，第437页。

续表

<table>
<tr><th>教师活动</th><th>学生活动</th><th>设计意图</th></tr>
<tr><td>【导入新课】
</td><td>创设情境，学生沉浸在视频之中，激发求知欲望。</td><td>视频导入，用《世纪曙光》激发学生的兴趣，吸引学生的注意力，激发学生对本节课的探究欲望。</td></tr>
<tr><td>播放纪录片《世纪曙光》让学生初步探索和认识现实社会主义的发展规律及共产主义实现的长期性、曲折性和必然性。
【讲授新课】
一、关于经济文化相对落后国家建设社会主义的长期性和多样性
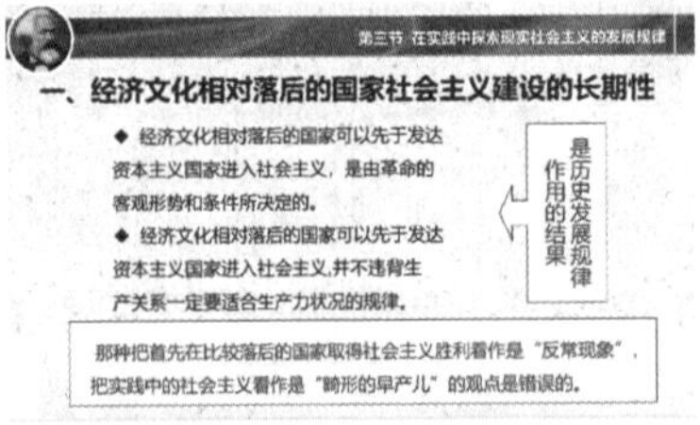
无产阶级及其政党在经济文化相对落后的国家取得政权，建立了崭新的社会主义制度，为开展大规模的社会主义建设开辟了广阔前景。但是，由于受方方面面条件的制约，这些国家建设社会主义必然具有长期性和多样性。首先受生产力发展状况的制约。社会主义首先在比较落后国家的胜利，大大加重了社会主义建设的难度。赶上和超过发达资本主义国家，无疑需要长时间的努力和艰苦探索。</td><td>学生对社会主义的发展拥有整体认识。</td><td>通过视频，自然引出本节课所学的内容——在实践中探索现实社会主义的发展规律。</td></tr>
<tr><td>其次受国际环境的严峻挑战，社会主义首先在经济文化落后的国家取得胜利，必然要在相当长的时期内面对一个经济实力很强的资本主义世界，形成两种制度长期并存和对立的复杂局面。
最后，马克思主义执政党对社会主义发展道路的探索和对社会主义建设规律的认识，需要一个长期的艰苦的过程，对于经济文化相对落后的</td><td>受经济基础和上层建筑发展状况的制约，社会主义要建设高度的社会主义民主和高度的社会主义精神文明，必然要经历一个漫长、曲折的过程。</td><td></td></tr>
</table>

续表

<table>
<tr><th>教师活动</th><th>学生活动</th><th>设计意图</th></tr>
<tr><td>
国家建设社会主义的艰巨性和长期性，必须有充分的估计。

奴隶社会取代原始社会，时间经历了约 3 000 年；封建社会取代奴隶社会，时间经历了约 1 000 年；资本主义取代封建社会，时间经历了约 500 年。社会主义制度的出现，如果从俄国十月革命成功算起只有 90 多年的时间，而在中国只有 70 多年的时间，在人类历史的长河中不过是短暂的一瞬。社会主义是前无古人的崭新事业，特别是落后国家怎样建设社会主义，更是既无充分的理论准备，又无现成的实践经验，必然要经过不断的尝试。如何正确把握社会主义建设和发展的规律，对现有体制不断进行改革和完善，这必然是一个充满曲折和艰难的探索过程。

中国跨越资本主义的历史阶段而直接走向社会主义社会，既是中国人民在历史发展多种可能性中所做的郑重的正确选择，也是人类社会发展道路多样性的生动实践。

以毛泽东为代表的中国共产党人面对中国自身生存发展的特殊环境，从人类社会发展多样性的现实出发，经过坚持不懈的艰苦而曲折的探索，在政治、经济、文化、社会发展和党的建设等方面作出了一系列重要的理论创造，积累了丰富的社会主义建设经验，为党继续探索并开辟中国特色社会主义道路、系统形成中国特色社会主义理论体系提供了重要的理论基础和实践启迪。

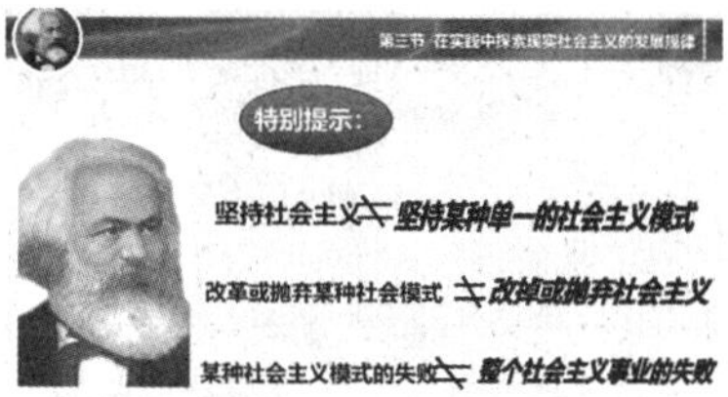

</td><td>
尽管经济文化相对落后的国家建设社会主义充满了挑战，但也不必怀疑社会主义制度的优越性，因为任何一种新社会制度的建立和巩固，都充满矛盾和斗争，绝不是短时间内可以完成的。
</td><td></td></tr>
</table>

续表

<table>
<tr><th>教师活动</th><th>学生活动</th><th>设计意图</th></tr>
<tr><td>二、关于社会主义在实践探索中开拓前进
纵观社会主义的发展历程可知，在实践中开拓前进、不断发展，是社会主义的重要发展特点。
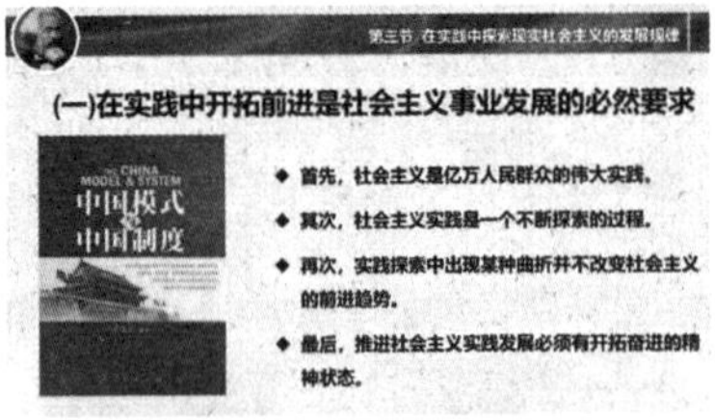

在实践中开拓前进，是社会主义事业发展的必然要求。尽管世界社会主义在发展中也会出现曲折，但人类社会发展的总趋势没有改变，也不会改变。正如习近平指出的：“社会主义从来都是在开拓中前进的。”①概括起来讲，大致有以下原因：首先，社会主义是亿万人民群众的伟大实践。要深刻认识社会主义的实践属性，深刻认识社会主义实践的群众性。其次，社会主义实践是一个不断探索的过程。社会主义是崭新的事业，没有现成的路可走，必须在实践中不断探索前进。最后，实践探索中出现某种曲折并不改变社会主义的前进趋势。
在实践中开拓前进，必须探索符合本国国情的发展道路。社会主义在开拓中前进，离不开无产阶级执政党领导本国人民对符合本国国情发展道路的探索。首先，探索符合本国国情的发展道路，必须坚持对待马克思主义的科学态度。坚持以马克思主义为指导，最重要的是坚持马克思主义研究未来社会制度的科学方法。
三、关于中国特色社会主义的世界意义
中国特色社会主义的成功实践提供了一种“非西方”的现代化道路。正如习近平总书记讲话中指出的，中国特色社会主义不断取得的重大成就，意味着近代以来久经磨难的中华民族实现了从站起来、富起来到强起来的历史性飞跃，意味着中国特色社会主义拓展了发展中国家走向现代化</td><td>前进性与曲折性的统一，是事物发展规律的一种表现。

只要把握住历史发展大势，抓住历史变革时机，奋发有为，锐意进取，人类社会就能更好地前进。</td><td></td></tr>
</table>

① 习近平：《习近平谈治国理政》(第一卷)，外文出版社2018年版，第23页。

续表

教师活动	学生活动	设计意图
的途径，为解决人类问题贡献了中国智慧、提供了中国方案。 　　中国特色社会主义的累累硕果雄辩地证明了集中力量办大事的制度优越性。中国特色社会主义在整合资源和组织动员方面优势突出，迅速集中和运用有限的宝贵资源，将之用于国家最迫切的公共议程；能果断决策并迅速行动，确保令出必行、令行禁止，具备强大的执行力。 【沂蒙精神案例收尾】 　　在我们所生活、学习的城市发展中，是如何体现这一发展规律的呢，请同学们观看案例《从西郊大棚到临沂商城》。 　　临沂商城创建于 1982 年，是我国创办最早的专业批发市场集群之一和全国最大的商品集散地之一，建有大型批发市场 90 余处，经营摊位 5 万余个，总营业面积 800 多万平方米，经营人员达 15 万人，日上市商品 3 万多个品牌系列，商品交易全国 20 多个省、市、自治区，远销 10 多个国家和地区。 　　临沂商城范围内共建有天源、金兰等 13 处专业物流园区，物流园区总占地 2 500 余亩，建筑面积 120 多万平方米，仓储面积 38 万平方米，运输车辆 8 000 余辆，货运线路辐射全国 20 多个省、市、自治区达 2 000 多条，2010 年货运周转量 254 亿吨千米，货运吞吐量 9 964 万吨。在第四届中国市场品牌战略论坛高峰会上，临沂商城被评为“中国专业批发市场最具影响力品牌”；临沂市被中科院等部门授予“中国十大市场强市”、“2007 中国最具投资价值十大城市”称号，2010 年 8 月，中国交通运输协会正式授予临沂市“中国物流之都”称号，临沂市连续 5 次登上福布斯中国大陆最佳商业城市榜。临沂商城的崛起，是沂蒙人民改革创新求发展的又一例证。 　　临沂商城的发展经历了一个从无到有、从小到大的发展过程。 　　20 世纪 80 年代初，位于临沂西郊的长途客车站附近，在一片并不起眼的杨树林里，出现了由当地群众自发摆起的地摊，生意红火，这就是在改	中国特色社会主义的生机活力展示了理论自主创新的重要性。中国共产党在推进中国特色社会主义事业的过程中，始终坚持理论与实践的统一，始终坚持在实践基础上的理论创新。	

续表

教师活动	学生活动	设计意图
革开放初期应运而生的临沂西郊市场的萌芽。对于地摊的出现，原县级临沂市委、市政府不但没有采取制约措施，反而大胆冲破计划经济体制的束缚，在其他地方还没大规模兴办市场的情况下，顺应民心，抢抓机遇，用活政策，动员社会各方面力量，率先掀起了兴建市场的高潮。 经过几十年的艰难探索，无数次的提升和创新，临沂从昔日的革命老区变为今天的“物流之都”，临沂的“买全国、卖全国”早已闻名遐迩，“临沂批发城”也给临沂人民带来了巨大的财富。也正是这个“批发市场”，给临沂赢来了“南有义乌，北有临沂”和“物流天下”的美誉。 【总结回顾】 中国改革开放的伟大历程和辉煌成就充分说明，社会主义的发展虽然会经历曲折，但是其不断前进的历史趋势是不会改变的。我们只要凭着逢山开路、遇水架桥的决心和勇气，在实践中求真知，在探索中找规律，就一定能把符合社会发展规律的社会主义事业不断推向前进。 中国特色社会主义深厚的文化内涵展现了“开放包容”、“兼济天下”的独特魅力。中国特色社会主义秉承了中华文明开放包容、兼收并蓄、美美与共的价值理念并赋予其新的时代内涵：讲究“和”，主张和而不同、协和万邦、和合共生，坚持以和平协商来解决问题；崇尚“诚”，倡导以诚待人、以诚取信天下，主张各国坦诚相待、共克时艰；追求“善”，主张“利万物而不争长短”，不做损人利己之事，不循强取豪夺之道，而是倡导平等互利、双赢多赢；重视“义”，主张公平正义、义利并举甚至舍利取义，坚持各国不论大小强弱，均应平等参与全球之治、共谋全球之事、共享全球之福。当前冷战思维、零和博弈和排他性安排依然盛行，坚持这些价值理念无疑有利于构建人类命运共同体，有利于在共商共建基础上推进全球治理，有利于实现人类文明的多样性发展。 【课后思考】 深刻认识实现共产主义的历史必然性和长期性		临沂商城从无到有的发展历程充分体现了沂蒙人民艰苦创业和勇于开拓的创新精神，也体现了中国改革开放的历史进程和中国特色社会主义的发展规律

第二节　沂蒙精神融入“毛泽东思想和中国特色社会主义理论体系概论”

一、教材分析

（一）《毛泽东思想和中国特色社会主义理论体系概论》教材分析

1. 课程性质

“毛泽东思想和中国特色社会主义理论体系概论”是体现社会主义高等教育本质特征的一门思想政治理论课，是我国高等学校各专业学生必修的一门思想政治理论课程，也是中国高等学校进行马克思主义基本理论、思想政治教育的通识必修课。本课程以马克思主义中国化为主线，阐述了马克思主义中国化理论成果的形成过程、主要内容精神实质、历史地位和指导意义，以马克思主义中国化最新成果为重点，全面把握中国特色社会主义进入新时代，系统阐释习近平新时代中国特色社会主义思想的主要内容和历史地位。学习这门课程有利于帮助大学生系统掌握中国化马克思主义的形成发展、主要内容和精神实质，不断增强当代大学生的中国特色社会主义道路自信、理论自信、制度自信、文化自信，帮助大学生坚定中国特色社会主义理想信念。

2. 内容结构

本教材由导论、十四个章节、结束语三部分组成，其中十四个章又分为三个部分。

第一部分为毛泽东思想，设置四个章节，概述毛泽东思想及其历史地位、新民主主义革命理论、社会主义改造理论、社会主义建设道路初步探索的理论成果。这四个章节带我们读懂了毛泽东思想活的灵魂，读懂了中国共产党和中国人民的伟大奋斗史，读懂了中华民族近代的苦难辉煌史。

第二部分为邓小平理论、“三个代表”重要思想、科学发展观，设置三个章节，分别概述了邓小平理论的形成、邓小平理论的基本问题和主要内容，“三个代表”重要思想的形成、“三个代表”重要思想的核心观点以及“三个代表”重要思想的历史地位，科学发展观的形成、科学发展观的科学内涵和主要内容以及科学发展观的历史地位。本部分内容作为毛泽东思想一脉相承又与时俱进的理论成果，让学生了解党在对中国特色社会主义建设和改革进行的艰苦曲折探索的历程。

第三部分为习近平新时代中国特色社会主义思想，设置七个章节，概述了习近平新时代中国特色社会主义思想及其历史地位、坚持和发展中国特色社会主义的总任务、“五位一体”总体布局、“四个全面”战略布局、实现中华民族大复兴的重要保障、中国特色大国外交、坚持和加强党的领导。这七章带我们感受习近平新时代中国特色社会主义思想的伟大,引导学生认识到新时代中国青年处在中华民族发展的最好时期,既有人生际遇又有时代使命,当让青春在为祖国、为人民、为民族、为人类的奉献中焕发出更加绚丽的光彩。

3. 课程目标

经过本课程的学习,学生具备马克思主义中国化的理论素养,提高运用马克思主义中国化的理论分析问题、解决问题的能力,坚定在中国共产党的领导下走中国特色社会主义道路的理想信念,成长为有志气、有骨气、有底气的新时代青年。

政治认同:使学生了解马克思主义中国化理论成果的形成过程、主要内容及其历史地位,对中国社会主义道路的探索形成正确的认识,加深对没有共产党就没有新中国,以及只有社会主义才能救中国的认识,增进学生热爱社会主义、热爱祖国、热爱人民的情怀。

科学精神:使学生能够正确认识马克思主义中国化的历史进程,帮助学生系统地掌握马克思主义中国化理论成果的基本原理,准确掌握其科学内涵和实质,养成自主学习、终身学习的良好习惯,形成良好的合作意识以及较强的团队精神,提高创新精神。

法治意识:引导学生对马克思主义中国化历史进程中颁布的所有的规章制度以及法律文件有深入的了解,从规章制度以及法律文件的形成以及执行过程中提升自己的法治意识,认识到中国特色社会主义的建设要以国家蓝图为基础。

公共参与:从马克思主义中国化的理论成果中认识到,个人对国家和社会的责任,积极地参与社会建设,提高学生的民主意识和参与精神,引导学生将对马克思主义中国化理论成果的信念转化为精神动力,保持昂扬向上的精神面貌,追求更高的思想道德目标以及个人价值。

(二)沂蒙精神融入“毛泽东思想和中国特色社会主义理论体系概论”教学内容

1. 社会主义立场教育

中国人民经过艰辛的探索,最终选择了马克思主义,选择了跟随中国共产党的领导,选择了走社会主义道路。革命战争年代生活在苦难中的沂蒙人民积极接受马克思主义思想,心怀赤诚跟党走,用鲜血谱写了一首首“爱党爱军、无私奉献”的壮丽赞歌,为社会主义国家的建立奠定了基石。新中国成立初期,沂蒙人民积极投身于社会主义建设,艰苦奋斗、勤劳创业,发展了沂蒙精神，也为社会主义建设作出了极大的贡献。教学中嵌入沂蒙精神的产生和发展相关内容，深化学生对只有社会主义才能救中国的认识。改革开放时期，沂蒙人民积极投身于改革大潮，开拓奋进，敢为人先，推动经济快速健康发展。沂蒙精神随中国特色社会主义的发展和完善不断深化，沂蒙人民坚持科学发展，建设“大美临沂”，是对只有中国特色社会主义才能发展中国的生动诠释。教学中嵌入沂蒙精神的完善和深化相关内容，可引导学生深刻认识只有中国特色社会主义才能发展中国。

2. 社会主义市场经济体制教育

第六章建立社会主义市场经济体制部分可融入沂蒙精神相关内容。学习“坚持公有制的主体地位”可以运用“乡村振兴的模范村——代村”进行教学。素材简介：20 世纪 90 年代，临沂市代村集体负债 380 多万元，社会矛盾错综复杂，基层党组织书记王传喜引导和鼓励村民创业，带领村民坚定发展集体经济，成立了集体股份制企业“山东新天地现代农业开发有限公司”，建设现代农业示范园，开发了“千亩万户”大市场——代村商城。代村不断发展壮大集体经济，坚持公有制的主体地位，已成为乡村振兴的模范村。运用该案例教学不仅能够清晰呈现公有制的主体地位，而且能引导学生感受沂蒙人民的团结奋斗精神。学习“非公有制经济在经济发展中的作用”可以运用“沂蒙精神激发的民营企业”进行教学。素材简介：沂蒙人民将沂蒙精神这笔精神财富转化为强大的行动力，以自力更生、艰苦奋斗、敢为人先的姿态大力发展民营经济；萌生出了金锣肉制品集团、江泉集团、沂州集团等一大批先进企业，把贫穷落后的沂蒙山区打造成了民营经济最具活力的地区之一。运用该案例教学不仅能使学生看到非公有制经济在我国经济发展中的作用，而且能使学生感受沂蒙人民的艰苦奋斗精神。

3. 新发展理念教育

第九章贯彻新发展理念可融入沂蒙精神，学习“坚持新发展理念”可以选用“临沂经济发展所体现的新发展理念”进行教学。素材简介：第一，创新。科学技术是第一生产力，近年来，临沂市着力提升创新能力，大力推进科教兴市和人才强市战略，推动科技成果转化为经济发展动力，通过科技创新为经济发展注入新的活力。第二，协调。临沂市推行新型城镇化，“以新型城镇化战略为统领，以人的城镇化为核心，做大做强中心城区，引领城乡‘四级联动’，加快推进农业转移人口市民化”①。第三，绿色。临沂是革命老区，传统产业占比大，环境污染严

① 孙海英、陈永莲：《沂蒙精神与临沂革命老区跨越式发展研究》，山东人民出版社 2017 年版，第 199 页。

重。立足于生态兴市，临沂市铁腕治污，打造生态宜居的文明城市。第四，开放。临沂市加快完善外贸发展平台，加快构建国际贸易体系，与“一带一路”沿线国家和地区建立贸易联系。沂蒙人民开拓进取，开辟了临沂商城海外新版图。第五，共享。沂蒙各级党委、政府践行全心全意为人民服务的宗旨，坚持以人民为中心，加强社会保障体系建设，让发展成果由人民共享。运用这一素材教学不仅能使学生对新发展理念等知识有深入的了解，而且能使学生感受到沂蒙精神对经济发展的推动作用。

4. 共产主义理想信念教育

党的十九大报告指出：中国特色社会主义最本质的特征是中国共产党的领导。本部分立足于十九大报告的论述以“中国共产党的领导”为主题讲述党的领导地位，这部分内容是奠定学生政治立场的基础。“坚持中国共产党的领导和保持坚定的党性原则是沂蒙精神最核心的特质”①，因此以沂蒙精神作为教学素材讲述本部分内容十分契合。具体运用如下所述：

学习第十四章第一节中的“中国共产党的领导地位是历史和人民的选择”可以嵌入“苦难的沂蒙人民最终选择中国共产党的原因”相关内容。内容简介：沂蒙人民受到封建势力残酷剥削、帝国主义疯狂掠夺，生活在水深火热中。中国共产党始终坚持以人民为中心，经济上进行减租减息、土地改革，使沂蒙人民获得物质利益；政治上建立民主政权，被剥削的沂蒙人民翻身成主人，使沂蒙人民获得政治利益；文化上开展扫盲运动，兴办庄户学校，使沂蒙人民获得文化利益。中国共产党良好的纪律和作风，以人民为中心的初心使命，让沂蒙人民发自内心地爱党爱军。嵌入“苦难的沂蒙人民最终选择中国共产党的原因”，有利于使学生在沂蒙人民迎来生活上光芒的事实中深刻认识党始终以人民为中心的政治立场。

学习第十四章第一节中的“中国特色社会主义最本质的特征”可以嵌入“沂蒙人民爱党爱军的光辉事迹”相关内容。内容举例：1927 年 4 月，王敬斋、鞠百实等人在沂水县成立了沂蒙地区第一个党组织——中国共产党沂水支部，在沂蒙树起了第一面鲜艳的党旗。1938 年 4 月 21 日，日军制造了震惊全国的“临沂惨案”。沂蒙人民响应党的号召开展抗日救亡斗争。1946 年 6 月，全面内战爆发，在沂蒙人民的全力支持下，先后取得鲁南、莱芜、孟良崮等战役的重大胜利。通过嵌入沂蒙人民爱党拥军的英雄事迹，学生能够从前人的拥军决心中坚定拥护中国共产党的信念。

① 孙海英、王淑彩：《论沂蒙精神党性与人民性的统一》，《临沂大学学报》2020 年第 6 期，第 7-14 页。

二、案例说明

（一）《实现中华民族伟大复兴的中国梦》

教师活动	学生活动	设计意图
【导入新课】 课前播放《我们都是追梦人》，每个人都有自己的梦想，无数的个人梦想铸成了我们伟大民族的梦想。  2012 年，习总书记在参观《复兴之路》展览时首次提出了“中国梦”，今天我们一起学习第四课第二框的内容：实现中华民族伟大复兴的中国梦。	学生沉浸在欢快的音乐之中，追梦、圆梦的情感被音乐激发。	视频导入，用《我们都是追梦人》激发学生的兴趣，吸引学生的注意力，激发学生对本节课的探究欲望。
 【讲授新课】 我们先一起明确本节课的学习任务。 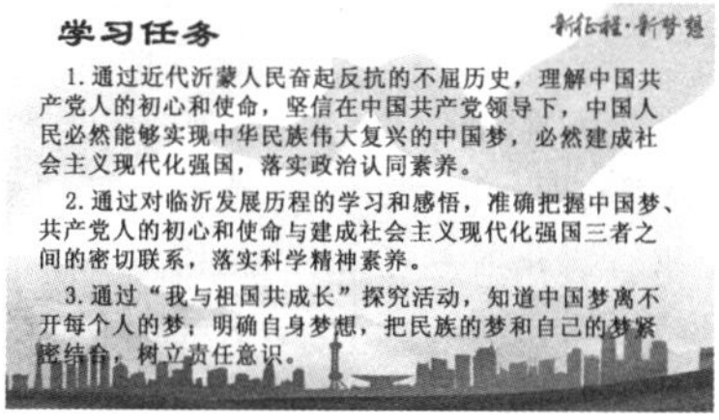 本节课我们以“如何实现中华民族伟大复兴的中国梦?”为总议题进行探究学习，在总议题之下设置了三个分议题帮助我们一步一步地完成本节课的学习任务。	学生对提出中国梦的背景拥有整体认识。	通过视频，自然引出本节课所学的内容：实现中华民族伟大复兴的中国梦。

续表

<table>
<tr><th>教师活动</th><th>学生活动</th><th>设计意图</th></tr>
<tr><td>

一、忆往昔，复兴梦从何而来？

我们进入本堂课的第一个议题“忆往昔，复兴梦从何而来？”

探究一：

请同学们观看“临沂宣传片”，透过视频中所展现出来的临沂发展史想一想，中华民族伟大复兴的中国梦从何而来？

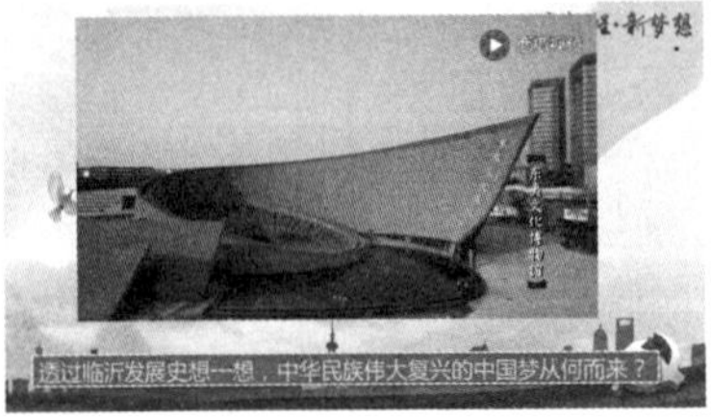

临沂古称琅琊郡，是东夷文化的发祥地，视频中东夷文化博物馆、诸葛亮城、王羲之故居、孙子兵法、孙膑兵法、汉画像石、胡人骑狮器、西汉金缕玉衣等文化符号，是中华民族辉煌历史的缩影。视频中山东抗日根据地纪念馆和沂蒙革命纪念馆等红色基地，沂蒙六姐妹、沂蒙母亲等英雄人物，都是中华民族近代遭受屈辱而奋起反抗的见证。在奋起反抗的过程中，沂蒙人民与中国共产党“生死交融、水乳与共”，形成了可歌可泣的沂蒙精神。

今天的临沂、今天的中华民族，在党和人民的努力下取得了很大的成绩，回首往昔，历史的辉
</td><td>
学生明确本节课的学习任务：本节课是在沂蒙精神的教学情境下，通过三个教学议题探究实现中华民族伟大复兴中国梦相关知识，落实政治认同、科学精神和公共参与素养。

学生认真观看视频。感受到历史上的临沂是东夷文化的发祥地，可谓是人杰地灵。认识到近代的临沂以及中华民族遭受屈辱，但中国人民坚贞不屈，在奋起反抗的历程中诞生了很多民族英雄。
</td><td>
用沂蒙精神充实核心素养目标，使教学内容更加贴近生活。清晰呈现学习目标，使教学拥有清晰的目标指向，从而提高教学效果。设置三个教学议题，以充分调动学生的积极性。

通过视频引导学生直观感受临沂历史的辉煌和近代的屈辱，深刻体会实现中华民族伟大复兴中国梦的必然性。从沂蒙人民为民族独立和国家富强的英勇奋斗中感受“水乳交融、生死与共”的沂蒙精神。
</td></tr>
</table>

续表

教师活动	学生活动	设计意图
煌、近代的屈辱要求我们进行中华民族的伟大复兴，同时我们也更懂得复兴的意义，更深切地渴望实现民族复兴。 探究二： 接下来，继续观看“临沂宣传片”，说一说临沂当代的发展圆了谁的梦？这又是一个什么样的梦想？（小组讨论，代表汇报）  	领悟到民族复兴的必然性以及弘扬和传承沂蒙精神的必要性。	引导学生认识到实现中华民族伟大复兴需要精神力量，沂蒙精神需要传承与发扬。
国家富强：临沂经济实现跨越式腾飞，工业总产值成为全国第29个突破万亿元的地级市，从革命老区蜕变成现代新城。众多像临沂一样的城市跨越式腾飞，共同铸造了祖国的繁荣。这是圆了国家的梦，这是国家富强的梦。 民族振兴：临沂是“一带一路”重要节点城市，全功能国际商贸城加快建设，可见我们在世界经济发展中占有重要地位，正为世界经济的发展作出贡献，由此我们可以得出这是圆了民族的梦，这是民族振兴的梦。 人民幸福：临沂被评为全国文明城市、国家卫生城市、国家环保模范城市、国家园林城市、中国十佳生态宜居典范城市，人民灿烂的笑容见证着临沂的发展。这是圆了人民的梦，人民是中国梦的创造者和享有者，人民幸福是中国梦的落脚点。 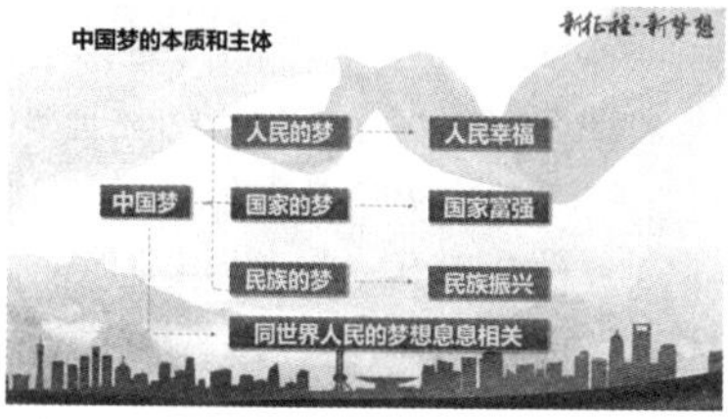 二、看今朝，肩头使命是什么？ 接下来，我们进入第二个议题“看今朝，肩头使命是什么？”	学生积极讨论临沂当代的发展圆了谁的梦。从视频所反映的信息中，学生看到了临沂的发展铸造了国家的富强，圆了国家的梦；临沂国际商贸城在“一带一路”中占重要地位，圆了民族的梦；临沂的发展成果由人民共享，圆了人民的梦。	学生在合作探究中解决问题、构建知识，培养合作探究意识。学生积极回答，提高逻辑思维能力和语言表达能力。通过探究，引导学生明确临沂当代的发展圆了国家的梦、民族的梦、人民的梦，中国梦的本质是国家富强、民族振兴、人民幸福。

续表

<table>
<tr><th>教师活动</th><th>学生活动</th><th>设计意图</th></tr>
<tr><td>探究三：
临沂发展背后的领导者是谁？所做的一切为了谁？请同学们阅读材料，小组探究，中国共产党是怎样带领临沂以及全中国实现伟大梦想的？

</td><td></td><td></td></tr>
<tr><td>伟大斗争：临沂工业化、城镇化推进的过程中，工业污染、农业污染、生活污染相互交织，环境问题突出。在党和国家的领导下，临沂市委、市政府不惧挑战，化危机为机遇，把环保工作扛在肩上、抓在手上，发扬沂蒙人民的奋斗精神，打了一场漂亮的环保翻身仗。这告诉我们实现伟大梦想，必须进行伟大斗争。中国在日益强大，今后的发展中，遇到的问题会越来越多，要想更好地实现发展，就要充分认识伟大斗争的长期性、复杂性、艰巨性，发扬斗争精神，提高斗争本领。尤其是要弘扬沂蒙精神，发扬沂蒙人民开拓奋斗、敢为人先的精神应对重大挑战、克服重大阻力。</td><td>学生回答临沂发展背后的领导者是中国共产党。中国共产党所做的一切都是为了人民和国家。</td><td>引导学生明确中国共产党的初心和使命是“为中国人民谋幸福，为中华民族谋复兴”。</td></tr>
<tr><td>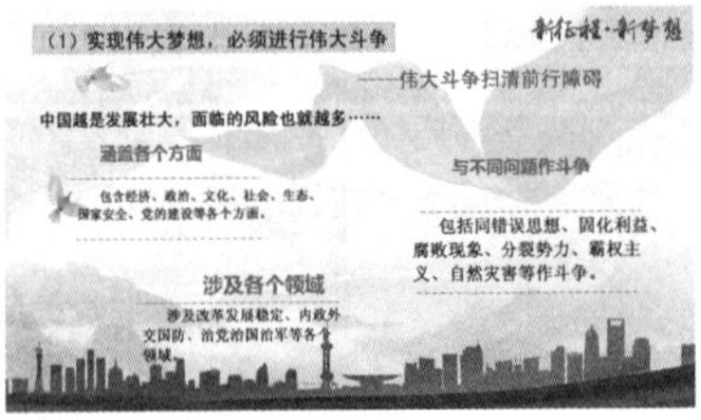

伟大事业：沂蒙革命老区在全国18个扶贫连片地区中率先实现整体脱贫，实现了全面小康。这都是中国特色社会主义的康庄大道上进行的，因此实现伟大梦想，必须要推进中国特色社会主义伟大事业。要更加自觉增强道路自信、理论自信、制度自信、文化自信，始终坚持和发展中国特色社会主义。</td><td>学生通过探讨得出：实现伟大梦想，必须进行伟大斗争，推进伟大事业和伟大工程。同时，应弘扬沂蒙精神，从而克服发展阻力，坚定中国特色社会主义道路自信，增强政治领导力、思想引领力、群众组织力、社会号召力。</td><td>引导学生从临沂发展的真实事例中探究什么是伟大斗争、伟大事业、伟大工程，从而使学生在贴近生活的事例中感受伟大斗争、伟大事业、伟大工程的含义，以及如何贯彻和落实“四个伟大”。</td></tr>
</table>

续表

<table>
<tr><th>教师活动</th><th>学生活动</th><th>设计意图</th></tr>
<tr><td>
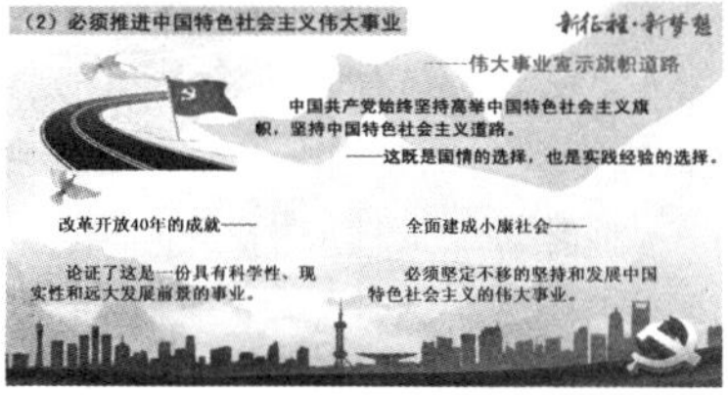

伟大工程：党带领人民解决发展中遇到的困难和问题，自身应不断提高各项能力，深入推进党的建设新的伟大工程。中国共产党要不断增强自身的政治领导力、思想引领力、群众组织力和社会号召力，以永葆旺盛生命力和强大战斗力。

四个伟大的关系：“四个伟大”紧密联系 、相互贯通、相互作用。伟大斗争是前提和总抓手，伟大工程是组织保障，伟大事业是总任务，伟大梦想是目标。其中，起决定性作用的是党的建设新的伟大工程，这是因为中国特色社会主义最本质的特征是中国共产党的领导。

三、畅未来，如何开启新征程？
接下来，我们进入第三个议题“畅未来，如何开启新征程？”

</td><td>通过总结，学生对“四个伟大”之间的关系有了更加清晰的认识，认识到“四个伟大”紧密联系 、相互贯通、相互作用。</td><td>使学生获得完整的认识，伟大斗争是前提和总抓手，伟大工程是组织保障，伟大事业是总任务，伟大梦想是目标。</td></tr>
</table>

续表

<table>
<tr><th>教师活动</th><th>学生活动</th><th>设计意图</th></tr>
<tr><td>探究四：
中国梦的实现需要国家确立发展目标、部署战略安排，同时也需要每一个中华儿女成为筑梦人，尤其是身为新时代青少年的大学生，更要展现出自己的责任与担当。接下来，我们以“我与祖国共成长”为主题畅想如何开启新征程。

</td><td>学生根据表格积极思考祖国的梦想，畅所欲言自己的梦想。</td><td>使学生在积极的思考中体会自己的梦想和祖国的梦想是息息相关的。</td></tr>
<tr><td>祖国为实现中国梦制定了两步走的战略安排：在全面建成小康社会的基础上，奋斗 15 年，到 2035 年基本实现社会主义现代化；再奋斗 15 年，到 2050 年建成社会主义现代化强国；并为实现中国梦作出了具体的战略部署，涉及政治、经济、文化、生态等多个方面。
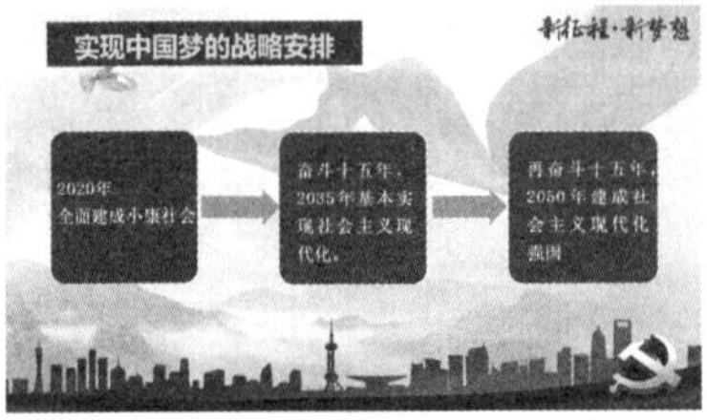

祖国有具体的安排和部署，我们呢，我们应该怎么做？我们应坚定理想信念，志存高远，脚踏实地，勇做时代的弄潮儿，在实现中国梦的生动实践中放飞青春梦想，在为人民利益的不懈奋斗中书写人生华章。</td><td>学生明确祖国的发展目标是 2035 年基本实现社会主义现代化，2050 年建成社会主义现代化强国。国家为中国梦的实现在政治、经济、文化等方面作出了战略部署。</td><td>引导学生认识为实现中国梦国家制定了两步走的发展战略，同时作出了具体的战略部署。引发学生思考如何实现自己的梦想。</td></tr>
</table>

续表

<table>
<tr><th>教师活动</th><th>学生活动</th><th>设计意图</th></tr>
<tr>
<td>

我们有责任也有信心成为中国梦的圆梦者和筑梦人。身为沂蒙儿女的我们，还应弘扬沂蒙精神、传承红色基因，成长为具有沂蒙精神特质的青少年。下面，请班长上台，带领大家进行庄严的宣誓。

【总结回顾】

本节课我们一起探究了中国梦的本质，理解了新时代中国共产党人的初心和使命，知道为实现伟大梦想要进行伟大斗争、推进伟大工程、推进伟大事业，了解了国家实现社会主义现代化的目标和步骤，明确了新时代中国特色社会主义发展的战略安排，同时也明确了自身的责任与担当。

【课后思考】

青年兴则国家兴，青年强则国家强。请大家以“如何为实现中华民族伟大复兴的中国梦贡献自己的力量”为主题作出具体的成长规划。

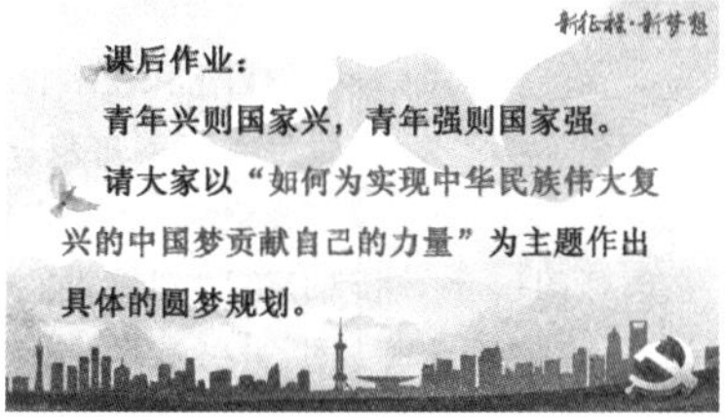

</td>
<td>
学生认识到自己与中国梦息息相关，个人应怀揣梦想，在为人民利益的不懈奋斗中书写人生华章。

学生对本节课的知识拥有整体的认识
</td>
<td>
采用宣誓的方式，激发学生追梦、圆梦的青春斗志，同时激发学生弘扬沂蒙精神、传承红色基因的热情。

总结回顾，巩固知识的同时查缺补漏
</td>
</tr>
</table>

（二）第五章“改革开放理论”

片段题目	改革开放理论
教材分析	改革开放理论主要讲改革作为一次新的革命，是对社会主义制度的自我完善和发展
学情分析	知识基础：学生已经了解了社会的演进，科学社会主义的发展，社会主义救中国，学习本课有了一定的知识基础。 心理特点：学生思维活动活跃，主动性强，积极性高，完全有能力独立探索知识
教学目标	1. 政治认同：了解改革开放后中国的发展成就，理解改革开放的意义，相信只有中国特色社会主义才能发展中国。沂蒙精神是宝贵的精神财富，在改革开放深化的今天，应该继续弘扬。 2. 科学精神：通过对改革开放不同阶段的解读，知道改革开放是一个过程，体是“持久战”，理解“改革只有进行时。没有完成时”。 3. 公共参与：学生自行查询、感悟改革开放后中国的伟大成就、巨大变化。感悟改革开放让中国人民从“站起来”到“富起来”再到“强起来”的过程
教学重点	改革开放的进程和发展成就
教学难点	改革开放的意义
教学方法	教法：情境教学法、讲授法。 学法：合作探究法、小组讨论法

教学过程

教师行为	预设学生行为	教学设计意图
【导入新课】 展示议题：我们一起探究第五章中的“改革开放理论”，本框内容围绕“为什么要将改革开放进行到底？”这个主议题进行。  教师讲解：随着时间的流逝，我们的国家发生	通过主议题的展示，学生明确了本节课所主要探究的内容。 在教师的引导下，学生津津有味地观看视频，认真地感受临沂的发展变迁。	旨在通过议题，帮学生明确本节课的探究主题。 该视频反映了改革开放对人民生活和城市发展带来的进步，反映了沂蒙精神对城市发展的感召力。通过播放视频，引出改革开放的进程和沂蒙精神的价值等相关内容。

续表

教师行为	预设学生行为	教学设计意图
着翻天覆地的变化，下面，让我们一起观看视频，从临沂的发展看中国的成就，同时认真感受临沂的发展变迁。		
教师活动：放映视频《改革开放四十年临沂市纪事》  	同学们积极发言，讲述临沂的发展变化。并在教师的归纳下，深切地感受到临沂的发展变化和祖国的发展成就。	请学生概括旨在培养学生的语言表达能力和内容概括能力。通过归纳讲解，增强学生对于发展成就的体会，引出下一部分学习内容。
【讲授新课】 教师设问 1：通过观看视频，哪位同学能为我们概括一下临沂的变化？ 教师归纳讲解：原来的临沂是四塞之崮、舟车不通、土货不出、外货不入的闭塞之地，而今的临沂成了交通发达的商贸物流之都，可以说取得了极高的发展成就。 我们的祖国现在已是世界第二大经济体、制造业第一大国、货物贸易第一大国、商品消费第二大国、外资流入第二大国，外汇储备连续多年位居世界第一。	小组内讨论热烈，同学们认为当前的成就源于改革开放和沂蒙精神。	小组讨论，增强学生的小组合作能力，提高学生探究知识的全面性。
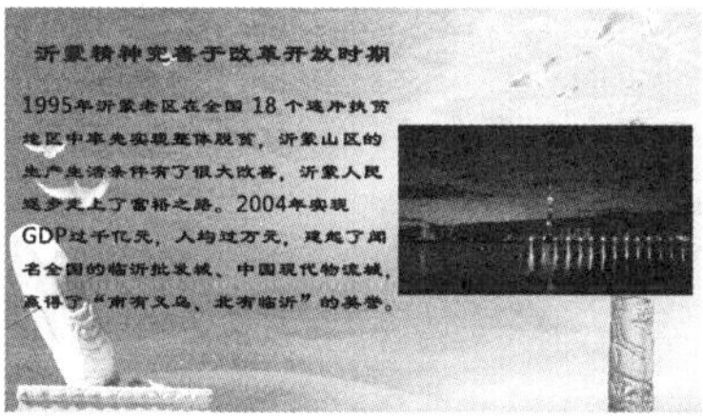 教师设问 2：下面，请同学们结合视频和刚才的讲解，小组讨论本节课的第一个子议题：当前成就，源于何处？ 教师归纳讲解：正如同学们讨论所得，国家当前的发展成就源于改革开放，而对于临沂的发展来讲，还得益于沂蒙精神。下面，我们具体来看。 教师创设情境：为纪念改革开放 40 余年，我省特意开设了改革开放展览馆，展览馆今日正式开放。	学生根据教师创设的情境，认真思考如何向游客介绍改革开放进程中的重大历史事件。通过思考，学生能够按照时间线的顺序介绍重大历史事件。	创设情境有利于调动学生的积极性，此处创设的情境和布置的任务，能够有效帮助学生捋清改革开放历史进程中的重大事件。

续表

教师行为	预设学生行为	教学设计意图
教师布置任务1：假如你是改革开放展览馆的现场解说员，你会如何向游客们介绍改革开放进程中的重大历史事件呢？		
教师归纳总结：自1978年以来，中国的改革全面推进，中国的开放向纵深处发展。 ● 1978年12月十一届三中全会，确定把党和国家的工作重点转移到社会主义现代化建设上来。 ● 1980年，设立深圳、珠海、厦门、汕头四个经济特区。 ● 1982年，农村实行家庭联产承包责任制。 ● 1984年，召开十二届三中全会，改革重点由农村转向城市；开放了14个沿海港口城市。 ● 1988年，设立海南省，并把海南开辟为经济特区。 ● 1990年，开发开放上海浦东。至此，我国全方位、多层次、宽领域的对外开放格局基本形成。 ● 1992年，邓小平南方谈话和党的十四大明确建立社会主义市场经济体制目标，标志着改革开放和社会主义现代化建设进入一个新的阶段。	学生在教师的总结中，对改革开放四十余年来发生的重大事件有了更加清晰的认识，能够以时间为线索，体会到中国的改革是全面推进地，中国的开放是向纵深处发展的。	以时间轴的方式进行总结，旨在将此部分零散的内容系统化，通过系统归纳，使学生更加清晰地掌握这四十余年来发生的重大历史事件，体会改革开放的局面是在党的领导下不断深化的。
● 1993年召开的党的十四届三中全会就建立社会主义市场经济体制进行部署，此后改革重点围绕社会主义市场经济体制的建立和完善展开。 ● 2001年，我国成功加入世界贸易组织，标志着我国对外开放达到新的水平。 ● 2003年召开的党的十六届三中全会围绕完善社会主义市场经济体制进行了部署。 ● 2013年召开的党的十八届三中全会作出全面深化改革的重要部署，提出要使市场在资源配置中起决定性作用和更好发挥政府作用，全面深化改革取得重大突破；设立中国(上海)自由贸易试验区。 ● 2017年，党的十九大提出形成全面对外开放新格局。表明中国对外开放进入新的发展阶段。	学生在教师的讲解下，认识到我国的改革开放进入新阶段；看到了与时俱进的沂蒙人民一直艰苦创业、开拓奋进；感受到了沂蒙精神在改革开放时期熠熠生辉，助力于家乡和国家的发展。	此段讲解，将改革开放的成就与沂蒙精神结合在一起，使学生体会沂蒙人民的艰苦创业精神和开拓创新精神，从而弘扬沂蒙精神、传承红色基因，培养具有沂蒙精神特质的大学生。

续表

教师行为	预设学生行为	教学设计意图
教师讲解：由此时间轴可见，我国的改革开放是一步步深化的，在此历史进程中，沂蒙人民锐意改革，在沂蒙精神的感召下，时刻保持艰苦创业的精神风貌、开拓奋进的思想意识，为了家乡的发展知难而进，为了祖国的腾飞顽强拼搏。我国的改革开放进入了新的发展阶段，过去的沂蒙老区也站在了新的发展起点上。 教师布置任务2：下面，我们一起探究本节课第二个子议题：改革开放，意义在哪？假如你是改革开放展览馆开幕仪式的致词人，你将如何从改革开放的意义方面，深化观众对改革开放的认识？ 教师归纳讲解：改革开放四十余年的意义，可以归纳为四个面貌、三个飞跃。	学生认真思考教师布置的任务。学生很快探究出了改革开放改变了四个面貌，实现了三个伟大飞跃。并在教师的归纳讲解下，对改革开放的意义有了系统的认识。	沿用改革开放展览会的情境，给学生换一种身份，引导学生主动探究知识，在学生回答的基础上进行归纳总结，从而帮助学生获得系统、全面的知识。
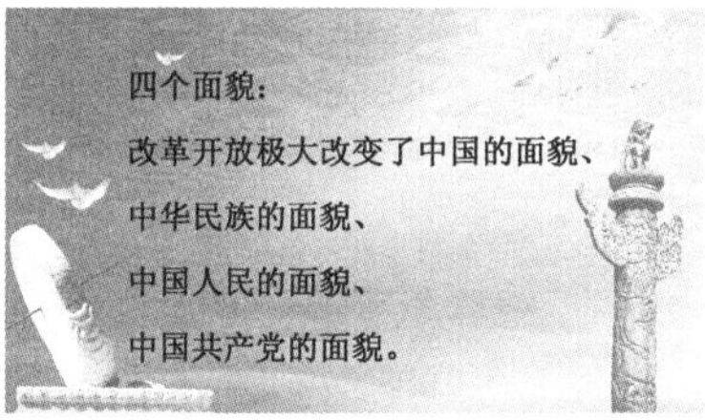 四个面貌：改革开放极大改变了中国的面貌、中华民族的面貌、中国人民的面貌、中国共产党的面貌。 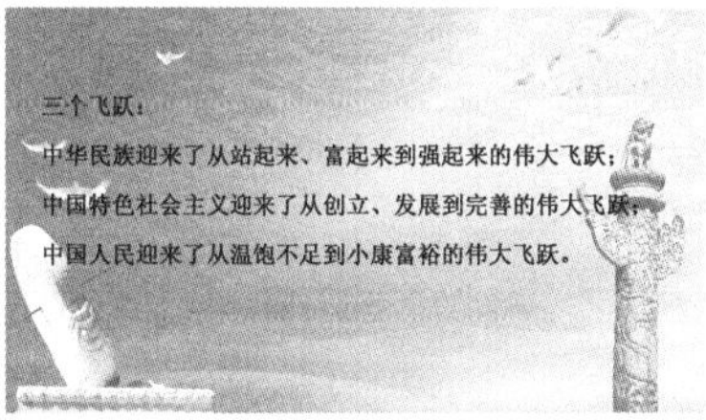 三个飞跃：中华民族迎来了从站起来、富起来到强起来的伟大飞跃；中国特色社会主义迎来了从创立、发展到完善的伟大飞跃；中国人民迎来了从温饱不足到小康富裕的伟大飞跃。	学生在此情景中自主思考。学生纷纷表示，改革开放是民族发展的必由之路，是关键一招，改革开放是永无止境的，必须进行到底。在教师的总结下，学生更加清晰地认识到改革不停顿、开放不止步，才能国家有希望、人民有幸福。	此部分沿用改革开放展览会的情境，将学生身份设定为游客。在学习了前面知识后，展望改革开放，旨在引导学生深刻认识改革开放是必由之路、关键招数，改革开放只有进行时，没有完成时。

续表

教师行为	预设学生行为	教学设计意图
教师布置任务3:下面,一起探讨本节课的第三个子议题:再创辉煌,何以实现?假如你是改革开放展览馆的一名游客,在了解了重大历史事件、深化了对改革开放的认识之后,请你为深化改革、扩大开放献言献策。 教师归纳讲解:改革开放是党和人民大踏步赶上时代的重要法宝,是坚持和发展中国特色社会主义的必由之路,是决定当代中国命运的关键一招,也是决定实现“两个一百年”奋斗目标、实现中华民族伟大复兴的关键一招。 实践发展永无止境,解放思想永无止境,改革开放也永无止境,停顿和倒退没有出路。对外开放是中国的基本国策。当今世界是开放的世界,开放带来进步,封闭必然落后。改革开放只有进行时,没有完成时。 要想再创中华民族的辉煌,要将改革进行到底。临沂人民也会继续弘扬沂蒙精神,在沂蒙精神的感召下,继续艰苦创业、开拓奋进,为祖国的辉煌贡献自己的力量。 【总结回顾】 师生共同回顾:本节课我们主要探讨了为什么要将改革开放进行到底这个问题。我们了解了改革开放的历程和成就;探究了改革开放的意义,改变了四个面貌,实现了三个伟大飞跃;展望了未来改革开放的前景,改革开放必将进行到底。 【课后思考】  1. 欣赏歌曲《走进新时代》。 2. 向朋友讲一讲你心中的改革开放。	学生跟随教师回顾了本节课的内容,对本节课有了系统全面的认识	本节课的内容思路清晰,通过此部分的师生共同回顾,帮助学生形成更加清晰的内容框架。 课后用歌曲升华学生的情感;通过向朋友讲述的方式,巩固本节课所学。 板书设计力求美观大方,简洁明了,突出重点

续表

设计思路说明	1. 用临沂改革开放的发展视频导入，激发学生对于家乡发展的骄傲之情，由此引出改革开放的发展成就，然后由成就引出改革开放和沂蒙精神，将红色文化融入政治教学中，响应传承红色基因的要求。 2. 创设了一个改革开放的展览馆开幕的情境讲授新课，根据不同的教育内容给学生假设了三种身份，以期学生能够代入情境探究改革开放的历程、成就、未来发展。 3. 为更好培养学生的核心素养，作业1布置为欣赏歌曲《走进新时代》，以期能用歌曲升华学生的情感；作业2布置为向朋友讲一讲你心中的改革开放，以期通过向朋友讲述的方式，巩固本节课所学。 4. 本节课的板书设计力求美观大方、简洁明了、突出重点，因此采用了提纲式板书，问题分明，清晰美观。 5. 本节课设置主议题：为什么要将改革开放进行到底。下设三个分议题：(1) 当前成就，源于何处？(2) 改革开放，意义在哪？(3) 再创辉煌，何以实现？以议题的形式讲述本课，情节连贯，思路清晰

（三）中国特色社会主义进入新时代

片段题目	中国特色社会主义进入新时代
教材分析	本节课的教学内容是第三部分习近平新时代中国特色社会主义，也是“只有中国特色社会主义才能实现中华民族伟大复兴”一课教学的指向标，本节课的学习是后面学习内容的基础
学情分析	知识基础：大学生普遍缺乏改革开放前后我国经济社会发展变化方面的生活对比经验，对中国特色社会主义进入新时代的感性认识普遍不强。 心理特点：大学生开放、自我、独立、自信，具有强烈的自我意识，在教师的引导下可以自主探究学习内容
教学目标	政治认同：引导学生科学认识改革开放以来中国发生的巨大变化，提升对中国特色社会主义制度的认同。 科学精神：辩证认识新时代我国社会主要矛盾的“变”及其背后的“不变”，坚定中国特色社会主义的道路自信、制度自信。 公共参与：通过新时代一以贯之坚持和发展中国特色社会主义的责任担当与实践创新，牢固树立中国特色社会主义的理想信念
教学重点	正确理解新时代的内涵，培养学生政治认同、科学精神、公共参与等学科核心素养是本课的教学重点
教学难点	正确理解新时代我国社会主要矛盾和新时代一以贯之坚持和发展中国特色社会主义是本课的教学难点
教学方法	教法：讲授法，情境教学法。 学法：小组讨论法，合作探究法

续表

<table>
<tr><td colspan="3">教学过程</td></tr>
<tr><td>教师行为</td><td>预设学生行为</td><td>教学设计意图</td></tr>
<tr><td>【导入新课】
视频导入：小新家吃饭时候，喜欢看视频，一家人相互探讨，其乐融融。上课之前我们一起观看这段视频，同时思考中国特色社会主义进入新时代意味着什么？

教师活动：播放视频《走进新时代》。
过渡：视频中多次提到了新时代，那么，中国特色社会主义进入新时代意味着什么呢？本节我们就一起来探索这个议题。</td><td>根据教师的要求观看视频，思考问题。</td><td>创设小新一家观看视频并展开讨论的情境并贯穿本堂课。</td></tr>
<tr><td>

【讲授新课】
教师讲解：临沂市大力弘扬沂蒙精神，打造临沂城市品牌。如今临沂市将弘扬沂蒙精神与经济社会发展进一步融会贯通、相互结合，促使全市上下以更加饱满的热情抢抓机遇、艰苦创业、团结协作、开拓奋进，在沂蒙精神这一强大动力的鼓舞下，走上打造临沂城市品牌、谱写临沂新篇章的美好征程。
临沂的美好时代得益于中国特色社会主义环境优势，也得益于沂蒙精神力量。临沂的发展是我国进入新时代的一个缩影，让我们从这个缩影中探究一个问题。为什么说中国特色社会主义新时代而不是什么别的时代？</td><td>根据教师的讲解、设问和教师分配的任务，学生展开讨论，学生自主探究出本部分的所学内容。</td><td>本部分教师设问，给学生分配任务，使得学生合作探究知识，不断提高学生合作探究的能力。</td></tr>
</table>

续表

教师行为	预设学生行为	教学设计意图
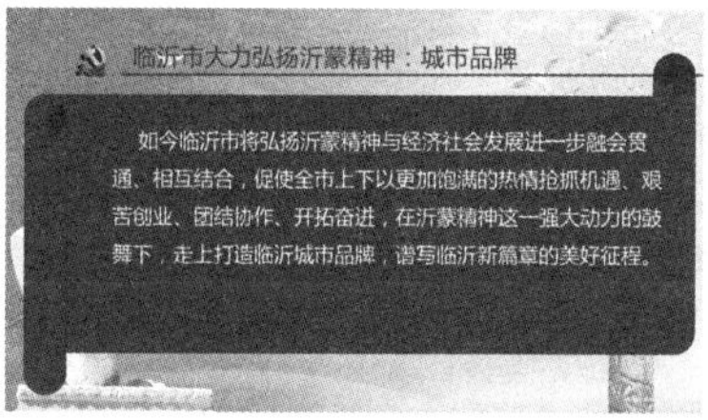 教师布置任务：请同学们四个人一组，来论证中国特色社会主义进入新时代。 教师归纳讲解：中国特色社会主义进入新时代，这是我国发展新的历史方位。 我们可以从新时代的内涵、新时代的历史意义来论证。 首先，我们来看新时代的内涵。		
● 是承前启后、继往开来、在新的历史条件下继续夺取中国特色社会主义伟大胜利的时代。 ● 是决胜全面建成小康社会、进而全面建设社会主义现代化强国的时代。 ● 是全国各族人民团结奋斗、不断创造美好生活、逐步实现全体人民共同富裕的时代。 ● 是全体中华儿女勠力同心、奋力实现中华民族伟大复兴中国梦的时代。 ● 是我国日益走近世界舞台中央、不断为人类作出更大贡献的时代。 其次，我们再来看中国特色社会主义进入新时代的历史意义。	在教师的归纳讲解下，学生明白了新时代的内涵。此部分可以用“五个是”来概括。	此部分内容根据学生的探讨，归纳为“五个是”帮助学生理解和记忆。
● 意味着近代以来久经磨难的中华民族迎来了从站起来、富起来到强起来的伟大飞跃，迎来了实现中华民族伟大复兴的光明前景。 ● 意味着科学社会主义在二十一世纪的中国焕发出强大生机活力，在世界上高高举起了中国特色社会主义伟大旗帜。	在教师的归纳下，学生理解了这部分内容，可以归纳为“三个意味着”。	此部分内容为了帮助学生认知，分解为“三个意味着”。
● 意味着中国特色社会主义道路、理论、制度、文化不断发展，拓展了发展中国家走向现代化的途径，给世界上那些既希望加快发展又希望保持自身独立性的国家和民族提供了全新选择，为解决人类问题贡献了中国智慧和中国方案。	学生能够在教师创设的情境中，设身处地地思考问题。	沿用课堂初始创设的情境，使本堂课能够连贯地在同一情境中进行。

续表

教师行为	预设学生行为	教学设计意图
就像是当今世界正共同抗击冠状肺炎疫情，中国与世界同在，时刻为世界抗疫贡献自己的智慧和方案。综上所讲，中国特色社会主义进入了新时代。 过渡：小新一家人就所看的视频，展开了这样的对话。奶奶说："现在的生活，不仅实现了温饱，还奔向了小康，新时代真好。"小新说："对呀，新时代真好，我还记得我在家就能上网课的日子，我同学却要跑到高山上寻找网络。" 教师设问：同学们，从他们的对话中，我们可以得出什么？	通过教师的归纳，学生感受到当前中国发展的成就，也发现了当前发展存在的问题，学习到了我国社会主要矛盾已经转化为人民日益增长的美好生活需要和不平衡不充分的发展之间的矛盾。	本部分通过奶奶和小新的对话展开，通过两者的对话，分别反映出当前社会主要矛盾两个方面的内容，从而帮助学生学习本部分的教学内容。
教师归纳讲解：从他们的对话中，我们可以得出两点内容。第一，我国解决了十几亿人的温饱问题，总体上实现小康，人民美好生活需要日益广泛，社会生产力水平总体上显著提高，社会生产能力在很多方面进入世界前列。第二，发展的不平衡不充分，成为满足人民日益增长的美好生活需要的主要制约因素。 根据当前的现状，党的十九大提出，中国特色社会主义进入新时代，我国社会主要矛盾已经转化为人民日益增长的美好生活需要和不平衡不充分的发展之间的矛盾。 教师设问：我国出现了新矛盾，意味着我们的国情 也出现变化了吗？	在教师的归纳讲解下，学生明白了当前社会矛盾改变并没有改变中国的基本国情。	此部分的讲解主要是带领学生明确我国的基本国情依旧没有改变，仍然是处于社会主义初级阶段。
教师归纳讲解：我国社会主要矛盾的变化，没有改变我们对我国社会主义所处历史阶段的判断。我国仍处于并将长期处于社会主义初级阶段的基本国情没有变，我国是世界最大发展中国家的国际地位没有变。 所以，要牢牢把握社会主义初级阶段这个基本国情，牢牢立足社会主义初级阶段这个最大实际，牢牢坚持党的基本路线这个党和国家的生命线、人民的幸福线。 就像沂蒙人民选择了马克思主主义，坚定跟随党走社会主义道路奔赴幸福生活一样，认清国情，继续以爱党爱军、开拓奋进、艰苦奋斗和无私奉献精神书写新的幸福之歌。	学生在教师的讲解下认真地倾听人物的对话。	本部分旨在使学生代入情境思考问题。

续表

教师行为	预设学生行为	教学设计意图
过渡：小新的爷爷是一名退伍的解放军，他说："新时代中国特色社会主义是中国共产党领导人民进行伟大社会革命的成果，也是党领导人民进行伟大社会革命的继续，必须一以贯之进行下去。"接着问小新："要站在新时代的起点上解决新的矛盾，我们应该怎样做呢？" 教师设问：请同学们思考，小新会如何说呢？ 教师归纳讲解：首先，坚持好、发展好中国特色社会主义，是无比崇高的事业，需要一代又一代中国共产党人带领人民接续奋斗。当代中国共产党人的任务，就是要把新时代坚持和发展中国特色社会主义这场伟大社会革命进行好，在实践中不断丰富中国特色社会主义的实践特色、理论特色、民族特色、时代特色，在新的历史条件下把党和国家各项事业继续推向前进。	学生在教师的归纳讲解下明确了新时代应该将中国特色社会主义一以贯之，当代中国共产党人的任务就是要把新时代坚持和发展中国特色社会主义这场伟大社会革命进行好，同时，这也是每一个新时代奋斗者的使命。	本部分归纳讲解旨在帮助学生更加明确，面对新的社会矛盾应该将中国特色社会主义一以贯之，这是中国共产党的任务，也是每一个奋斗者包括全体中华儿女的任务。
其次，新时代是奋斗者的时代。新时代属于每一个人，每一个人都是新时代的见证者、开创者、建设者。今天，我们实现了从"赶上时代"到"引领时代"的伟大跨越。要不忘初心、牢记使命，以永不懈怠的精神状态和一往无前的奋斗姿态，一以贯之坚持和发展中国特色社会主义，一以贯之推进党的建设新的伟大工程，一以贯之增强忧患意识、防范风险挑战，开新局于伟大的社会革命，强体魄于伟大的自我革命，在广袤国土上继续书写中国人民伟大奋斗的历史新篇章。	学生跟随教师回顾了本堂课的所学内容，形成了整体的认识。	本部分旨在帮助学生回顾本节课所学。
最后，还有一股力量需要大家永远铭记，那就是"水乳交融、生死与共"的沂蒙精神。 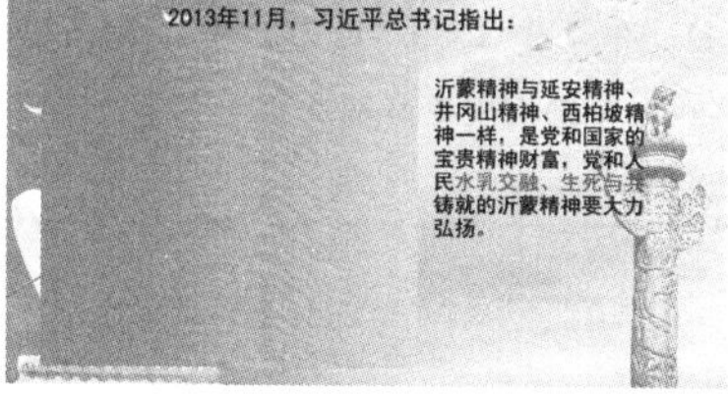 		结合时政帮助学生感受新时代大国的魅力。

续表

<table>
<tr><th>教师行为</th><th>预设学生行为</th><th>教学设计意图</th></tr>
<tr><td>过渡：小新就是和同学们一样，这样回答的，爷爷听后欣慰地笑了。
【总结回顾】
本节课，我们探究了中国特色社会主义进入新时代意味着什么，意味着我们有了新成就、新矛盾。面对新矛盾，我们应坚持发展中国特色社会主义。
【作业布置】
观看抗击疫情的视频《这就是中国》，感受新时代大国的魅力。
【板书设计】
4.1中国特色社会主义进入新时代
一、新时代
（一）内涵
（二）历史意义
二、新矛盾
人民对美好生活的向往
发展的不平衡、不充分
三、对策
新时代坚持和发展中国特色社会主义要一以贯之</td><td></td><td>板书设计清晰明了，美观大方</td></tr>
<tr><td>设计思路说明</td><td colspan="2">1. 在对教材分析的基础上，将本节课的教学目标设定为：(1) 政治认同：引导学生科学认识改革开放以来中国发生的巨大变化，提升对中国特色社会主义制度的认同。(2) 科学精神：辩证认识新时代我国社会主要矛盾的“变”及其背后的“不变”，坚定中国特色社会主义的道路自信、制度自信。(3) 公共参与：通过新时代一以贯之坚持和发展中国特色社会主义的责任担当与实践创新，牢固树立中国特色社会主义的理想信念。
2. 为选取合适的教学方法，对学生的知识基础进行分析，大学生普遍缺乏改革开放前后我国经济社会发展变化方面的生活对比经验，对中国特色社会主义进入新时代的感性认识普遍不强。为增强学生的认知效果，对学生心理特点进行了分析，学生开放、独立、自信，具有强烈的自我意识，在教师的引导下可以自主探究学习内容。在此基础之上，选用了讲授法、情境教学法和小组讨论法、合作探究法相结合的教学方法，旨在帮助学生更好地探究本节课的内容</td></tr>
</table>

第三节　沂蒙精神融入“思想道德与法治”

沂蒙精神是沂蒙红色文化的思想内核，它根植于沂蒙红色文化之中，又集中表现了沂蒙红色文化的力量，是中华民族精神重要的组成部分。习近平总书记在参观“半条被子的温暖”专题陈列馆时强调：“要用好这样的红色资源，讲好红色故事，搞好红色教育，让红色基因代代相传[①]。”沂蒙精神作为沂蒙红色文化的精髓，是红色文化的重要代表。将沂蒙精神与思想政治教育进行有效融合，能够提升教育内容在教学实践当中的感染力，为思政课堂增添活力，充分调动大学生的民族情怀和爱国热情。沂蒙精神为高校思想政治理论课教学提供了丰富的教学资源。本节以教学案例为抓手，探索将沂蒙精神融入思想道德与法治教学中。

一、教材分析

（一）《思想道德与法治》教材分析

2021 年版《思想道德与法治》教材，以马克思列宁主义、毛泽东思想、邓小平理论、“三个代表”重要思想、科学发展观、习近平新时代中国特色社会主义思想为指导，主要论述了马克思主义的世界观、人生观、价值观、道德观、法治观，着重强调了社会主义核心价值观的重要性，引导学生筑牢理想信念之基，弘扬中国精神，提升思想道德素质和法治素养。在沿袭旧版《思想道德与法律基础》教材框架章节的基础上，作出了大量的调整和修订。现分析以下几个最具特色的方面：

1. 关于“新时代中国特色社会主义建设”的具体实践

2021 版教材生动反映了党的十九大以来新时代中国特色社会主义建设的具体实践和伟大成果。主要包括：以习近平同志为核心的党中央团结带领全国各族人民，实现了第一个百年奋斗目标，全面建成了小康社会，向着全面建成社会主义现代化强国的第二个百年奋斗目标迈进；全国人民凝心聚力书写抗疫史诗，共克时艰彰显中国精神；我国在“十三五”期间取得的有关经济社会发展的伟大成就；具有中国特色的社会主义道德建设；建设中国特色社会主义法治体系，进行法治中国建设。在伟大成果方面，2021 版教材增添了许多最新的时事内容。例如载人潜水器“奋斗者”号成功下潜马里亚纳海沟突破 1 万米；神舟十二号载人飞船顺利升空，并与天和核心舱成功交会对接，等等。

---

① 孙敏坚、颜石敦：《共产党人和老百姓共用一条被子的感情，永远不能变》，《湖南日报》2020 年 9 月 19 日。

2. 关于“社会主义核心价值观”的生动阐述

依据习近平总书记的重要论述，全面系统地介绍了社会主义核心价值观的基本内容，深入分析了社会主义核心价值观的显著特征。然后针对为什么要学习社会主义核心价值观、社会主义核心价值观和社会主义法治建设的关系、怎样践行社会主义核心价值观进行了具体论证。关于案例的选择更加有时代性、针对性，例如选取了时代楷模、共和国勋章获得者的先进事迹。让学生更有共鸣地产生思想认同、情感认同，引导学生把个人梦融入中国梦，主动践行社会主义核心价值观，

3. 关于“培养担当民族大任的时代新人”的重要论述

2021 版教材全方位体现了习近平总书记关于培养担当民族复兴大任时代新人的重要论述精神，并且把如何培养能够担当民族复兴大任的时代新人，如何进行思想道德教育、社会主义法治教育的相关内容融入教材。运用一些最新的讲话精神鼓舞广大青年，不断增强责任感和使命感。例如习近平在庆祝中国共产党成立 100 周年大会上的讲话、在庆祝改革开放 40 周年大会上的讲话、在党史学习教育动员大会上的讲话等重要讲话的精神。

4. 关于教材呈现形式的丰富创新

在 2021 版《思想道德与法治》教材里，呈现形式丰富多样。全书贯穿习近平新时代中国特色社会主义思想这一育人主线，大大创新了呈现方式。通过设置设计“习语”、“拓展”、“图说”、“明辨”等四类栏目，突出内容的综合性和实践性。教材还在每一类栏目里，运用了大量的图片、表格、名言警句来论述习近平总书记的深刻理论思想，大大增强了可读性和趣味性。

（二）沂蒙精神融入思想道德与法治教学内容

从 1989 年概念提出至 2004 年基本内涵确定，沂蒙精神不断丰富和发展。沂蒙精神的内涵主要包括爱党爱军、救国救民的政治立场；开拓奋进、敢为人先的思想意识；艰苦创业、攻坚克难精神风貌；无私奉献、顾全大局的价值取向。因此，对照沂蒙精神的科学内涵和《思想道德与法治》教材的基本内容，可以梳理出以下几方面融入点。首先，将沂蒙精神融入思想道德与法治课教学内容要突出以共产主义理想为主题的思想教育即第一章到第四章，包括把握人生方向、坚定理想信念、弘扬中国精神以及社会主义核心价值观。其次，要增强以集体主义为原则的社会主义道德教育。这个部分包含第五章内容，吸收借鉴优秀的道德成果，投身崇德向善的道德实践。最后，要坚持社会主义法治观教育，是指第六章自觉尊法学法守法用法。在思想道德与法治课教学中的这些章节均可以融入沂蒙精神的内容。

1. 以共产主义理想为主题的思想教育

沂蒙精神中蕴含着丰富的思想政治教育资源，与思想道德与法治课教学中的以共产主义理想为主题的思想教育相互契合。思想教育在思想道德与法治课教学中主要包括人生观教育、理想信念教育、中国精神教育以及社会主义核心价值观教育。沂蒙精神可以大大丰富各章节的内容，提高思想道德与法治课教学的广度和深度。

（1）人生观教育

人生观的主要内容包括对人生目的、人生态度和人生价值等问题的根本看法。人生目的回答人为什么活着，人生态度回答人应当如何活着，人生价值回答什么样的人生才有价值。在进行人生观教育的过程中，要引导大学生树立正确的人生观，明确人生目的、端正人生态度、认识人生价值，为创造有意义有价值的人生奠定良好的基础。这部分内容是《思想道德与法治》教材的第一章《领悟人生真谛，把握人生方向》的主要内容。在革命战争年代，沂蒙人民为了早日争得自由和解放毫无保留地奉献自己。在中共一大中就有一位山东籍的代表王尽美。王尽美的一生是孜孜以求、不断探索的一生。少年时期，他聪慧伶俐，见解独到深刻。在艰难的求学岁月里，他从不悲观消沉，而是积极寻求改变命运和救国救民的途径。在人生价值选择上，他始终秉持着乐观向上、勇于奉献的价值取向，把实现共产主义作为人生的最高追求。这样的革命前辈还有很多很多，他们勇敢积极的革命精神给正处于人生观形成关键时期的大学生提供了最好的人生选择答案。只有把自己的小我融入祖国的大我、人民的大我之中，与历史同向、与祖国同行、与人民同在，才能更好地实现人生价值、升华人生境界。

（2）理想信念教育

理想信念是人的精神核心，是人精神上的"钙"。在追求理想和实现理想的过程中，人们要不断面对各种挑战、抵御各种诱惑、突破各种局限、克服各种困难。因此，在思想道德与法治课教学中要引导大学生牢牢追求远大理想，坚定崇高信念，在实现中国梦的实践中放飞青春梦想。沂蒙人民在长期的历史实践中，随着对马克思主义理论的不断深入的了解和认识，树立了远大的共产主义理想信念。在这个过程中涌现出了许多为实现民族独立、国家富强和人民幸福而不懈奋斗的英雄人物。比如革命战争年代，沂蒙红嫂们用乳汁救伤员，熬鸡汤送战士，沂蒙六姐妹们把丈夫和儿子送上战场。和平建设时期，沂蒙人民大力支持人民军队，无数事实都体现着沂蒙人民对党和人民的热爱，以及对社会主义的坚定信念。心中有信仰，脚下才有力量。大学生要不断增强中国特色社会主义道路自信、理论自信、制度自信、文化自信，自觉做共产主义远大理想和中国特色社会主义共同理想的坚定信仰者、忠实实践者，为中国梦注入青春能量。

(3) 中国精神教育

《思想道德与法治》教材中的第三章是《继承优良传统，弘扬中国精神》。中华民族能够在五千多年的历史长河中生生不息、薪火相传，很重要的一个原因就是拥有孕育中华民族优秀历史文化的中国精神。中国精神作为兴国强国之魂，是实现中华民族伟大复兴的不可或缺的精神力量。大力弘扬中国精神，就是要弘扬以爱国主义为核心的民族精神和以改革创新为核心的时代精神。由于沂蒙精神与中国精神具有内在一致性，是中国精神的重要组成部分，因此不论是爱党爱军的政治立场、开拓奋进的思想意识，抑或是艰苦创业的精神风貌、无私奉献的价值取向，都可以鲜明地展现出中国精神。比如沂蒙精神中的“九间棚精神”，从一个连用电都是奢望的贫困山村发展成为综合性农业集团公司，这其中蕴含的艰苦创业、敢为人先、顽强拼搏、无私奉献等特质生动反映了以改革创新为核心的时代精神，是中国精神的重要组成部分。在中国精神中渗透沂蒙精神的重要内涵，用沂蒙精神反映中国精神的巨大力量，可以进一步加深大学生对红色文化中的中国精神的认识，增强民族自信心和自豪感，厚植爱国之情。

(4) 社会主义核心价值观教育

核心价值观，承载着一个国家和民族的精神追求，体现着一个社会评判是非曲直的价值标准。社会主义核心价值观集中体现了社会主义的本质属性，代表全体人民共同的价值追求。《思想道德与法治》教材中的第四章是《明确价值要求，践行价值准则》。当代大学生是实现中国梦的强有力的后备力量，对他们进行价值观教育十分必要。沂蒙精神和社会主义核心价值观一样，彰显主流观念。它发端于革命时期同时又贯穿于社会主义建设和发展时期，一直秉承着中国共产党在革命中的优良传统和价值观念。同时，沂蒙精神不断升华与传播，渐渐成了影响沂蒙地区人民理想追求和价值观的重要因素，并融入普通人的日常生活中。例如用乳汁哺育八路军伤员的明德英、开办战时部队幼儿园的王换于、送自己四儿一女上战场的王步荣，等等。许许多多沂蒙英雄儿女用他们的一生践行社会主义核心价值观。

2. 以集体主义为原则的社会主义道德教育

《思想道德与法治》教材中的第五章是《遵守道德规范，锤炼道德品格》。社会主义道德的本质要求是坚持以为人民服务为核心，以集体主义为原则。弘扬社会主义道德，必须坚持马克思主义道德观，传承中华民族传统美德，发扬中国革命道德。而沂蒙精神本身就蕴含着革命道德的相关内容，革命道德和沂蒙精神一样，都是对中华民族传统美德的延续和发展。在革命年代，无数沂蒙儿女抛头颅、洒热血、为自由和进步赴汤蹈火、前赴后继。新中国成立后，沂蒙儿女勇于创新，全力以赴投身于革命和建设。改革开放新时期，沂蒙儿女自力更生、艰苦奋斗、顾全大局、无私奉献，涌现出很多大公无私的领导人和带头人。例如莒南县厉家寨人发扬愚公移山精神，奋力拼搏，坚持以集体主义为重，孕育形成了以“艰苦创业、敢为人先、团结实干、无私奉献”为主要内涵的厉家寨精神，厉家寨也成了沂蒙地区农业战线上最早涌现出的一个艰苦创业的先进典型。罗庄区沈泉庄村的王廷江，依靠勤劳致富。他致富不忘国家和集体，把自己600多万元家当献给全村人的同时，也把自己整个人献给了沈泉庄，带领全村走上富裕路。

当代大学生处于成长的关键时期，这一时期也是道德意识形成的重要时期。文化多元化冲击了道德选择，使大学生更容易陷入道德困惑。在这样的社会环境下，将沂蒙精神融入社会主义道德的讲授中，不仅可以突出革命英雄榜样的道德情怀，而且可以挖掘新时代深入人心的道德故事，引导大学生崇德向善，树立良好的道德风尚。

3. 社会主义法治观教育

在《思想道德与法治》第六章的社会主义法治观教育中，最重要的是学习法治思想，提升法治素养。沂蒙精神中包含着相关的法律内容，即党在沂蒙地区自身建设中制定的各种规章制度以及政策法规。习近平总书记曾谈道：“法治和人治问题是人类政治文明史上一个基本问题，也是各国在实现现代化过程中必须面对和解决的一个重大问题。”[①]沂蒙地区也正是在严肃的法治之下才能平稳发展，将这些制度形态的红色文化融入大学生社会主义法治观教育中，可以培育大学生的规矩意识和自律精神。比如，1947年10月，颁布《中国土地法大纲》；1950年6月，颁布《中华人民共和国土地改革法》。经过不断的政策调整，逐步解决了农民的根本利益土地问题。沂蒙革命地区，不仅同全国革命根据地一样解决了土地问题，还于1940年11月11日，早于联合国《世界人权宣言》8年，颁布了中国第一部《人权保障条例》。这不仅解放了农村生产力，更重要的是极大地调动了广大农民参加和支援中国革命的积极性。通过对法律文件的学习，可以提高大学生对那个时候的国情的认知；在进行革命传统教育的同时，引导大学生坚守法律底线，树立起法治思维。

将沂蒙精神融入社会主义法治观念的教学过程中，要针对学生专业的不同，因材施教有的放矢，对沂蒙精神在法治制度上的讲解可以有不同的侧重点。引导学生课下多涉猎革命时期的文献作品，使他们在接受革命传统教育的同时，能

① 中共中央文献研究室：《习近平关于全面依法治国论述摘编》，中央文献出版社2015年版，第12页。

够进一步开阔视野。

思想道德与法治课覆盖人生观、理想信念、以爱国主义为核心的民族精神和以改革创新为核心的时代精神、社会主义核心价值观、道德以及法律等方面，由此可见，每个部分的内容都能与沂蒙精神进行有机融合。沂蒙精神所蕴含的“吃苦耐劳”、“爱党爱军”、“无私奉献”和“开拓进取”的红色基因不仅是当代青年学生优良品质形成的精神源泉，也是当代大学生思想政治教育的理论载体。我们要充分利用沂蒙地区红色资源，“把红色资源利用好、红色传统发扬好、红色基因传承好”，讲好沂蒙故事，进一步推进沂蒙精神融入高校思想政治理论课教学，融入思想道德与法治这门课中。在新的发展阶段，要进一步落实好立德树人这一关键环节，促进大学生坚定理想信念和奋斗目标，厚植爱国之情以及培育社会主义核心价值观。

二、教学设计案例

【教学设计案例 1】

课程名称	思想道德与法治
教学设计章节	第一章第二节《正确的人生观》
授课题目	人应该如何活着
教学目标	知识目标：通过学习，大学生树立正确的人生观，明确人生目的，端正人生态度，认识人生价值。 能力目标：注重完善知识结构、丰富社会实践、坚持实事求是的原则，努力客观认识自己。 情感目标：大学生要把为国家和人民事业无私奉献作为人生的最高追求，在服务他人、奉献社会中收获成长和进步。
教学重点	如何树立正确的人生观
教学难点	人生价值的实现条件
教学方法	多媒体教学、案例式教学、启发式教学

续表

教学过程

教师活动	预设学生活动	教学设计意图
【导入新课】 回顾上节课内容,用图片故事引出本次课的内容:人应该如何活着。  案例讲述:牺牲在沂蒙的"洋八路"——汉斯·希伯的故事。1941 年 11 月,一位国际友人为了抵抗日本帝国主义的侵略,毅然拿起枪与敌人战斗到最后一刻,把热血洒在了沂蒙山上。这位国际友人就是白求恩式的国际主义战士汉斯·希伯。他也是拿起枪杆子保卫中华民族的欧洲第一人。	学生通过阅读课件内容作出回答:无私奉献、舍生忘死、服务人民、国际人道主义精神等等。	通过图片故事引出本次课的主要内容,形式比较新颖,能够吸引学生的注意力。
教师提问:我们从国际主义战士汉斯·希伯身上可以学到哪些东西? 教师讲解:从汉斯·希伯身上我们可以看到一个人原来可以这样活着。他把生命的最后 10 年献给了中国革命事业,为中华民族的解放事业作出了重要贡献。他这种"服务人民、奉献社会"的思想以其科学而高尚的品质,代表了人类社会迄今最先进的人生追求。	通过思考老师提出的问题,自己发现正确人生观的重要性。	提问视角比较新颖,能充分引发学生的思考。
【讲授新课】 一、高尚的人生追求 教师讲解:如果希伯当时穿的不是八路军军装的话,他可能不会死;如果他贪生怕死、举手投降的话,他也可能不至于死。但是为了自己的共产主义信仰,为了全人类的解放,他把自己的生死置之度外。 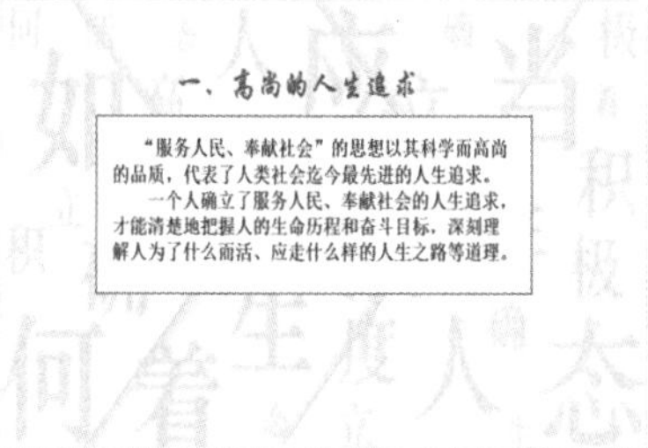 	学生听讲,通过教师的讲解掌握服务人民、奉献社会的思想以其科学而高尚的品质,代表了人类社会迄今最先进的人生追求。	通过讲解这部分内容,鼓励新时代大学生要把为国家和人民事业无私奉献作为人生的最高追求,在服务人民、奉献社会中收获成长和进步。

续表

<table>
<tr><th>教师活动</th><th>预设学生活动</th><th>教学设计意图</th></tr>
<tr><td>教师强调：从中我们可以看出一个人确立了服务人民、奉献社会的人生追求，才能清楚地把握人生的奋斗目标，才能掌握正确的人生价值标准，才能懂得人生的价值首先在于奉献，自觉用真善美来塑造自己，不断培养高洁的操行和纯朴的情感，努力使自己成为一个高尚的人。
教师提问：人要想好好活着，走好人生之路，拥有高尚的人生追求就足够了吗？
二、积极进取的人生态度
案例讲述：爱国拥军的兵妈妈——胡玉萍，作为一名普通的共产党员、农村妇女，没有惊天动地的壮举，却用一生执着的奉献，谱写了朴实无华、感人至深的爱国拥军之情。胡玉萍践行了自己“奉献一次，幸福一次；奉献一生，幸福一生”的奉献观。</td><td>认真思考老师提出的问题，为学习后面的内容做好铺垫。</td><td>这种发散性提问有助于学生产生共鸣，更深一步思考。</td></tr>
<tr><td>

教师讲解：胡玉萍的一生是奉献的一生，她爱祖国、爱人民子弟兵；她一生清贫，却有着乐观、豁达的人生态度和追求。她用自己的行为赢得了人们的尊重和热爱。也许正是这种生活态度，使胡玉萍能够几十年如一日，致力于爱国拥军，向社会奉献爱心。由此我们可以得出：没有积极进取的人生态度，再崇高的人生目标也难以真正实现。
教师提问：作为新一代的大学生，应该怎么样保持积极进取的人生态度呢？</td><td>学生对老师讲述的案例充满好奇和兴趣。</td><td>典型案例图文展示，有助于激发学生的学习兴趣和学习热情。</td></tr>
<tr><td>
</td><td>学生听讲，结合课件内容发表自己的看法。</td><td>有针对性地提问有利于学生联系自身实际进行学习。</td></tr>
</table>

续表

<table>
<tr><th>教师活动</th><th>预设学生活动</th><th>教学设计意图</th></tr>
<tr>
<td>
教师讲解：首先我们要做到人生须认真。以认真的态度对待人生，就是要严肃思考人的生命应有的意义，明确生活目标和肩负的责任，既要清醒地看待生活，又要积极认真地面对生活。作为一名大学生，不仅要对自己负责，在这个基础上还要对周围的人和更多的人负责，进而对国家、民族、社会负责。

我们还要坚持实事求是的思想方法和人生态度，正确面对人生目的与现实生活之间的矛盾，遵循客观规律，透过复杂现象把握事物的本质，更好地把人生意愿与个人情况和社会实际结合起来，从小事做起，从身边的事做起，脚踏实地、一步一个脚印地实现人生目标，真正做到人生当务实。

教师提问：同学们，我们在生活中遇到各种困难和挑战时应该怎么办呢？

教师讲解：这位同学回答得很好。人生旅途中，许多事情不会总是尽如人意、一切顺遂，也会有失望和暂时的困难、挫折。我们还应该相信生活是美好的，前途是光明的，遇事要想得开，做人要心胸豁达，在生活实
</td>
<td>
通过老师讲解，掌握积极进取的人生态度具体包括哪些内容。

认真听讲，与教师进行适时的互动。
</td>
<td>
明确作为一名大学生，不仅要对自己负责，在这个基础上还要对国家、民族、社会负责。

通过学生与教师的互动回答，了解学生的想法。
</td>
</tr>
</table>

续表

<table>
<tr><th>教师活动</th><th>预设学生活动</th><th>教学设计意图</th></tr>
<tr><td>

践中不断调整心态，磨炼意志，形成乐观向上的人生态度。

除此之外，人生实践还是一个创造的过程。以不思进取、不想努力的消极态度面对人生难题，可能会带来一时安逸，但无助于个人发展、无益于社会进步。我们要适应历史发展的趋势，以开拓进取的态度迎接人生的各种挑战，才能不断领悟美好人生的真谛，体验生活的快乐和幸福。

在我们的人生中充满了矛盾，苦与乐、得与失、顺境与逆境、生与死、荣与辱……我们只有始终保持积极向上的人生态度，勇于认识人生矛盾，善于解决人生矛盾，才能推动人生的顺利发展。

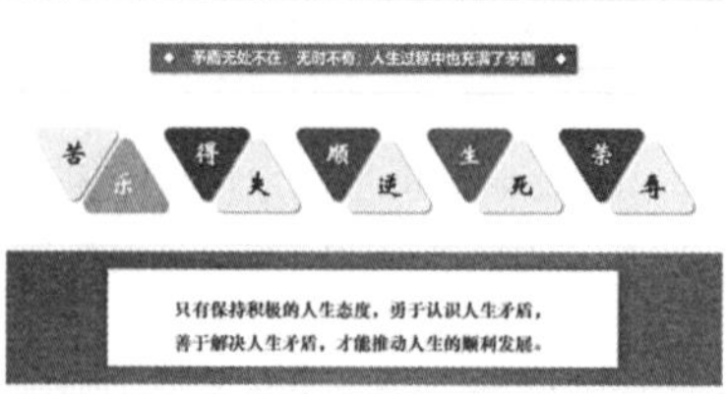

三、人生价值的评价与实现

案例讲述：下岗女工的励志传奇——朱呈镕，她是新时期的沂蒙红嫂，她用坚忍不拔的创业精神、无私的奉献精神，用对人民子弟兵真挚的爱续写了沂蒙红嫂爱党爱军的新传奇。

</td><td>学生认真听讲，自己感悟到保持积极人生态度的重要性。</td><td>图文并茂，生动活泼。</td></tr>
</table>

续表

<table>
<tr><th>教师活动</th><th>预设学生活动</th><th>教学设计意图</th></tr>
<tr><td>
</td><td>学生可以联系身边的例子，凭借对朱老大水饺的印象，增加对新时期沂蒙红嫂的认同感。</td><td>理论联系实际可以增强学习效果。</td></tr>
<tr><td>教师提问：请同学们思考一下，应该如何评价朱呈镕的人生价值呢？
教师讲解：朱呈镕有梦想、有脚踏实地的实干精神、有回报社会的热忱、有对党和人民军队的无比热爱，是当代年轻人学习的楷模。她从一个下岗女工创业成功，本身就是一个励志传奇；但是她成功后不忘回报社会，更体现了一个成功企业家的责任担当。评价人生价值的根本尺度，是看一个人的实践活动是否符合社会发展的客观规律，是否促进了历史的进步。</td><td>学生认真听讲并回答问题。</td><td></td></tr>
<tr><td>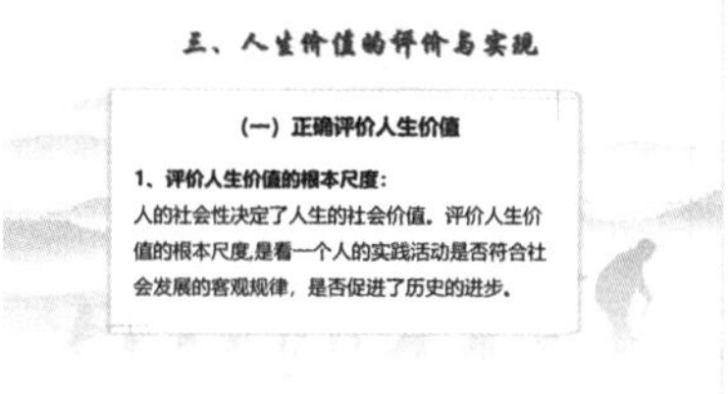

当今，衡量人生价值的标准，最重要的就是看一个人是否用自己的劳动和聪明才智为国家和社会真诚奉献，为人民群众尽心尽力服务。客观、公正、准确地评价社会成员人生价值的大小，除了要掌握科学的标准外，还需要掌握恰当的评价方法。
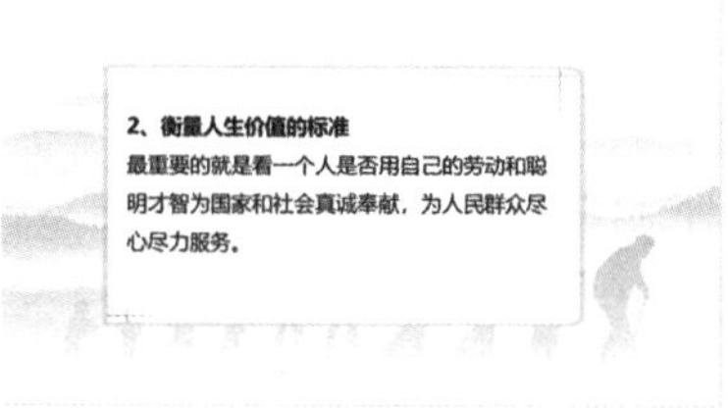

考察一个人的人生价值，要把个人对社会的贡献同他的能力以及与能力相对应的职责联系起来。既要看贡献的大小，也要看尽力的程度。</td><td>学生认真聆听教师对案例的分析，比照教材勾画知识点。</td><td>通过分析案例梳理知识要点，使知识讲授更加通俗易懂。</td></tr>
</table>

续表

<table>
<tr><th>教师活动</th><th>预设学生活动</th><th>教学设计意图</th></tr>
<tr><td>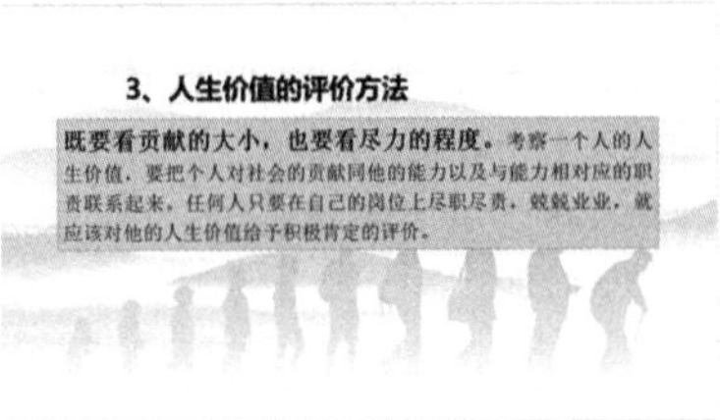

人的生产劳动是物质生产劳动和精神生产劳动的统一，一定条件下，两种生产劳动成果还可以相互转化。在我们社会主义国家，一切劳动，无论是体力劳动还是脑力劳动，都值得尊重和鼓励。评价人生价值，既要看一个人对社会作出的物质贡献，也要看他对社会作出的精神贡献。</td><td>学生通过教师的讲解，掌握人生价值的评价方法。</td><td>引导学生从多个角度理解这一问题，提升分析问题解决问题的能力。</td></tr>
<tr><td>

衡量人生价值，既要看他对社会贡献的大小，也要看他自身完善的程度。实现人的全面发展是社会发展的根本目标，人的全面发展和素质提升离不开人的自我完善。人生自我完善的过程，既是人生自我价值实现的过程，也是为社会创造价值的过程。
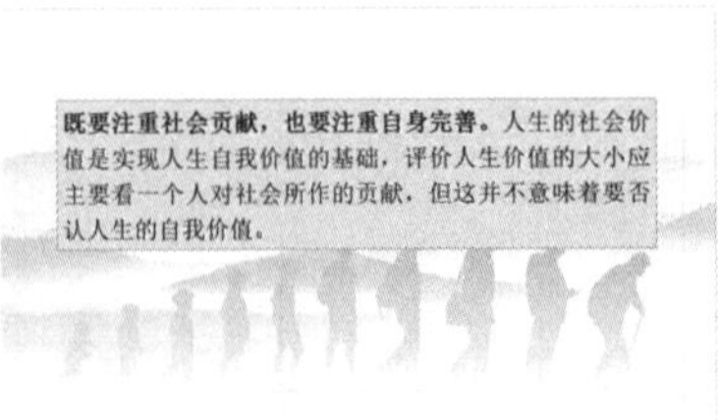
</td><td></td><td></td></tr>
<tr><td>教师提问：人们在实践中努力实现自己的人生价值。但是，人们的实践活动从来都不是随心所欲的，任何人都只能在一定的主客观条件下去实现自己的人生价值。请同学们想一想人生价值的实现条件有哪些？</td><td>学生专心听讲，回答教师提出的问题。</td><td></td></tr>
</table>

续表

教师活动	预设学生活动	教学设计意图
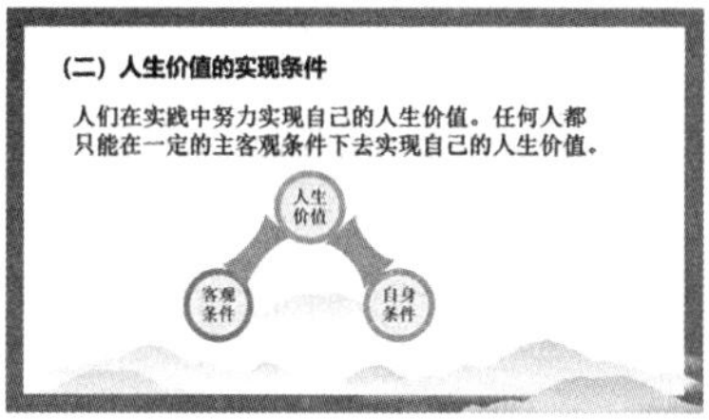 教师总结：人生价值是在社会实践中实现的，人的创造力的形成、发展和发挥都要依赖于一定的社会客观条件。因此，实现人生价值要从社会客观条件出发。 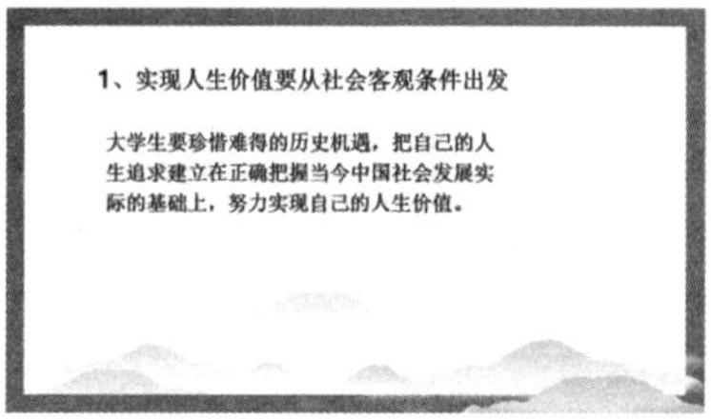 实现人生价值还要从个体自身条件出发。大学生要针对自己成长成才过程的实际，注重完善知识结构、丰富社会实践，坚持实事求是的原则，努力客观认识自己，准确把握影响人生价值实现的自身条件。 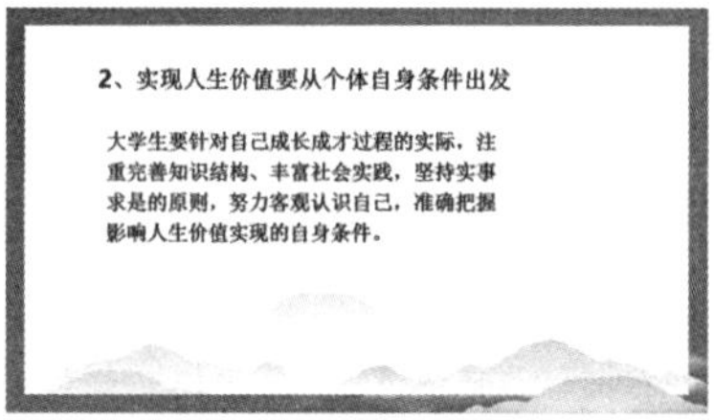 实现人生价值，需要人们充分发挥主观能动性。个人的主观努力，在相当大的程度上决定着人生价值实现的程度。正如人们经常说的，没有条件可以创造条件。所以要不断增强实现人生价值的能力和本领。  	认真听讲并对照课件和课本内容进行整合。	利用图片、案例增强视觉和感情的冲击力，加深学生对人生价值的理解。

续表

教师活动	预设学生活动	教学设计意图
课堂小结：这节课旨在告诉同学们正确人生观的树立对人的重要性。我们要摒弃腐朽落后的，追求高尚的人生追求；秉承积极进取的人生态度；正确地去评价人生价值。  	跟随教师思路回顾本次课的主要内容。	
课后思考：最后留给同学们一个课下思考题，请同学们结合自身实际，想一想如何创造有意义的人生？可以从多个角度对这个问题进行思考。期待下节课听到你们精彩的发言。	思考老师布置的课后思考题并预习下节课内容	启发学生自主思考，并为下节课内容做铺垫

【教学设计案例 2】

课程名称	思想道德与法治
教学设计章节	第二章第二节《理想信念的内涵及重要性》
授课题目	心中有信仰　脚下有力量
教学目标	知识目标：引导大学生坚持社会理想和个人理想的统一，在建设中国特色社会主义、实现中国梦的实践中放飞青春梦想。 能力目标：树立正确的理想目标，追求远大梦想。 情感目标：培养正确的理想信念。
教学重点	追求远大理想、坚定崇高信念对大学生的重要意义
教学难点	确立科学的理想信念
教学方法	多媒体教学、案例式教学、启发式教学

续表

<table>
<tr><td colspan="3">教学过程</td></tr>
<tr><th>教师活动</th><th>预设学生活动</th><th>教学设计意图</th></tr>
<tr><td>【导入新课】
播放视频引出本次课的内容：心中有信仰，脚下有力量。

案例讲述：抗日女英雄——陈若克的故事。在孟良崮革命烈士陵园里有这样一座坟墓，青黑色的墓碑正面，遒劲的字体镌刻着“陈若克烈士之墓”，22 岁的陈若克烈士与她未曾满月的孩子就长眠在这里。</td><td>学生认真观看视频，在老师的解说和引导下，感悟陈若克的伟大。学生可能会对陈若克的那句“孩子，妈妈对不住你。你来到这个世上没有喝一口妈妈的奶，现在要离开这个世界了，你就喝一口妈妈的血吧。”产生深深的感动和震撼。</td><td>视频导入的目的在于激发学生的兴趣，吸引学生的注意力，激发学生对本节课的探究欲望。</td></tr>
<tr><td>教师提问：通过观看视频，请大家思考为什么共产党员陈若克面对敌人和死亡毫不畏惧？
教师讲解：陈若克面对敌人和死亡毫不畏惧，就是因为她一直坚守着共产党人的崇高理想信念，矢志不渝，为了抗日战争的胜利，为了人民群众的利益，不怕流血牺牲。陈若克用自己短暂的一生，塑造了一个优秀共产党人的光辉形象。她对党和人民事业无限忠诚、对理想信念坚定不移的精神在战火中得到了永生。</td><td>通过思考老师提出的问题，自己发现理想信念的重要性。</td><td>通过设问与讲解，激发学生探索新知的兴趣，拉近学生和老师的距离，从而调动课堂氛围，充分引发学生对于理想信念的思考。</td></tr>
<tr><td>

课堂讨论：由此我们可以看出理想信念的重要作用。习近平总书记说：“理想信念是共产党人精神上的‘钙’，理想信念坚定，骨头就硬；没有理想信念，或理想信念不坚定，精神上就会‘缺钙’，就会得‘软骨病’。”①下面请同学们以小组为单位讨论一下，这种软骨病，你们有吗？</td><td>在老师的引导下，进行小组讨论。学生开始运用知识储备在脑海中搜索合适的词汇。课堂氛围非常活跃，学生陷入了思考，对学习本课理想信念的内容产生了浓厚的兴趣。</td><td>通过开展课堂讨论，可以最大限度地激发学生的学习兴趣，充分调动学生学习的主动性、积极性。在课堂讨论过程中学生真正成了课堂的“主人”。</td></tr>
</table>

① 习近平：《习近平谈治国理政》（第一卷），外文出版社 2018 年版，第 414 页。

续表

<table>
<tr><th>教师活动</th><th>预设学生活动</th><th>教学设计意图</th></tr>
<tr><td>

【讲授新课】

一、什么是理想信念?

教师讲解:关于理想信念,不同时期的人理解不同。中国古人认为有志者事竟成。人生如屋,信念是柱。柱折屋塌,柱坚屋固。西方哲学之祖苏格拉底认为世界上最快乐的事,莫过于为理想而奋斗。无产阶级艺术最伟大的代表者高尔基认为当大自然剥夺了人类用四肢爬行的能力时,又给了他另一根拐杖,这就是理想!

教师讲解:由此我们可以看出理想信念是人类特有的精神现象。人既需要物质资料来实现生存和发展,也需要理想信念来充实精神生活。那么什么是理想呢?我们一起来看一下,理想是人们在实践中形成的、有实现可能性的、对未来社会和自身发展目标的向往与追求,是人们的世界观、人生观和价值观在奋斗目标上的集中体现。

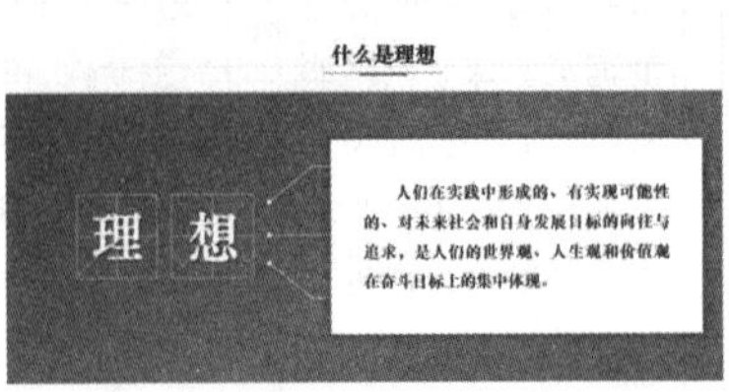

</td><td>

学生认真听讲。通过教师的讲解掌握理想信念在不同时期的内涵。

通过聆听老师的讲解,对于理想有了更深层次、更具体的认识。

</td><td>

典型案例图文展示,有助于激发学生的学习兴趣和学习热情。

</td></tr>
</table>

续表

<table>
<tr><th>教师活动</th><th>预设学生活动</th><th>教学设计意图</th></tr>
<tr><td>案例讲述：全国战斗女英雄——侍振玉的故事。她是电影《南征北战》中成功掩护主力部队强渡沙河的女民兵连长的原型，敌人曾悬赏300块大洋买她的人头，她先后被毛泽东三次接见，并被毛主席称为“女中豪杰”。

</td><td>学生对老师讲述的案例充满好奇和兴趣。在老师的引导下，学生显示出浓厚的学习兴趣。</td><td></td></tr>
<tr><td>教师提问：我们从侍振玉的故事中是否能感受到理想带来的巨大的力量？
教师讲解：在烽火连天的年代里，侍振玉以一种主人翁的姿态走进了捍卫家园的斗争之中，超越了传统观念对女性角色的界定，凭着对心中理想信念的追求，为了中华民族的解放和革命的胜利甘洒热血、奋勇杀敌；新中国成立后，面对战争留下的巨大创伤和贫困的自然条件，她响应党的号召、服从安排，积极投入社会主义生产和建设，奉献社会。这就是理想的重要力量。根据不同的标准，理想可以分为个人理想和社会理想，近期理想和远期理想，生活理想、职业理想、道德理想和政治理想等。

</td><td>认真思考老师提出的问题，为学习后面的内容做好铺垫。但是每个学生对理想的理解不同。</td><td>有针对性地提问有利于学生联系自身实际进行学习，有助于学生产生共鸣，更深一步思考。</td></tr>
<tr><td>教师讲解：理想在现实中产生，但它不是对现状的简单描绘，而是与奋斗目标相联系的未来的现实，是人们对未来美好生活的憧憬和期待。离开理想的指引，人们会失去前进的方向；离开现实的努力，理想同样不能实现。因此，理想具有超越性。</td><td>学生紧跟老师的思路，通过老师的讲解，逐步掌握理想的特性。</td><td></td></tr>
</table>

续表

<table>
<tr><th>教师活动</th><th>预设学生活动</th><th>教学设计意图</th></tr>
<tr><td>

离开了实践，任何理想的产生都是不可思议的。理想的实现，同样也离不开实践。理想在实践中产生，在实践中发展，而且也只有在实践中才能得以实现。</td><td>学生通过观看老师展示的图片和举的例子，可以更详细地理解理想的内涵。</td><td></td></tr>
<tr><td>

理想同任何一种社会意识形式一样，都是一定时代的产物，都带着特定历史时代的烙印。随着社会的发展进步，随着对社会发展规律和人的发展规律认识的逐步深化，人们也会不断地调整、丰富和发展自己的理想。</td><td>认真听讲，与教师进行适时的互动。</td><td>通过互动回答，可以更深入地了解学生的想法。</td></tr>
<tr><td>

教师讲解：学习了理想，我们再来一起看一下什么是信念？信念同理想一样，也是人类特有的精神现象。信念是人们在一定的认识基础上确立的对某种思想或事物坚信不疑并身体力行的精神状态。信念是认知、情感和意志的有机统一体，为人们矢志不渝、百折不挠地追求理想目标提供了强大的精神动力。</td><td>学生认真听讲，对信念的含义有了初步的认知。</td><td></td></tr>
</table>

续表

<table>
<tr><th>教师活动</th><th>预设学生活动</th><th>教学设计意图</th></tr>
<tr><td>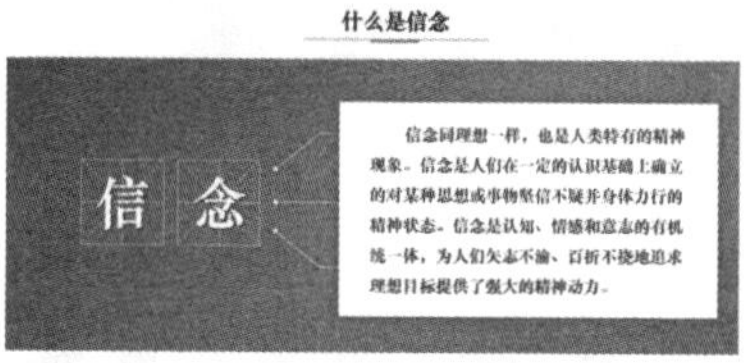

案例讲述：震撼人心的“女子火线桥”。在孟良崮战役中，沂蒙红嫂李桂芳动员了附近村庄的 32 名妇女，拆下各自家中的门板，用身体搭建成一座“人桥”，让战士们通行。她们在冰凉的河水中站了一个多小时，谁也没有叫苦，最后光荣地完成了任务。</td><td>认真聆听案例讲述，学生迅速回忆（有部分学生知道“女子火线桥”），并积极联系身边的例子，增加对沂蒙精神的认同感。</td><td>围绕材料层层设置问题有助于吸引学生注意力，引导学生循序渐进地思考。</td></tr>
<tr><td>教师提问：请同学们想一想是什么支撑住这座“女子火线桥”供人民子弟兵安全过河？

女子火线桥</td><td>听取教师的指令，积极地思考并且以小组为单位展开讨论，小组代表举手回答问题。</td><td>通过教师提问吸引学生的注意力，培养学生思考的能力，提高集体合作意识。目的在于让学生主动去思考信念坚定的重要性。</td></tr>
<tr><td>教师讲解：以李桂芳为代表的沂蒙妇女跳进冰冷的河水，为战士用身体搭建成了一座“女子火线桥”，展现出了一种崇高的品格和博大的胸怀，这正是对共产主义信念坚定不懈追求的真实写照。

教师讲解：信念是人的认知、情感、意志的“合金”。信念一旦形成，就不会轻易改变。坚定的信念使得人们具有强大的精神定力，不为利益所动，不为诱惑所扰，不为困难所惧。当一个人抱有坚定的信念时，他就会精神上高度集中，态度上充满热情，行为上坚定不移。</td><td>紧跟老师的思路，学生更加具体地了解信念的内涵。明白任何一种理想的实现都不是轻而易举的，会遇到各种各样的困难和波折。人必须有坚定不移的决心和坚韧不拔的意志，才能不断战胜困难，把理想变为现实。</td><td>这种设计不是单纯论证信念有多么重要，而是从对个人和对社会两个层面深化信念的内涵，更便于学生理解其作用和意义。</td></tr>
</table>

续表

<table>
<tr><th>教师活动</th><th>预设学生活动</th><th>教学设计意图</th></tr>
<tr>
<td>

信念是一个人经受实践考验而能始终坚守理想的精神力量。任何一种理想的实现都不是轻而易举的，会遇到各种各样的困难和波折，人必须有坚定不移的决心和坚韧不拔的意志，才能不断战胜困难，把理想变为现实。纵观人类社会发展史，共同的信念凝聚着一个国家、一个民族的集体意志，为社会理想的实现提供强大的精神力量。

不同的人由于社会环境、思想观念、利益需要、人生经历和性格特征等方面的差异，会形成不同的信念，同时一个人在社会实践中会形成不同类型和层次的信念，并由此构成其信念体系。在信念体系中，高层次的信念决定低层次的信念，低层次的信念服从高层次的信念。信仰是最高层次的信念，具有最大的统摄力。信仰又有盲目和科学之分。

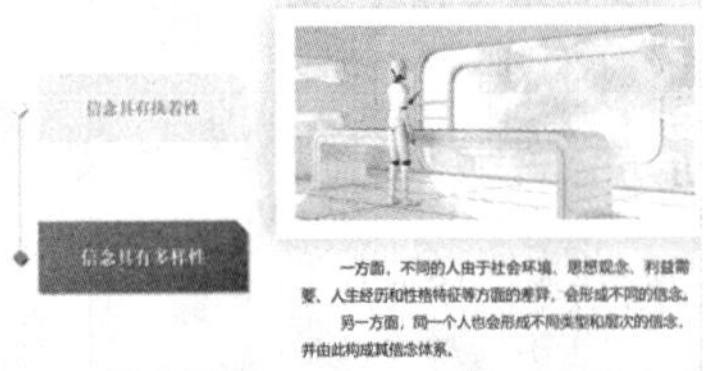

教师强调：通过上面内容的学习，我们发现理想和信念总是相互依存的。理想是信念所指的对象，信念则是理想实现的保障。理想和信念难以分割地紧密
</td>
<td>部分学生会结合身边事例，思考如何才能拥有坚定的信仰。

学生通过教师的讲解，理解为什么理想和信念总是相互依存的。</td>
<td>引导学生从多个角度理解这一问题，提升学生分析问题、解决问题的能力。</td>
</tr>
</table>

续表

<table>
<tr><th>教师活动</th><th>预设学生活动</th><th>教学设计意图</th></tr>
<tr><td>联系在一起，因此人们常将理想与信念合称为理想信念。

教师提问：习近平总书记说：“只有理想信念坚定的人，才能始终不渝、百折不挠，不论风吹雨打，不怕千难万险，坚定不移为实现既定目标而奋斗。”①那么请同学们想一下，人为什么要有崇高的理想信念呢？</td><td>结合对习总书记经典语句的理解，思考老师提出的问题。</td><td>通过引用名人名言，更好地引出下文，增强说服力，吸引学生注意力。</td></tr>
<tr><td>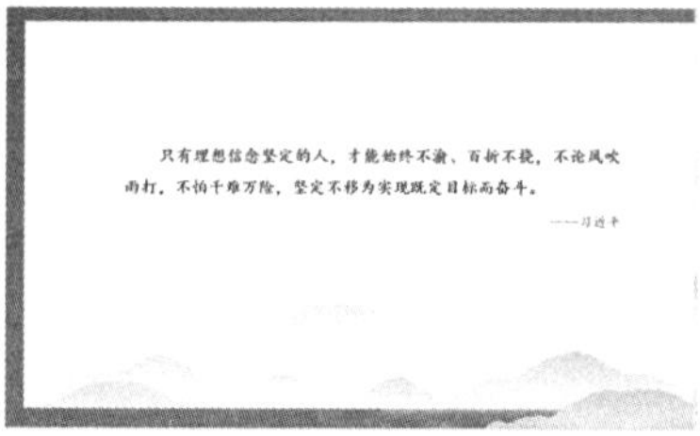

二、理想信念是精神之“钙”</td><td>学生认真听讲，对理想信念是精神之“钙”有着自己的思考和感悟。</td><td>鼓励学生在大学期间不仅要提高知识水平，增强实践才干，更要树立崇高的理想信念。</td></tr>
<tr><td>

教师讲解：人生是一个在实践中奋斗的过程。要使生命富有意义，就必须在科学的理想信念指引下，沿着正确的人生道路前进。人的理想信念，反映的是对社会和人自身发展的期望。只有树立起崇高的理想信念，才能够解答好人生的意义、奋斗的价值以及成为什么样的人等重要的人生课题。所以，理想信念昭示奋斗目标。</td><td>认真听讲并对照课件和课本内容进行整合。</td><td></td></tr>
</table>

① 中共中央文献研究室：《习近平关于社会主义文化建设论述摘编》，中央文献出版社 2017 年版，第 131 页。

续表

<table>
<tr><th>教师活动</th><th>预设学生活动</th><th>教学设计意图</th></tr>
<tr><td>
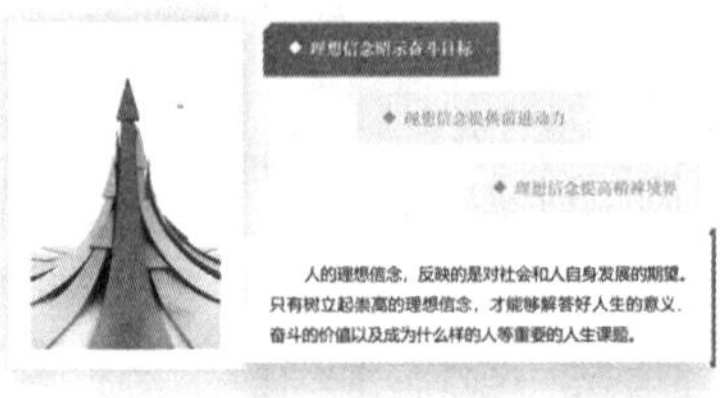

一个人有了崇高坚定的理想信念，才会以惊人的毅力和不懈的努力成就事业。与此相反，一个人如果没有崇高坚定的理想信念，就有可能浑浑噩噩、庸庸碌碌、虚度一生，甚至腐化堕落、走上邪路。因此，理想信念催生前进动力。

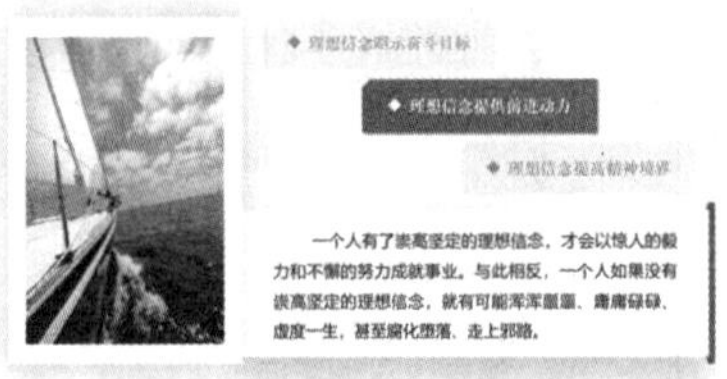

理想信念是一个人在精神生活领域“安身立命”的根本。没有理想信念的支撑，人的精神世界就如同无根之木、无基之塔。理想信念能够在人们遭遇挫折、经受考验的时候，提供一种强大的精神力量，使人不为困难所压倒，顽强奋斗直至战胜艰难险阻。所以，理想信念还能提供精神支柱。

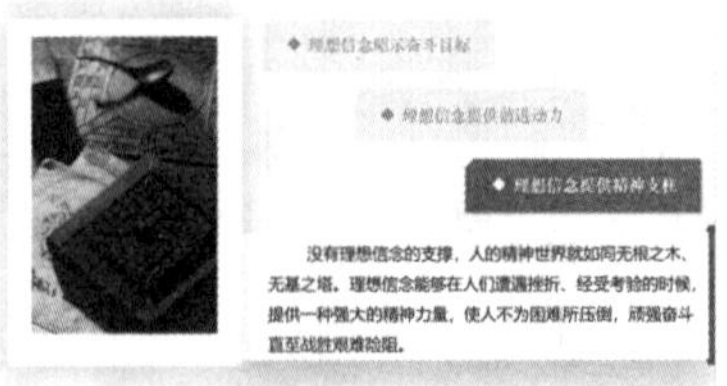

理想信念是衡量一个人精神境界高下的重要标尺，是人的精神世界的支撑。理想信念作为人的精神世界的核心，一方面能使人的精神生活的各个方面统一起来，使人的精神世界成为一个健康有序的系统，避
</td><td></td><td></td></tr>
</table>

续表

<table>
<tr><th>教师活动</th><th>预设学生活动</th><th>教学设计意图</th></tr>
<tr><td>免精神空虚和迷茫；另一方面又能引导人们不断地追求更高的人生目标，并在追求和实现理想目标的过程中提升精神境界、塑造高尚人格。
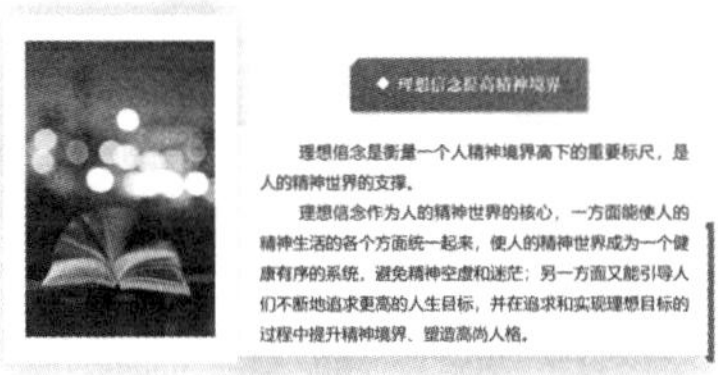

教师总结：新时代大学生只有树立崇高的理想信念，才能激发起为民族复兴和人民幸福而发奋学习的强烈责任感与使命感，掌握建设祖国、服务人民的本领。不论今后从事什么职业，大学生都要把个人的奋斗志向同国家和民族的前途命运紧紧联系在一起，把个人的学习进步同祖国的繁荣昌盛紧紧联系在一起，使理想信念之花结出丰硕的成长成才之果。</td><td>如果对知识框架体系不明确，就难以形成完整体系。认真听取教师对本节课的归纳总结，跟随教师思路回顾本次课的主要内容。</td><td></td></tr>
<tr><td>课堂小结：这节课旨在告诉同学们理想信念的重要性。我们应当重视理想信念的选择和确立，努力树立科学崇高的理想信念，为人生的发展筑牢信仰之基，补足精神之钙，把稳思想之舵。

课后思考：从个人理想与社会理想辩证关系的角度，请同学们结合自身实际，谈谈实现中华民族伟大复兴应当肩负的责任。期待下节课听到你们精彩的发言</td><td>学生思考老师的课后思考题并预习下节课内容</td><td>启发学生自主思考，并为下节课内容做铺垫</td></tr>
</table>

【教学设计案例3】

课程名称	思想道德与法治
教学设计章节	第三章第一节《中国精神是兴国强国之魂》
授课题目	中国精神是兴国强国之魂
教学目标	知识目标：学生通过学习认识重精神是中华民族的优秀传统、中国精神的基本内容、中国精神是兴国强国之魂。 能力目标：当代大学生应大力弘扬以爱国主义为核心的伟大民族精神，也需要大力弘扬以改革创新为核心的伟大时代精神；实现中国梦，必须弘扬中国精神，以高扬的精神旗帜为指引，以强大的精神支柱为支撑，努力弘扬以爱国主义为核心的民族精神和以改革创新为核心的时代精神。 情感目标：使大学生团结凝聚全体人民的智慧和力量，为实现中国梦而努力奋斗；勇做弘扬和践行中国精神的时代先锋，为国家富强、民族振兴、人民幸福贡献自己的智慧和力量。
教学重点	中国精神的内涵
教学难点	中国精神是民族精神和时代精神的统一、实现中国梦必须弘扬中国精神
教学方法	多媒体教学、案例式教学、启发式教学
教学过程	

教师活动	预设学生活动	教学设计意图
【导入新课】 回顾上节课内容，用歌曲、图片、故事引出本次课的内容：中国精神是兴国强国之魂。  案例讲述：沂蒙山小调的故事。 “人人那个都说哎沂蒙山好，沂蒙那个山上哎好风光……”这首家喻户晓的《沂蒙山小调》，唱响在巍巍蒙山、滔滔沂水，唱响了军民“水乳交融、生死与共”的沂	学生听到歌曲《沂蒙山小调》后，注意力被吸引。有的学生原本就很熟悉这首歌曲，可能会默默跟着唱起来；有的学生不熟悉这首歌曲，但很熟悉旋律，可能会认真听一听歌词的内容。	通过歌曲《沂蒙山小调》导入新课，可以充分激发学生学习兴趣，吸引学生的注意力。把学生带入一个轻松、愉悦的学习环境中，使学生萌生出继续探究的欲望。

续表

教师活动	预设学生活动	教学设计意图
蒙精神，在中华大地绵绵不绝，久久回响。《沂蒙山小调》诞生于抗战时期的1940年。抗大一分校文工团团员李林、阮若珊借助当地的花鼓调创作了初期的《沂蒙山小调》，后在流传中经过多次加工修改，成为蜚声海内外的沂蒙民歌。		
教师提问：《沂蒙山小调》这首歌曲表达了沂蒙人民什么样的感情？ 教师讲解：《沂蒙山小调》，歌颂了共产党的领导，歌颂了沂蒙山的秀丽风光和沂蒙人民的幸福生活，具有较强的生命力和艺术感染力，每每唱起，使人倍感亲切自然，令人对美好的未来充满信心。沂蒙山区是抗日战争和解放战争时期中国共产党建立的主要根据地之一，血与火的洗礼，培育了沂蒙山浓郁的革命文化，形成了宝贵的沂蒙精神。在这片热土上，沂蒙人民抛头颅、洒热血，千千万万的红嫂抬担架、救伤员、做军鞋、用乳汁哺育了最可爱的人。沂蒙精神是中华民族不朽的民族魂，《沂蒙山小调》就是对沂蒙精神的最生动的诠释。	学生认真思考老师提出的问题，部分同学可能会互相交流讨论。 通过老师的讲解，学生对沂蒙精神有了更系统的认知。部分同学听到讲解内容后会心有触动。	这种引出新课内容的方式，视角比较新颖，发散性的设问更能引发学生自主性的思考。 运用歌曲引出沂蒙精神并对沂蒙精神的内涵进行简要讲解，为后面中国精神内容的学习做铺垫。
 【讲授新课】 一、中国精神的科学内涵  教师讲解：沂蒙精神是中国精神话语体系的重要组成部分，习近平总书记把“沂蒙精神与延安精神、井冈山精神、西柏坡精神”并称为“党和国家的宝贵精神财富”，深刻指出党政军民“生死与共、水乳交融”是	学生紧跟老师的思路，认同沂蒙精神体现了民族精神与时代精神的辩证统一。并思考中国精神的科学内涵是什么？	通过沂蒙精神是中国精神的重要组成部分。自然地引出实现中国梦必须弘扬中国精神，中国精神是兴国强国之魂。

续表

<table>
<tr><th>教师活动</th><th>预设学生活动</th><th>教学设计意图</th></tr>
<tr><td>沂蒙精神话语语义的鲜明特质。实现中国梦必须弘扬中国精神，中国精神是兴国强国之魂。实现中华民族伟大复兴的中国梦，开启社会主义现代化国家建设的新征程，必须大力弘扬中国精神，弘扬以爱国主义为核心的民族精神和以改革创新为核心的时代精神，振奋起全民族的“精气神”。那么中国精神的科学内涵是什么呢？
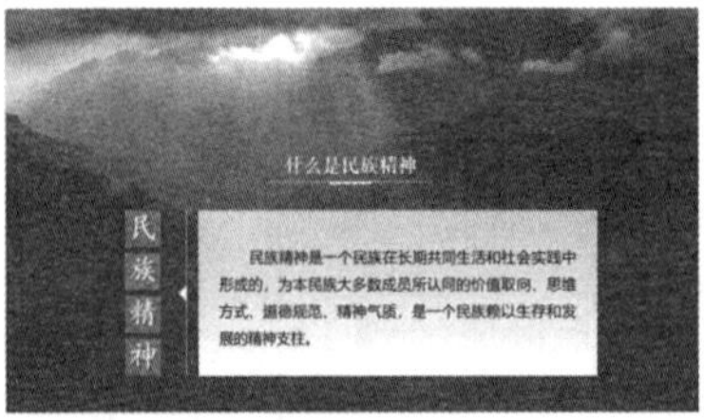

教师讲解：首先我们来学习一下什么是民族精神？民族精神是一个民族在长期共同生活和社会实践中形成的，为本民族大多数成员所认同的价值取向、思维方式、道德规范、精神气质，是一个民族赖以生存和发展的精神支柱。爱国主义是中华民族的民族心、民族魂，是中华民族最重要的精神财富，深深植根于中华民族的心中，维系着中华大地上各个民族的团结统一。爱国主义基本内涵主要体现在爱祖国的大好河山、爱自己的骨肉同胞、爱祖国的灿烂文化、爱自己的国家。</td><td>学生认真听讲，通过老师的讲解把握民族精神的科学内涵。</td><td>通过对民族精神的学习，初步了解爱国主义是中华民族的民族心、民族魂，是中华民族最重要的精神财富。</td></tr>
<tr><td>

教师讲解：伟大的创造精神、奋斗精神、团结精神、梦想精神，传承中华民族的宝贵精神基因，汲取时代的丰厚精神滋养，是对中国精神内涵的系统阐释。下面让我们分别来学习一下这四种精神，感悟一下中国人民用勤劳和智慧铸就的中国精神。</td><td>学生通过聆听老师的讲解，对中国精神的内涵有了更深层次、更具体的认识。</td><td>通过图片直观地展示伟大的创造精神、奋斗精神、团结精神、梦想精神，既是对前面学生思考的总结，又有利于学生学习记忆。</td></tr>
</table>

续表

<table>
<tr><th>教师活动</th><th>预设学生活动</th><th>教学设计意图</th></tr>
<tr><td>

教师讲解：在几千年的历史长河中，中国人民始终辛勤劳作、发明创造，产生了许多闻名于世的伟大思想巨匠；发明了许多深刻影响人类文明进程的伟大科技成果；创作了许多伟大文艺作品；建设了许多气势恢宏的伟大工程，推动我国日新月异向前发展。

教师讲解：中国人民自古就明白，世界上没有坐享其成的好事，要幸福就要奋斗。今天，中国人民拥有的一切，凝聚着中国人民的聪明才智，浸透着中国人民的辛勤汗水，蕴含着中国人民的巨大牺牲。

案例讲述：陈毅元帅说：“我进了棺材也忘不了沂蒙人民，他们用小米养育了革命，用小推车把革命推过了长江。”①在革命战争中，420 万沂蒙人民不畏艰难困苦，不怕流血牺牲，120 万沂蒙儿女拥军支前，20 万人参军参战，10 万将士血洒疆场，涌现了一大批可歌可泣的英雄人物。沂蒙精神充分彰显了中国人民伟大的奋斗精神。
</td><td>
学生观看老师展示的图片和举的有关伟大的创造精神、奋斗精神、团结精神、梦想精神方面的例子，更详细地理解中国精神的内涵。

学生认真听讲并不时与教师进行互动。
</td><td>
这个问题的讲解采用案例式教学。利用图片和名人名言增强视觉和感情的冲击力，加深学生对伟大奋斗精神和伟大团结精神的理解。
</td></tr>
</table>

① 《蒙山沂水　精神绵长：沂蒙精神述评》，《光明日报》2021 年 11 月 8 日。

续表

<table>
<tr><th>教师活动</th><th>预设学生活动</th><th>教学设计意图</th></tr>
<tr><td>

教师讲解：在几千年历史长河中，中国人民始终团结一心、同舟共济，建立了统一的多民族国家。今天中国取得的令人瞩目的发展成就，更是全国各族人民同心同德、同心同向努力的结果。近期发生的疫情防控的人民战争、总体战、阻击战就体现了伟大团结精神。

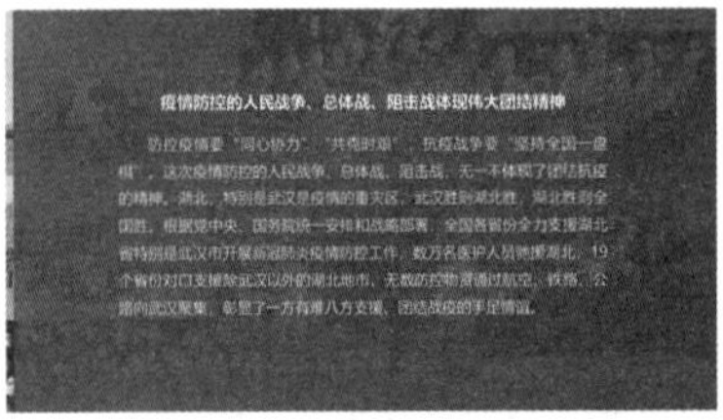

教师讲解：中国古代神话中反映了敢于有梦、勇于追梦的精神。中国人民始终心怀梦想、不懈追求，我们不仅形成了小康生活的理念，而且秉持天下为公的情怀。今天，中国人民比历史上任何时期都更接近、更有信心和能力实现中华民族伟大复兴。

教师提问：刚才我们学习了民族精神，那么什么又是时代精神呢？让我们一起来看一下。

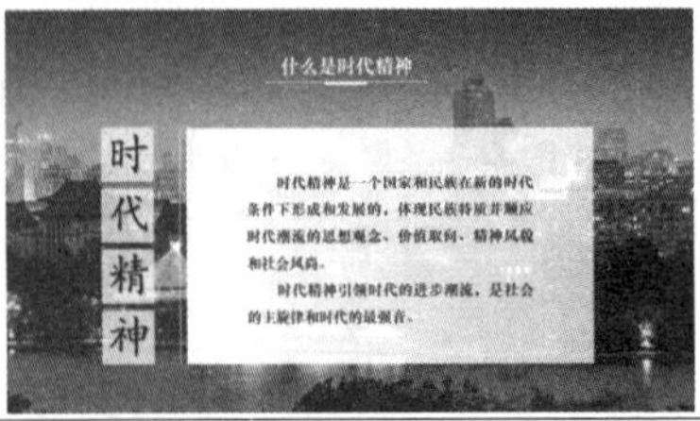

</td><td>根据老师的讲解，学生了解了时代精神的内涵，并主动思考自己耳熟能详的能体现时代精神的案例。</td><td></td></tr>
</table>

续表

教师活动	预设学生活动	教学设计意图
教师讲解：时代精神是一个国家和民族在新的时代条件下形成和发展的，体现民族特质并顺应时代潮流的思想观念、价值取向、精神风貌和社会风尚。时代精神引领时代的进步潮流，是社会的主旋律和时代的最强音。 		
案例讲述：改革开放以来，临沂市罗庄区沈泉庄村的王廷江，依靠党的政策，先后通过承包代销店、搞个体运输、办白瓷厂勤劳致富。他致富不忘国家和集体，义无反顾地将自己创办的有固定资产 420 万元的白瓷厂和 180 万元资金捐献给了他所在的沈泉庄村集体。在 20 多年的发展变迁中，沈泉庄村由一个穷村变成了全国知名的富村、强村、幸福村。	学生结合身边事例，思考沈泉庄村是如何体现时代精神的，是怎样由一个穷村变成了全国知名的富村、强村、幸福村。(学生之间讨论)	挖掘沂蒙精神中的典型案例，与所学知识点进行深度结合，有利于提升课堂吸引力。
 教师讲解：沂蒙精神中的罗庄精神就是改革创新精神的生动写照。改革创新精神是时代精神的核心，贯穿于改革开放的全部实践，体现在时代精神的各个方面。它既是对中华民族革故鼎新优良传统的继承弘扬，也是当代中国改革开放伟大实践中所彰显的精神品格。 	认真听讲并对照课件做好笔记。	

续表

教师活动	预设学生活动	教学设计意图
教师强调：民族精神和时代精神的交融汇通，使得中国精神既具有鲜明的民族性，又洋溢着强烈的时代性，成为中华民族共有的精神家园、奋力实现复兴的强大精神力量。 二、为什么要弘扬中国精神  教师讲解：弘扬中国精神能够起到凝聚同心奋进的磅礴力量。因为精神具有强大的能动作用，所以人们都重视精神的作用，强调人是要有点精神的。一个人不能没有精神，一个国家更不能没有国家精神。		
 案例讲述：九间棚，是一个村落，也是一面旗帜，更是一种精神。20 世纪 80 年代初期，坐落于沂蒙老区西南部天宝梨乡海拔 640 米龙顶山上的九间棚村，9 名共产党员带领 177 名村民团结奋斗、顽强拼搏、坚韧不拔、艰苦创业，奇迹般地谱写出架电、修路、治水“三步曲”，实现了高山水利化、沟涧变通途、遍山飘果香，彻底改变了贫困恶劣的生产生活条件，铸造出闻名全国的“九间棚精神”，成为“沂蒙山区的一颗明珠”和全国农业战线上一面新的旗帜与学习典型。九间棚精神，是沂蒙精神的生动体现。当代大学生应该继承和发扬敢于吃苦、勇于奋斗的九间棚精神。	学生对老师举的例子和展示的图片感兴趣，认真聆听九间棚的例子，深受启发和感动。	通过生动的语言和真实的例子说明九间棚精神，是沂蒙精神的生动体现。
教师提问：听完这个案例，请同学们思考一下为什么要弘扬中国精神？	学生听讲，结合课件内容发表自己的看法。	

续表

教师活动	预设学生活动	教学设计意图

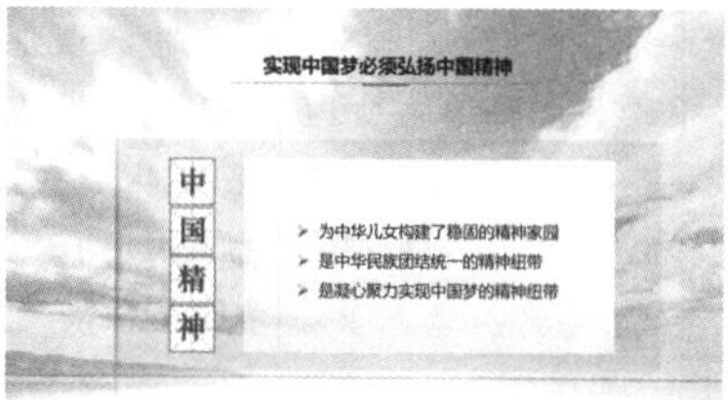

教师讲解：中国精神为中华儿女构建了稳固的精神家园，是中华民族团结统一的精神纽带，是凝心聚力实现中国梦的精神纽带。所以实现中国梦必须弘扬中国精神。

教师讲解：我们正处于社会转型加速期，改革进入攻坚期和深水区，社会矛盾和问题逐步显现，人们思想活跃、利益诉求多样，道德水准与物质生活水平失衡，理想信念问题凸显，精神生活领域存在着一些问题。所以，弘扬中国精神是非常有必要的事情。

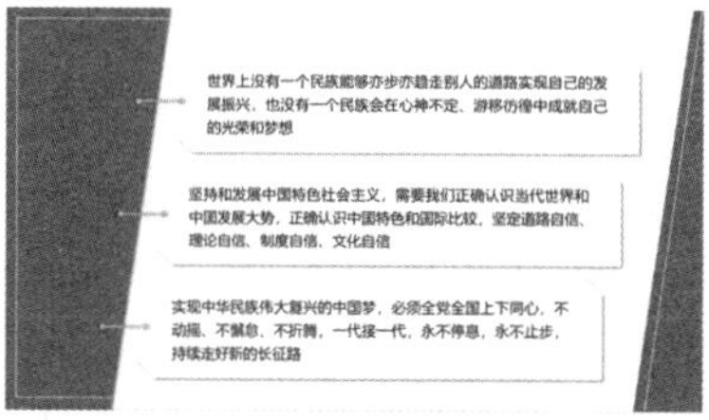

教师讲解：坚持和发展中国特色社会主义，需要我们正确认识当代世界和中国发展大势，正确认识中国特色和国际比较，坚定道路自信、理论自信、制度自信、文化自信。实现中华民族伟大复兴的中国梦，必须全党全国上下同心，不动摇、不懈怠、不折腾，一代接一代，永不停息，永不止步，持续走好新的长征路。

课堂小结：这节课旨在告诉同学们中国精神的重要性。中国精神就是民族精神与时代精神的统一，民

续表

教师活动	预设学生活动	教学设计意图
族精神赋予中国精神以民族特征，时代精神赋予中国精神以时代内涵。国无精神不立，实现中国梦必须弘扬中国精神。当代大学生担当着民族复兴的时代使命，要努力做忠诚的爱国者和时代的奋进者，用实际行动展现出中国精神的青春风采。  	跟随教师思路回顾本次课的主要内容，明确实现中国梦必须弘扬中国精神。	进行课堂升华，提升学生的思想水平，让大学实用实际行动展现出中国精神的青春风采。
课后思考：请同学们结合自身实际，想一想如何做新时代的忠诚爱国者？期待下节课听到你们精彩的发言	学生在课下巩固思考本节课所学知识，并思考老师提出的问题	引导学生从多个角度理解这一问题，提升学生分析问题、解决问题的能力

第四节　沂蒙精神融入“中国近现代史纲要”

一、《中国近现代史纲要》教材分析

（一）《中国近现代史纲要》教材的地位

中国近现代史纲要课程是全国高等学校本科生必修的一门思想政治理论课，是新时代大学生都必须学习的一门课程。教材是教学的主要载体，《中国近现代史纲要》教材是开展该门课程的主要教学依据和教学资料，《中国近现代史纲要》作为中央马克思主义理论研究和建设工程重点教材，体现着国家的主流意识形态，寄托着国家对新时代大学生成长与发展的期待，承担着帮助学生了解国史、国情，理解历史和人民是怎样一步步地选择了马克思主义、选择了中国共产党、选择了社会主义道路、选择了改革开放，领会中国共产党为什么能、马克思主义为什么行，明白中国共产党建党一百年来取得伟大成就的原因等重要任务。因此，《中国近现代史纲要》教材具有十分重要的教育教学地位。

（二）《中国近现代史纲要》教材的内容

每个国家都有自己的发展史，对于历史时期划分的标准是不一样的。中国上下五千多年的发展历史波澜壮阔，其中，中国的近现代史使人刻骨铭心、发人奋进。中国的近现代史，是指1840年以来中国的历史，其中从1840年鸦片战争爆发到1949年中华人民共和国成立前夕的历史，是中国的近代史；从1949年中华人民共和国成立以来至今的历史，是中国的现代史。《中国近现代史纲要》教材共包括十章的内容，分为两个部分，其中第一章至第七章为第一部分，讲解的是中国近代史的内容；第八章至第十章为第二部分，讲解的是中国现代史的内容。教材内容按照时间顺序编写，以重大的历史事件作为时间节点，发展脉络清晰。

第一部分为中国近代史，这一部分共有两个时间节点。以鸦片战争到五四运动前夜作为第一个时间节点，讲述了鸦片战争以后，中国逐步成为半殖民地半封建社会，陷入内忧外患的境地，中华民族遭受了前所未有的劫难。这一时期，无数仁人志士开始奔走呐喊：怎样才能做到民族独立、人民解放？中国人民奋起反抗，但是所有尝试都以失败告终，中国人民生活在水深火热之中。以五四运动到中华人民共和国成立作为第二个时间节点，讲述了五四运动后，中国进入新民主主义革命时期的历史。这一时期马克思列宁主义同中国工人运动紧密结合，中国共产党应运而生，中国工人阶级成为民主革命的领导力量。这一时期，中国仍遭受帝国主义、封建主义、官僚资本主义的压迫，中国共产党带领中华儿女浴血奋战，推翻了压在中国人民头上的三座大山，建立了中华人民共和国。

第二部分为中国现代史，这一部分共有三个时间节点。以社会主义革命到建设时期作为第一个时间节点，讲述了中国共产党带领全国各族人民捍卫新中国的独立与主权，艰难探索社会主义道路，建立社会主义基本制度的历史。以改革开放到社会主义现代化建设时期作为第二个时间节点，这一时期的中国已脱胎换骨、焕然一新，中国的政治、经济、文化等各个方面得到了快速的发展，实行改革开放的伟大决策是中国历史上具有深远意义的伟大转折。以中国特色社会主义进入新时代作为第三个时间节点。党的十八大以来，中国特色社会主义进入了新时代，中华民族迎来了从富起来到强起来的伟大飞跃，实现中华民族的伟大复兴已成为所有中华儿女的梦想。

《中国近现代史纲要》教材内容十分丰富，虽多以陈述历史事实为主，但其中蕴含着丰富的育人知识，具有重要的思想政治教育功能，担负着为新时代大学生树立唯物史观、正确“三观”的重要责任。

（三）《中国近现代史纲要》教材的教学目标

历史是最好的教科书。习近平总书记在党史学习教育动员大会上指出，“学史明理、学史增信、学史崇德、学史力行”①。注重历史的学习与研究，善于总结和汲取历史经验，具有一定的历史文化素养，树立正确的历史观，对于人的成长是极其重要的。大学生是中国特色社会主义事业的建设者和接班人，是祖国未来各条战线的生力军，肩负着实现中华民族伟大复兴的历史重任。因此，大学生必须了解中国的国史、国情，不仅要了解中国的今天，还应当了解中国的昨天。教学目标是教学活动的出发点和归宿，没有科学合理的教学目标，教学的质量和效果就会出现不足，从而严重影响学生最终的发展。②《中国近现代史纲要》的教学地位、教学任务、教学内容决定着其具有鲜明的教学目标。

第一，知识目标。教师通过围绕“两个了解，四个选择”的讲解，使学生在已有知识的基础上，熟知中国的国史、国情，深刻领会中国人民选择马克思主义、选择中国共产党、选择社会主义道路、选择改革开放的必要性和正确性。学生对重大的历史问题、历史的发展经验以及历史规律有深入的理解，做到知其然，更知其所以然。

第二，能力目标。学生通过对中国近代史的学习和把握，培育历史思维和历史智慧，学会用中国共产党的创新理论武装头脑，树立唯物史观，提高运用历史唯物主义的基本观点观察、分析问题、解决问题的能力，警惕和反对历史虚无主义，对于大是大非能作出正确的价值判断和价值选择。

第三，情感态度价值观目标。学生通过了解中国近代的屈辱史、苦难史，激发民族自尊心和责任感，树立科学的世界观、人生观和价值观，坚定只有中国特色社会主义才能发展中国、只有坚持和发展中国特色社会主义才能实现中华民族伟大复兴的信念，懂得今天的幸福生活来之不易，明确自己肩负的历史使命，不断激励自己做优秀的新时代中国青年，不负党和人民的殷切期望。

二、沂蒙精神融入“中国近现代史纲要”教学内容

（一）沂蒙精神与“中国近现代史纲要”的内在联系

沂蒙精神是在中国共产党的领导下，在沂蒙这片被鲜血染红的大地上培育、形成、发展起来的红色革命精神。沂蒙精神是军民水乳交融、生死与共铸就的。习近平总书记对沂蒙精神进行了高度评价，“沂蒙精神与延安精神、井冈山精神、

① 习近平:《在党史学习教育动员大会上的讲话》,《求是》2021 年第 7 期,第 4-17 页。

② 王笑地:《基于学科核心素养的教学目标结构及其表述》,《教育与教学研究》2021 年第 1 期,第 28-39 页。

西柏坡精神一样，是党和国家的宝贵精神财富，要不断结合新的时代条件发扬光大”[①]。沂蒙精神诞生于革命战争年代，成长于社会主义革命和建设时期，发展于改革开放时期，在新时期得到发扬与升华。“党群同心、军民情深、水乳交融、生死与共”是沂蒙精神的基本内涵，沂蒙精神强大的思想内涵使其历经时代考验不过时，焕发出强大的生机与活力，契合新时代大学生的价值需求，是进行社会主义核心价值观教育的有效形式和生动载体，是进行思想政治教育的重要内容。

沂蒙精神与中国近现代史纲要课程具有内在联系，体现在沂蒙精神与中国近现代史纲要课程具有一致性的育人目标。沂蒙精神的育人目标是培养具有爱党爱军、无私奉献、开拓奋进、艰苦创业品质的优秀人才。而中国近现代史纲要课程的育人目标为培养具有科学的世界观、人生观和价值观，能够运用历史唯物主义的基本观点观察、分析问题、解决问题的新时代大学生。两者的育人目标都旨在培养德智体美劳全面发展的社会主义建设者和接班人，符合思想政治教育和社会主义核心价值观教育的要求。

（二）沂蒙精神融入中国近现代史纲要课程教学

沂蒙精神作为红色文化的重要代表，具有丰富思想内涵，是党和国家宝贵的精神财富。沂蒙精神产生于革命战争年代，其是“在中共中央正确领导下由沂蒙根据地党政军民水乳交融、生死与共铸就的一种革命文化形态和中华民族精神”[②]。它的产生和发展，“见证了一个风云变幻的时代，记录着一段跌宕起伏的历史”[③]。沂蒙精神产生和发展的时代背景在《中国近现代史纲要》教材中均有描述，与《中国近代史纲要》教材内容有许多贴合之处。同时，沂蒙精神不仅具有丰富的历史文化底蕴和思想内涵，而且包含着无数经典的、感人的历史故事。讲好红色故事，传播中国声音，是新时代红色教育的要求。习近平总书记指出：“要讲好党的故事、革命的故事、根据地的故事、英雄和烈士的故事，加强革命传统教育、爱国主义教育、青少年思想道德教育，把红色基因传承好，确保红色江山永不变色。”[④]将沂蒙精神融入中国近代史纲要课程教学，能为其提供大量的红色教学素材，充实教学内容。“红色文化资源具有十分重要的育人功能，在高校思想

① 《习近平总书记在山东考察时强调　认真贯彻党的十八届三中全会精神　汇聚起全面深化改革的强大正能量》，《人民日报》2013 年 11 月 29 日。

② 韩延明：《摭论沂蒙精神的本源、本质、本色与本分：学习领悟习近平总书记关于沂蒙精神的重要论述》，《理论学刊》2019 年第 1 期，第 48-55 页。

③ 韩延明：《摭论沂蒙精神的本源、本质、本色与本分：学习领悟习近平总书记关于沂蒙精神的重要论述》，《理论学刊》2019 年第 1 期，第 48-55 页。

④ 甘霖：《培养担当民族复兴大任的新代新人》，《人民日报》2019 年 11 月 29 日。

政治理论课教学中必须高度重视红色文化资源的挖掘和运用”[①]，由此可见，将沂蒙精神融入中国近现代史纲要具有重要意义。

将沂蒙精神融入中国近现代史纲要要以沂蒙红色故事作为教学素材，用沂蒙精神内涵和特质实现育人目标。比如在讲解第六章《中华民族的抗日战争》第五节《抗日战争的胜利及其意义》的内容时，可运用“大青山突围战”、“渊子崖保卫战”作为教学素材来讲解中国抗日战争取得胜利的原因和意义。大青山突围战是山东抗战史上空前悲壮和惨烈的一仗，是抗日战争时期山东敌后战场我方损失最大的一次突围战，也是英勇的山东军民表现最顽强最勇敢的战斗之一，是一部英雄主义史诗。在大青山突围战中涌现出像辛锐、陈明、汉斯·希伯等一批英雄人物，他们以大局为重，置局部利益和个人生死于不顾，顽强地与日军进行殊死拼杀，直至战斗到最后一人。渊子崖保卫战是抗日战争史上，中国农民以一个村庄自发组织的规模最大、最激烈、最悲壮、最具民族不屈精神的浴血保卫战。渊子崖村村民以土枪、土炮、大刀、长矛、铁叉、铡刀、棍棒、石块为武器，与装备精良的千余名日寇正规军展开了整整一天的殊死搏斗，以牺牲 147 人的代价歼敌 120 余名。渊子崖保卫战充分展现了沂蒙人民不畏强暴、不怕牺牲、勇于战斗的革命气概，杀出了中国人民的凛凛正气、赫赫威风，谱写了一曲惊天地、泣鬼神的英雄赞歌。这两个沂蒙红色故事都发生在抗日战争年代，其中包含的内容与第六章第五节《抗日战争的胜利及其意义》中的知识点高度契合。通过这两个案例可以让学生更好地理解中国共产党的伟大，人民群众在历史发展中的地位和作用，从而明白密切党群关系的重要性。同时还可以通过讲述沂蒙人民在革命战争中为党和国家所做的感人故事，比如“沂蒙母亲王换于创办战时托儿所”、“沂蒙红嫂乳汁救伤员”、“女子火线桥”等沂蒙红色故事，让学生体会沂蒙人民是用怎样的情怀和毅力真正做到了“最后一粒米当军粮，最后一块布做军装，最后一个儿子送战场”，引导学生感受沂蒙人民身上所体现出来的勇于牺牲、无私奉献的精神，加深他们的爱国主义情怀，感悟沂蒙精神的强大力量。

沂蒙精神在不断地发展和创新，其强大的内涵历久弥新，在新时代焕发出强大的生命力。沂蒙精神与《中国近现代史纲要》教材的契合之处非常多，沂蒙精神不仅体现在革命战争时期，在社会主义建设时期、改革开放时期以及中国特色社会主义进入新时代的时期都有非常多的体现。只要善于挖掘，善于运用，沂蒙精神将促进中国近现代史纲要课程教学的发展，提高教学效果。

---

① 韩玲、李正兴:《高校思想政治理论课教师如何讲好“红色故事”》,《思想理论教育导刊》,2017 年第 2 期,第 110-114 页。

三、案例说明

【教学案例1】

教学内容	第六章第五节《抗日战争的胜利及其意义》
教学目标	1. 懂得抗日战争是弱国战胜强国的范例,总结中国人民抗战胜利的原因,深刻领会中国共产党是抗日战争的中流砥柱,中华民族空前的民族团结和民族觉醒是抗日战争胜利的重要原因。 2. 总结抗日战争胜利的历史意义,使学生了解中国抗日战争的历史意义和世界意义。认识到抗日战争的胜利是近代历史上中国第一次完全取得胜利的反侵略战争,它维护了中华民族的独立和尊严,捍卫中国的国家领土和主权,对世界反法西斯战争胜利作出了巨大贡献。
教学重点	1. 中国抗日战争取得胜利的原因。 2. 中国抗日战争胜利的历史意义
教学难点	中国共产党是抗日战争的中流砥柱
教学方法	1. 案例式教学法。 2. 启发式教学法。 3. 讨论式教学方法

教学过程

教师活动	预设学生行为	教师设计意图
【导入新课】 提问导入: 通过第六章前四节的内容,我们了解了日本制造九一八事变、华北事变、七七事变,发动全面侵华战争,企图侵占中国,在其占领的区域对中国人民进行残暴统治。日本对中国的大规模侵略和在中国部分地区的殖民统治,犯下了空前严重的罪行,给中华民族造成了极为深重的灾难。 面对日本的野蛮侵略,中国人民毅然奋起、英勇抵抗。在九一八事变后开始的局部抗日战争,揭开了世界反法西斯战争的序幕,七七事变后开始了全国性抗战。在中国共产党的坚强领导下,我们取得了抗日战争的胜利。中国人民抗日战争,是近代以来中华民族反抗外敌入侵第一次取得完全胜利的民族解放战争。	在老师的讲解过程中,学生会跟着老师一起回顾第六章前面所学习过的知识点,脑海中会想起很多关于抗日战争时期日本侵略者对中华民族犯下的罪行。学生心中会产生浓浓的爱国情感,铭记历史。	对前面所学知识进行简单回顾,一是帮助学生加强对本单元的知识记忆,二是为了自然地提出问题,引出课题。

续表

<table>
<tr><th>教师活动</th><th>预设学生活动</th><th>教学设计意图</th></tr>
<tr><td>探究活动一：在抗日战争时期，中国面临内忧外患，日本军国主义实力强大，中国人民为什么能够战胜不可一世的日本军国主义、赢得胜利呢？

（师生互动环节）</td><td>对于老师的提问，学生陷入思考，有的同学脱口说出他们的答案，有的低头细语，有的默不作声。</td><td>通过设问，既能够帮助学生快速进入新课学习状态，又能让学生抓住本堂课的核心内容。</td></tr>
<tr><td>引出课题：
在抗日战争时期发生过无数震撼人心的战役，今天我们走进一片红色的热土——沂蒙地区，以抗日战争时期发生在沂蒙地区的抗日战役为主线来学习探讨抗日战争取得胜利的原因及意义。
【讲授新课】
知识点一：抗日战争胜利的过程。
教师活动：课件展示日本投降照片。
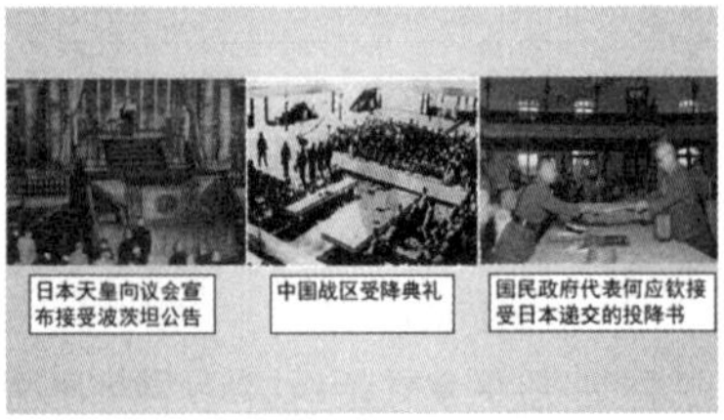</td><td>有的学生会产生疑惑：沂蒙地区是指哪里？有的同学则会好奇沂蒙这片红色热土在抗日战争时期发生过哪些故事。</td><td>运用抗战时期发生在沂蒙地区的感人故事，让学生体会抗日战争取得胜利的不易。</td></tr>
<tr><td>（一）日本投降的背景及时间线
1. 1945年上半年，世界反法西斯战争进入最后阶段。
2. 1945年5月8日，德国法西斯投降。
3. 1945年8月14日，日本天皇向议会宣布接受波茨坦公告，并颁发投降诏书。
4. 1945年9月9日，中国战区日军投降签字仪式在南京举行。
5. 1945年10月25日，中国政府在台湾举行受降仪式。根据波茨坦公告，被日本占领50年之久的台湾以及澎湖列岛，由中国收回。这成为抗日战争取得完全胜利的重要标志。</td><td>学生跟着老师的思路走，有的同学抬头看课件，有的同学一边听课一边做笔记。</td><td>将日本投降的过程用时间线串联起来，看起来既清晰明了，又不枯燥乏味，学生能快速记忆重要的时间节点和弄明白重要事件的背景。</td></tr>
</table>

续表

<table>
<tr><th>教师活动</th><th>预设学生活动</th><th>教学设计意图</th></tr>
<tr><td>
（二）中国人民抗日战争在世界反法西斯战争中的地位
教师活动：课件展示罗斯福、崔可夫、斯大林、丘吉尔对中国抗日战争的评价。
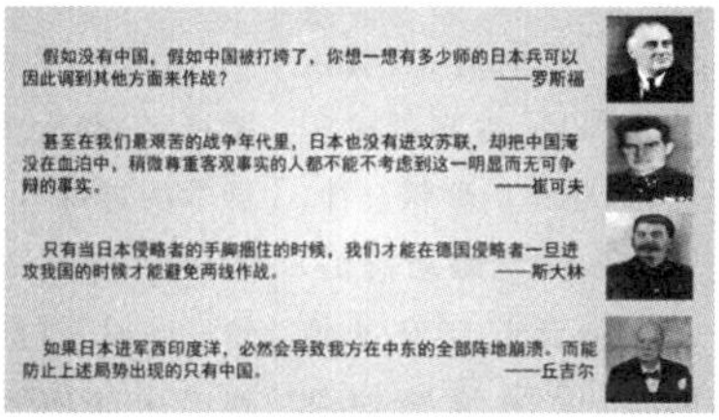

假如没有中国，假如中国被打垮了，你想一想有多少师的日本兵可以因此调到其他方面来作战？
——罗斯福
甚至在我们最艰苦的战争年代里，日本也没有进攻苏联，却把中国淹没在血泊中，稍微尊重客观事实的人都不能不考虑到这一明显而无可争辩的事实。
——崔可夫
只有当日本侵略者的手脚捆住的时候，我们才能在德国侵略者一旦进攻我国的时候才能避免两线作战。
——斯大林
如果日本进军西印度洋，必然会导致我方在中东的全部阵地崩溃。而能防止上述局势出现的只有中国。
——丘吉尔
探究活动二：根据这些评价，请同学们思考中国人民抗日战争在世界反法西斯战争中具有怎样的地位？
（师生互动环节）
教师总结：
</td>
<td>当老师呈现出这四位人物对抗日战争的评价时，学生们纷纷抬头看课件，有的同学可能会把评价念出来。</td>
<td>巧用四位人物对中国抗日战争的评价，增加了课程内容的丰富性，帮助学生理解中国人民抗日战争对于世界反法西斯战争的重要意义。</td>
</tr>
<tr><td>
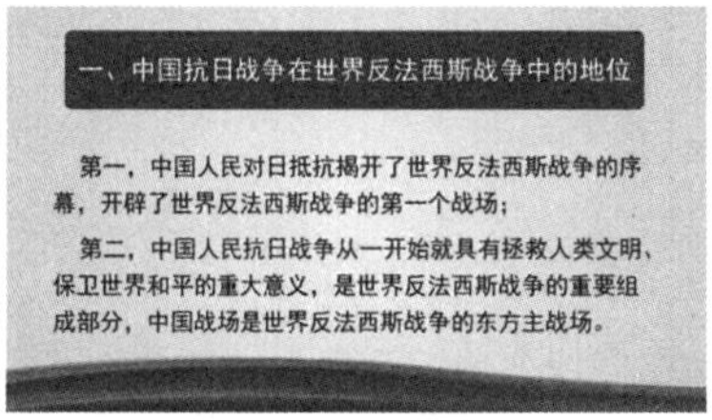

中国人民抗日战争从一开始就具有拯救人类文明、保卫世界和平的重大意义，是世界反法西斯战争的
</td>
<td>对于老师的提问，学生会根据课件上的评价语和课本上的内容总结答案。</td>
<td>设置提问，有利于增强课堂的趣味性，引发学生思考，活跃课堂气氛，还有助于培养学生的思考能力。</td>
</tr>
</table>

续表

教师活动	预设学生活动	教学设计意图
重要组成部分，中国战场是世界反法西斯战争的东方主战场。 知识点讲解二：抗日战争取得胜利的原因。 教师活动：播放视频《大青山突围战》。  教师讲解： 大青山位于费县、沂南、蒙阴三县交界处，山势险要，主峰海拔686.2米，系东蒙山主要山峰之一，因树茂草丰、四季常青而得名。自抗日战争开始以来，这里就成了八路军沂蒙根据地的中心区。大青山突围战，是山东抗战史上空前悲壮和惨烈的一仗，是抗日战争时期山东敌后战场我方损失最大的一次突围战，也是英勇的山东军民表现最顽强最勇敢的战斗之一。大青山突围战危难关头见精神，抗大一分校和山东分局警卫连勇敢地担负起掩护首脑机关和大部队突围的艰巨任务。  探究活动三：在抗日战争时期，类似于大青山突围战这样的战役有无数个，也正是有无数个这样的战役取得胜利，中国的抗日战争取得了胜利。根据视频内容和老师的介绍，同学们认为抗日战争胜利的原因是什么？ （师生互动环节） 教师讲解： 在大青山突围战中，有这样一对抗日夫妇的故事令人泪目，下面老师给同学们讲一讲巾帼英雄辛锐的故事。	在观看《大青山突围战》视频的过程中，学生们聚精会神，许多同学感动落泪，心中泛起复杂的情感，爱国情感油然而生。	在课堂中插入相关视频，能大大增强课堂的趣味性，提高学生的学习兴趣和热情。同时，视频中传递出来的内容和情感，学生更容易吸收和体会。

续表

教师活动	预设学生活动	教学设计意图
 1918年，辛锐出生于山东济南的一个资本家家庭。父亲辛葭舟，是一个银行家，也是一个积极的抗日分子。辛锐从小就受到爱国主义和进步思想的影响，胸怀爱国大志。抗战爆发后，济南沦陷，辛锐满怀民族仇恨，于1938年同家人来到沂蒙山抗日根据地参加八路军，同年辛锐加入中国共产党。1941年3月，辛锐与时任山东省战时工作推动委员会副主任兼秘书长的陈明结为伴侣。 1941年11月，日军纠集5万人马，对沂蒙山区进行“扫荡”。八路军一一五师和山东纵队，奋力抗敌。辛锐率领五大队的一个分队20多位女同志随部队转移。11月30日，她的丈夫陈明在大青山阻击敌人时壮烈牺牲。同日，辛锐所在的分队在猫头山与日军遭遇，为掩护同志们撤退，她小腹部中弹，紧接着两个膝盖骨受重伤，右膝盖骨全部被打掉。 辛锐被转移到火红峪村聂凤智家，后来被送到距聂家半公里远的鹁鸽棚洞隐蔽。12月16日，照顾她的同志把她接到聂凤举家，帮她洗澡，换洗衣服。第二天早晨，一股撤退的日军路过这里，他们包围了火红峪村，两个同志和老聂兄弟急忙抬着辛锐往外突围，敌人的机枪打个不停，辛锐就说：“你们放下我。”抬辛锐的人不肯，辛锐就翻下担架，两名同志只好把她放在两个大石头之间，将身上的手榴弹给她留下，翻过一个小山包匆匆离开了。 辛锐把手榴弹放在胸前，用棉被裹着前胸，背靠着大石头坐在地上。鬼子叫喊着“女八路”冲了上来，辛锐扔出一颗手榴弹。一个鬼子军官上来了，命令士兵冲上去捉活的，辛锐又扔出一颗手榴弹。鬼子大喊：“枪毙！”一颗子弹射中了辛锐。当围上来的鬼子企图用力拉开辛锐身上的被子时，突然一声巨响，第三颗手榴弹在鬼子中间炸开了。辛锐被炸得什么东西都没了，但可以看出她靠在大石头上的姿势。	对于老师的提问，同学们陷入思考，有的同学脱口说出心中的答案，有同学正在脑海中回顾刚才看的视频，而有的同学则会在课本上查看相关内容。 学生们听得很认真，他们被辛锐的精神品质所感动，也为辛锐的悲惨遭遇感到痛心。同时，对日本侵略者的行为深恶痛绝。	通过提问，有助于集中学生注意力，引发思考，培养学生的思维能力。师生、生生之间的讨论还有利于提高课堂的活跃度。 抗日女英雄辛锐的故事感人至深，聆听辛锐的故事对于学生来说是一次心灵的洗涤，能帮助学生去体会以爱国主义为核心的民族精神是中国人民抗日战争胜利的决定因素。

续表

<table>
<tr><th>教师活动</th><th>预设学生活动</th><th>教学设计意图</th></tr>
<tr><td>
探究活动四：同学们，从巾帼英雄辛锐身上你们学到了什么？是怎样的精神力量让她为革命付出如此巨大的牺牲？

（师生互动环节）
教师归纳总结：
同学们说的这些精神力量究其本质都是以爱国主义为核心的民族精神。近代以来，中国人民为争取民族独立和解放进行的一系列抗争，是中华民族觉醒和民族精神升华的历史进程。这种民族觉醒和民族精神升华，在抗日战争时期达到了全新的高度。面对民族存亡的空前危机，中国人民的爱国热情像火山一样迸发出来。
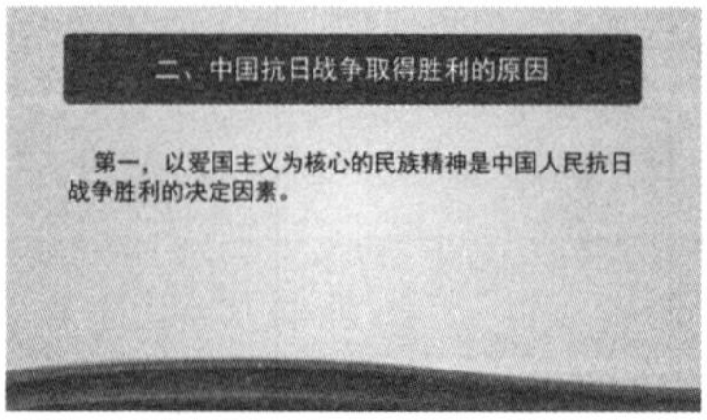

</td><td>对于老师的提问，有的学生积极回答，而部分学生可能还沉浸在辛锐英勇牺牲的悲伤中，沉默不语。</td><td>设置问题引发学生思考，挖掘故事背后蕴藏的精神力量，引出抗日战争取得胜利的原因。</td></tr>
<tr><td>
以爱国主义为核心的民族精神是中国人民抗日战争胜利的决定因素。中华儿女众志成城、共御外辱，为民族而战，为尊严而战，谱写了惊天地、泣鬼神的爱国主义篇章。
探究活动五：为什么说中国共产党是中国人民抗日战争的中流砥柱？（重难点）
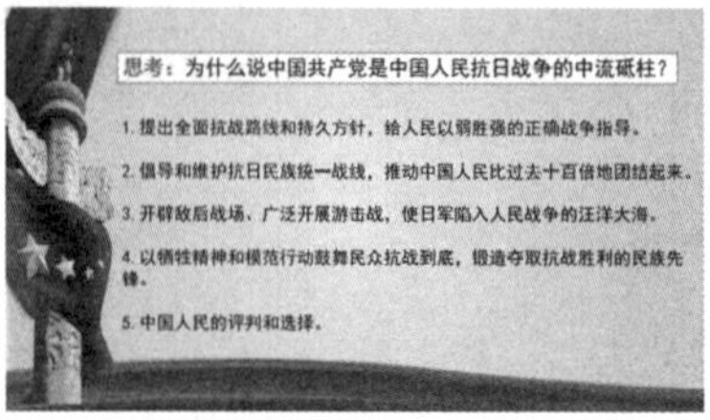

</td><td>在老师的讲解过程中，同学们抬头看着老师，点头示意，表示认同。</td><td>借助抗日女英雄辛锐的故事来讲解知识点“以爱国主义为核心的民族精神是中国人民抗日战争胜利的决定因素”具有说服力和感染力。</td></tr>
</table>

续表

教师活动	预设学生活动	教学设计意图
教师总结： 1. 提出全面抗战路线和持久方针给人民以弱胜强的正确战争指导。 2. 倡导和维护抗日民族统一战线，推动中国人民比过去十年百倍地团结起来。 3. 开辟敌后战场、广泛开展游击战，使日军陷入人民战争的汪洋大海。 4. 以牺牲精神和模范行动鼓舞民众抗战到底，锻造夺取抗战胜利的民族先锋。 5. 中国人民的评判和选择。 教师总结： 大青山突围战能取得胜利同样离不开中国共产党的正确领导。抗大一分校的校长周纯全、罗荣桓政委、陈光代师长、省战工会副主任陈明等人都是优秀的中国共产党，带领部队和非武装人员冲破日军的包围圈，取得大青山突围战的胜利。 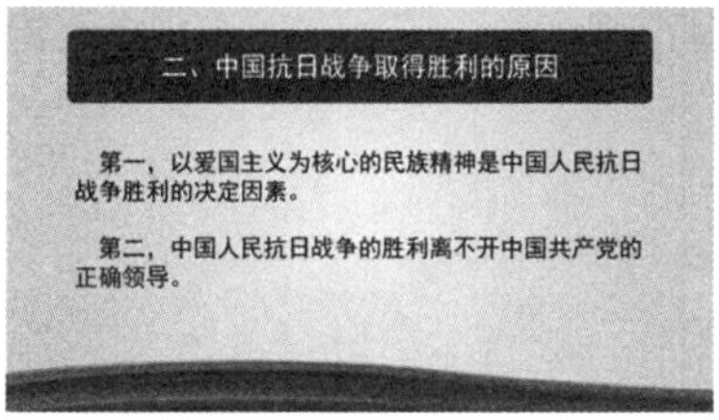 教师讲解：汉斯·希伯的故事。 在大青山突围战中，有这样一位“外国八路”引人注目，他就是汉斯·希伯。他是世界著名的反法西斯政论家，发表了大量关于中国和远东问题的文章。1941 年 9 月 12 日，汉斯·希伯在八路军、新四军和老百姓的掩护下，顺利到达沂蒙山区。当时，局势动荡不安，战斗生活十分艰苦。一个国际友人冒着生命危险来到这里，极大地鼓舞了抗日军民的士气，使中国人民进一步认识到中国的抗战不是孤立的。 1941 年 11 月 30 日晨，汉斯·希伯所在的部队在沂蒙山区的大青山被敌人包围。当时，敌强我弱，力量悬殊。敌人的炮火十分猛烈，成排成排地向被围的军民炮击，通常一连十发。为了掩护机关转移，战士们同敌人展开了殊死搏斗，汉斯·希伯也拿起了武器，英勇地投入了战斗。在突围中，汉斯·希伯的翻译和警卫	部分学生对于老师刚才提到的几位人物印象比较深刻，结合视频与自身的知识储备，学生能够很好地理解中国共产党在抗日战争中发挥的作用。	通过梳理中国共产党在抗日战争中起到的作用，让学生深刻体会到中国共产党的伟大。

续表

<table>
<tr><th>教师活动</th><th>预设学生活动</th><th>教学设计意图</th></tr>
<tr><td>人员全部牺牲。眼看着倒在身边的战友，愤怒的汉斯·希伯眼里冒着怒火，拼命地向敌人射击，最后不幸牺牲在大青山的五道沟，年仅 44 岁。战斗结束后，在清理战场时，人们发现了汉斯·希伯身上弹痕累累。山东军民以隆重的葬礼将汉斯·希伯的遗体安葬在他牺牲的地方。

探究活动六：
1. 作为一名外国友人，汉斯·希伯为什么会远渡重洋把人生的最后 10 年献给中国的革命事业？
2. 我们从国际主义战士汉斯·希伯身上可以学到哪些东西？
教师总结：
中国人民抗日战争的胜利，是同世界所有爱好和平和正义的国家和人民、国际组织以及各种反法西斯力量的同情和支持分不开的。
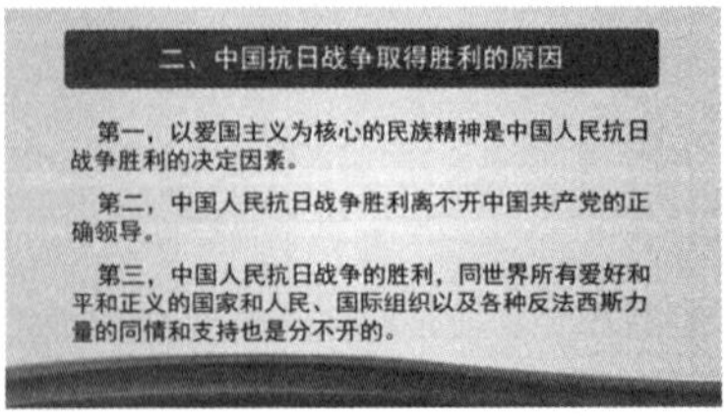
</td><td>学生对于外国友人汉斯·希伯的故事很感兴趣，听得津津有味。同学们对这位国际友人的精神所感动，对汉斯·希伯的遭遇感到痛心。</td><td>利用国际友人汉斯·希伯的感人故事，让学生理解抗日战争能取得胜利离不开世界所有爱好和平和正义的国家与人民、国际组织以及各种反法西斯力量的同情、帮助。</td></tr>
<tr><td>过渡：
在抗日战争时期，依靠和发动人民群众，是抗日战争取得胜利的重要原因，渊子崖村民浴血抗日就是最好的例子。毛泽东在《关心群众生活，注意工作方法》一文中曾经指出：“真正的铜墙铁壁是什么？是群众，是千百万真心实意地拥护革命的群众。这是真正的铜墙铁壁，什么力量也打不破的，完全打不破的”。①</td><td>学生带着感动和遗憾认真思考问题，对于汉斯·希伯这位国际友人的精神和勇气感动敬佩，深深体会到正义是永远打不倒的，抗日战争必然会取得胜利。</td><td>通过设问，引导学生思考汉斯·希伯身上所传递出来的国际共产主义精神，让学生体会中国人民抗日战争的胜利离不开多方力量的支持和帮助。</td></tr>
</table>

① 《毛泽东选集》(第一卷)，人民出版社 1991 年版，第 139 页。

续表

教师活动	预设学生活动	教学设计意图
教师活动：依托课件展示的背景图片和内容，讲解“中华抗日第一村”：渊子崖村村民抗战的故事。 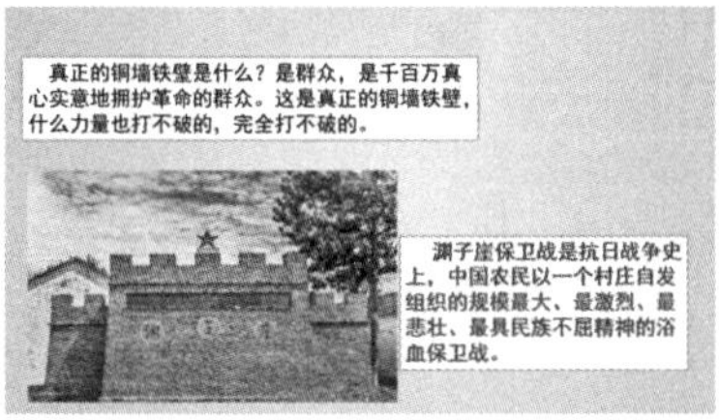 渊子崖村位于莒南县板泉镇的沭河东岸。抗日战争时期，日伪军在沭河西岸的小梁家安了据点，共产党八路军则在河东岸活动，渊子崖成了敌占区和抗日游击区的“拉锯区”。 1940 年秋，八路军山东纵队二旅独立营来到渊子崖一带，八路军抗大文工团在渊子崖村积极宣传抗日救国的道理。很快，在党的领导下，渊子崖村建立了民主政权，接着成立了农救会、妇救会、青抗先等群众抗日组织，还先后建立抗日自卫队和游击小组。 1941 年 10 月 19 日，盘踞在小梁家的汉奸，给渊子崖村送来一张纸条，上面写着要鸡、肉、酒、白面等食品，还要大洋两千块。村长林凡义看完以后火冒三丈，他以民主政府的名义写了回条：“酒、肉、鸡、面都准备好了，请来拿吧！来一个杀一个，来两个杀一双。”当场把条子交给了传信人。随后马上召开了自卫队和群众大会，号召大家做好准备，迎击敌人。汉奸队长梁化轩，纠集了一百四五十人，把渊子崖村包围了。自卫队员不慌不忙，沉着应战。汉奸们见自卫队员们英勇无比，吓得一个个六神无主，拼命往河西逃窜。渊子崖村的自卫队员同汉奸首次交锋获胜。 12 月 20 日凌晨，1 000 多名日本鬼子和汉奸，拉着 4 门大炮，气势汹汹地朝着渊子崖村扑来。自卫队员按照预先的部署，迅速进入战斗岗位。天快黑时，鬼子被前来增援的山东纵队二旅五团和县委、区委临时召集的武装力量赶跑了。 这场战斗的胜利来之不易，渊子崖村村民以土枪、土炮、大刀、长矛、铁叉、铡刀、棍棒、石块为武器，与装备精良的千余名日寇正规军展开了整整一天的殊死搏斗，以牺牲 147 人的代价歼敌 120 余名。这是抗日战	学生们听得津津有味，对渊子崖村民的爱国之情和不惧牺牲的大无畏精神所感染。	运用渊子崖保卫战的故事能吸引学生的学习兴趣，增加课堂的趣味性。该案例能够充分体现全民族抗战是中国人民抗日战争胜利的重要法宝，有利于讲清知识点，便于学生理解。

续表

<table>
<tr><th>教师活动</th><th>预设学生活动</th><th>教学设计意图</th></tr>
<tr><td>争史上，中国农民以一个村庄自发组织的规模最大、最激烈、最悲壮、最具民族不屈精神的浴血保卫战。
教师总结归纳：
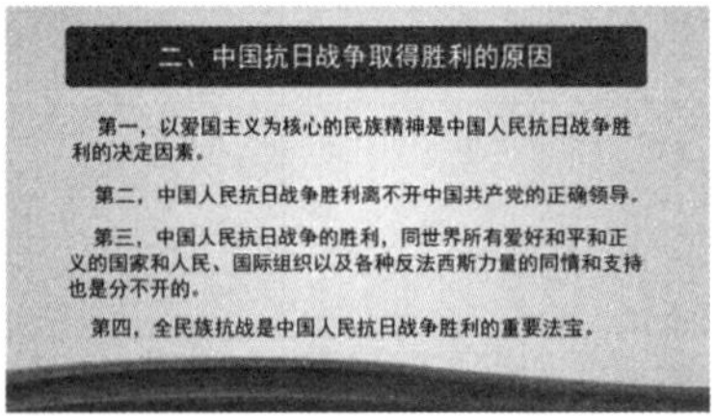

全民族抗战是中国人民抗日战争胜利的重要法宝。中国共产党坚持动员人民、依靠人民，提出并实施持久战的战略总方针和一整套人民战争的战略战术，广泛开展伏击战、破袭战、地雷战、地道战、麻雀战等游击战的战术战法，使日本侵略者陷入了人民战争的汪洋大海之中。中国共产党领导开辟的敌后战场和国民党指挥的正面战场协力合作，形成了共同抗击日本侵略者的战略局面。中国人民抗日战争的胜利是全民族抗战的胜利。
知识点讲解三：抗日战争胜利的意义。
教师提问：通过学习，同学们认为抗日战争的胜利具有怎样的重大意义？
教师总结：
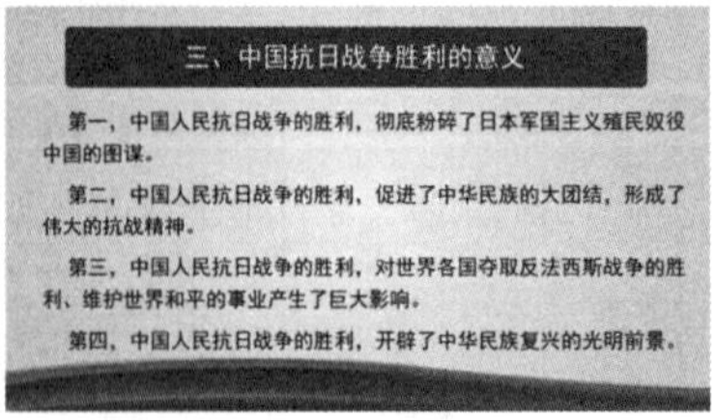

中国人民抗日战争是20世纪中国和人类历史上的重大事件，为中华民族由近代以来陷入深重危机走向伟大复兴确立了历史转折点。
第一，中国人民抗日战争的胜利，彻底粉碎了日本军国主义殖民奴役中国的图谋。
第二，中国人民抗日战争的胜利，促进了中华民族的大团结，形成了伟大的抗战精神。
第三，中国人民抗日战争的胜利，对世界各国夺取</td><td>在老师的讲解过程中，学生们一边认真聆听，点头示意，一边认真做笔记。</td><td>通过教师讲解的方式，帮助学生总结抗日战争胜利的意义。</td></tr>
</table>

续表

教师活动	预设学生活动	教学设计意图
反法西斯战争的胜利、维护世界和平的事业产生了巨大影响。 第四，中国人民抗日战争的胜利，开辟了中华民族复兴的光明前景。 【总结回顾】 教师总结： 这节课我们学习了中国人民抗日战争在世界反法西斯战争中的地位以及抗日战争胜利的原因和意义。我们要牢记和弘扬伟大的抗战精神，正如习近平总书记所说："中国人民抗日战争的伟大胜利，将永远铭刻在中华民族史册上！永远铭刻在人类正义事业史册上！"①	学生认真听讲，在脑海中回顾本节课所学知识。	对本节课进行总结回顾，有助于让学生加深对本节课知识的理解。
【课后思考】 1. 为什么说中国的抗日战争是神圣的民族解放战争？ 2. 为什么说中国共产党是中国人民抗日战争的中流砥柱？	学生将课后思考题记录下来，少数同学可能把答案也写下来了	设置课后思考题有助于学生加深对本节课知识的理解

【教学案例 2】

教学内容	第八章第二节中的部分内容：《个体农业社会主义改造》
教学目标	1. 理解对农业进行社会主义改造的原因。 2. 了解农业社会主义改造的过程、方针、政策和途径。 3. 正确评价农业的社会主义改造
教学重点	对农业社会主义改造的过程
教学难点	对农业社会主义改造的评价

① 习近平：《习近平重要讲话单行本：2020 年合订本》，人民出版社 2021 年版，第 84 页。

续表

<table>
<tr><td colspan="3">教学过程</td></tr>
<tr><td>教师活动</td><td>预设学生行为</td><td>教师设计意图</td></tr>
<tr><td>【导入新课】
人物故事导入：全国著名农业劳动模范——吕鸿宾。
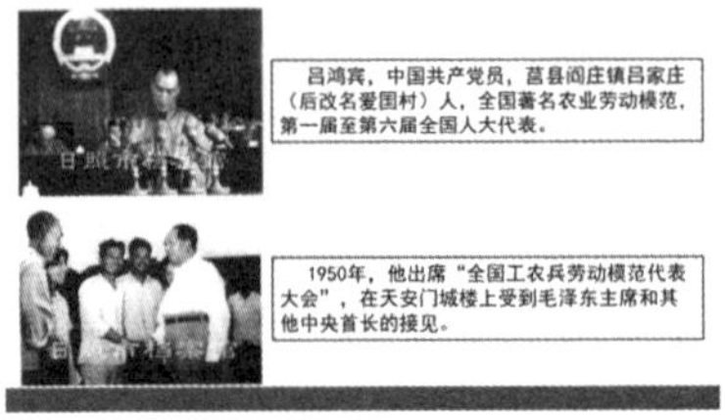

教师讲述：
吕鸿宾，1911 年 11 月出生，1990 年 6 月病故，是莒县阎庄镇吕家庄（后改名爱国村）人，是全国著名农业劳动模范，也是第一届至第六届全国人大代表。1948 年，吕鸿宾加入中国共产党，担任爱国村（原吕家庄）第一任支部书记，他带领群众，积极响应党的“一面支前，一面生产，组织起来，支前生产两不误”的号召，动员群众成立互助组，解决支前与生产之间的矛盾。在淮海战役全面展开的时候，他积极组织互助组，采取“劳力巧安排，人员巧组合”的办法，使全村无闲人，解决了整壮劳力大多支前，村里只剩下老弱妇女的矛盾，克服了种种困难，顺利完成了秋收秋种任务。</td><td>学生对听故事比较感兴趣，抬头看老师，跟着老师的节奏走，注意力集中。</td><td>采用讲解人物故事的方式导入新课能抓住学生的兴趣，帮助学生快速进入课堂，同时，能增强课堂的趣味性。</td></tr>
<tr><td>1950 年吕鸿宾被沂水专署授予“农业劳动模范”称号，同年 9 月，他出席“全国工农兵劳动模范代表大会”，在天安门城楼上受到毛泽东主席和其他中央首长的接见，被政务院授予“全国农业劳动模范”称号。1951 年 9 月，吕鸿宾赴北京出席全国劳模会并应邀参加了国庆观礼。10 月 1 日，在天安门观礼台上他遇到中央农业部的刘定安，刘定安告诉吕鸿宾：“中央要在全国试办 60 个农业生产合作社，其中华东地区就有你一个。”11 月初，吕鸿宾离京返乡并酝酿成立农业生产合作社。11 月 25 日，吕鸿宾等 3 户召开了农业合作社成立大会，这是山东省第一个农业生产合作社。山东人民广播电台、《大众日报》等报道了吕鸿宾办社情况，并把合作社命名为吕鸿宾农业生产合作社。</td><td>学生听到“农业生产合作社”时思想会更集中一些，少数同学会在心里默记一些关键字词。</td><td>讲述吕鸿宾人物故事是为了讲授新课，充分挖掘该故事中与本课有关的内容，便于学生理解。</td></tr>
</table>

续表

<table>
<tr><th>教师活动</th><th>预设学生活动</th><th>教学设计意图</th></tr>
<tr><td>

1952年夏，吕鸿宾农业生产合作社小麦获得丰收，创造了沂水地区小麦丰产最高纪录。到9月，合作社发展到59户，农业合作社也更名为“爱国农业生产合作社”。1955年爱国社扩大，成为由19个自然村组成的爱国高级农业生产合作社。

吕鸿宾爱国农业生产合作社是山东省乃至华东局最早成立的农业生产合作社，其建社经验被迅速总结推广，指导各地建社工作，产生巨大示范作用，成为华东局及山东省农业生产合作社的一面旗帜。

讨论思考：

吕鸿宾爱国农业生产合作社是在怎样的社会背景下产生和发展的？

</td><td>

学生结合前面学习的知识、自身的知识储备和老师讲述的人物故事认真思考问题。

</td><td>

设置思考题，引发学生思考，既能有助于培养学生的思维能力，又能引出所要讲解的知识。

</td></tr>
<tr><td>

一、农业合作化任务的提出及过程

教师讲解：

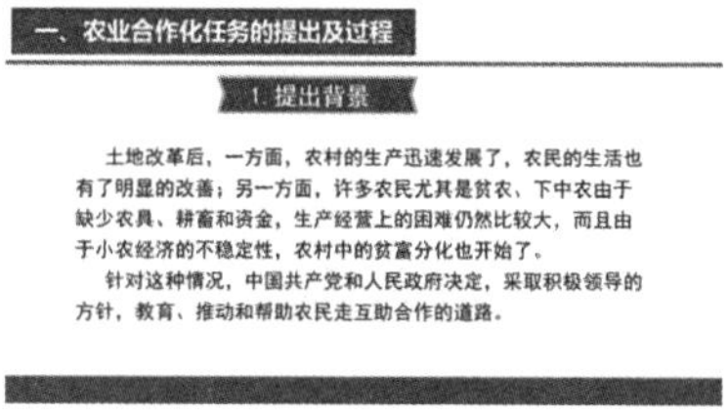

1. 提出背景

土地改革后，一方面，农村的生产迅速发展了，农民的生活也有了明显的改善；另一方面，许多农民尤其是贫农、下中农由于缺少农具、耕畜和资金，生产经营上的困难仍然比较大，而且由于小农经济的不稳定性，农村中的贫富分化也开始了。

针对这种情况，中国共产党和人民政府决定，不待农民在土改中激发出来的政治热情冷却，不待农村发生剧烈的贫富两极分化，就采取积极领导的方针，教育、推动和帮助农民走互助合作的道路。

</td><td>

在老师的讲解过程中，学生不断点头，认真做好笔记。

</td><td>

结合课本知识，对农业合作化的背景进行梳理，有助于学生的理解。

</td></tr>
</table>

续表

教师活动	预设学生活动	教学设计意图
2. 过程 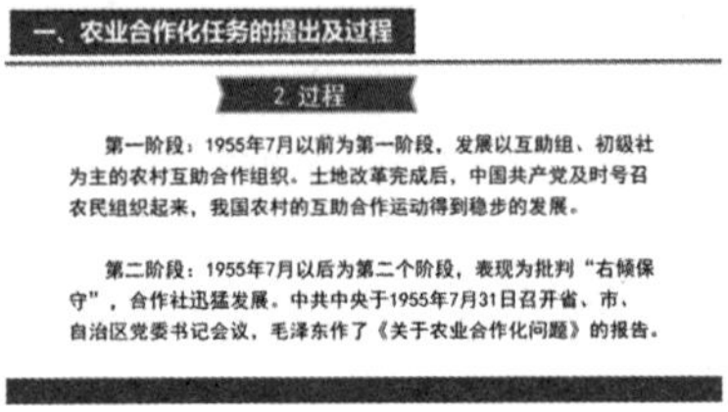 我国个体农业的社会主义改造是通过互助合作逐步实现的，大致分为两个阶段。 第一阶段：1955 年 7 月以前为第一阶段，发展以互助组、初级社为主的农村互助合作组织。土地改革完成后，中国共产党及时号召农民组织起来，我国农村的互助合作运动得到稳步的发展。 第二阶段：1955 年 7 月以后为第二个阶段，表现为批判“右倾保守”，合作社迅猛发展。中共中央于 1955 年 7 月 31 日召开省、市、自治区党委书记会议，毛泽东做了《关于农业合作化问题》的报告。	学生认真聆听，但是对于个体农业社会主义改造的实现分为两个阶段的划分存在疑惑。部分学生可能会觉得枯燥，注意力不够集中。	让学生明白对农业进行社会主义改造不是一蹴而就的，而是循序渐进，分阶段完成的。
二、农业合作化的基本方针和原则 教师讲述： 早在新中国成立前，沂蒙根据地就已经实行了土地改革，根据地的群众基本上人人都有其田。为了克服一家一户群众克服不了的困难，普遍成立了互助组，到 1944 年，沂蒙地区发展各种互助组已达 2 万多个。在实行农业合作化的过程中，沂蒙人民又创造了许多新经验，特别是莒南县王家坊前村新建农业合作社创造的发动社员投资、解决合作社资金不足困难的经验，被毛泽东主席称赞为“做了一个创造性的工作”，经毛泽东主席亲笔批示后在全国推广。 1953 年农业合作化时期，莒南县王家坊前村积极响应党中央号召，开始兴办初级农业合作社。该村“老社长”王同昌和复员军人张三善、史明松 3 个共产党员带领 15 户农民办起了新建农业生产合作社。办社之初，生产条件非常困难。1954 年，这个社的社员每户粮食产量要比单干时提高了 1～2 倍。其他农民看到了办社的好处，纷纷要求入社，新建农业生产合作社便由原来的 15 户发展到了 33 户。但由于集体经济基础太差，社员家底又穷，不仅生产资金困难，而且连种子、	学生认真听老师讲述“王家坊前新经验”的故事，佩服沂蒙人民的智慧和踏实肯干的精神，同时认真记忆王家坊前新经验“新”在哪里，以及该村是如何进行农业的社会主义改造的。	借助故事讲解的形式，引导学生通过这个例子总结出农业合作化的方针和原则。同时告诉学生在农业社会主义改造过程中总的指导方针和原则是不变的，但可以灵活运用、因地制宜、因时而变。

续表

<table>
<tr><th>教师活动</th><th>预设学生活动</th><th>教学设计意图</th></tr>
<tr><td>农具等生产资料都严重不足。如何克服面临的困难？社员们集思广益，最后决定采取依靠大家、充分发挥合作的优势、自愿投资、自力更生解决困难的办法。在社委会领导的带动下，社员们纷纷向社里投资、投物，到1955年3月初，全社已有10户社员投资270余元，18户社员投花生种600余公斤，还有一些农具、种子等其他生产资料。困难解决了，不仅当年农业生产又获得了大丰收，而且为合作社的持续发展奠定了良好的基础。
教师设问：
从王家坊前村新经验的故事中，我们能总结出农业合作化的基本方针和原则是什么？
教师总结：
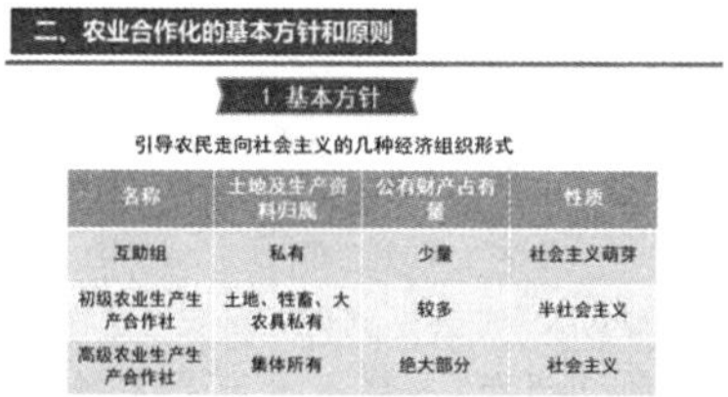
二、农业合作化的基本方针和原则
1. 基本方针
引导农民走向社会主义的几种经济组织形式
<table><tr><th>名称</th><th>土地及生产资料归属</th><th>公有财产占有量</th><th>性质</th></tr><tr><td>互助组</td><td>私有</td><td>少量</td><td>社会主义萌芽</td></tr><tr><td>初级农业生产生产合作社</td><td>土地、牲畜、大农具私有</td><td>较多</td><td>半社会主义</td></tr><tr><td>高级农业生产生产合作社</td><td>集体所有</td><td>绝大部分</td><td>社会主义</td></tr></table>1. 农业合作化的基本方针
引导农民走向社会主义的几种过渡性经济组织形式：
第一，互助组。
第二，初级农业生产合作社。
第三，高级农业生产合作社。
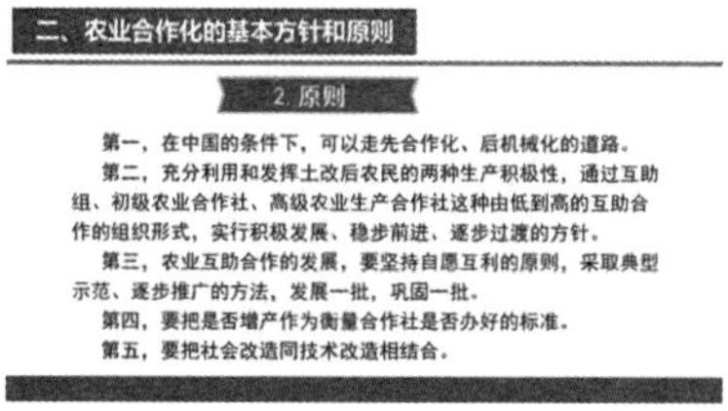
二、农业合作化的基本方针和原则
2. 原则
第一，在中国的条件下，可以走先合作化、后机械化的道路。
第二，充分利用和发挥土改后农民的两种生产积极性，通过互助组、初级农业合作社、高级农业生产合作社这种由低到高的互助合作的组织形式，实行积极发展、稳步前进、逐步过渡的方针。
第三，农业互助合作的发展，要坚持自愿互利的原则，采取典型示范、逐步推广的方法，发展一批，巩固一批。
第四，要把是否增产作为衡量合作社是否办好的标准。
第五，要把社会改造同技术改造相结合。
2. 农业合作化的基本原则
第一，在中国的条件下，可以走先合作化、后机械化的道路。
第二，充分利用和发挥土改后农民的两种生产积极性，通过互助组、初级农业合作社、高级农业生产合作社这种由低到高的互助合作的组织形式，实行积极发展、稳步前进、逐步过渡的方针。</td><td>学生会联想到王家坊前村建立农业生产合作社的过程和采取的方针、原则，对于老师的归纳总结认真做好笔记。</td><td>将知识点进行归纳总结，便于学生理解记忆。</td></tr>
</table>

续表

教师活动	预设学生活动	教学设计意图
第三，农业互助合作的发展，要坚持自愿互利的原则，采取典型示范、逐步推广的方法，发展一批，巩固一批。 第四，要始终把是否增产作为衡量合作社是否办好的标准。 第五，要把社会改造同技术改造相结合。 三、农业合作化的发展和基本完成 教师讲解："小脚女人"——邓子恢的故事。 1952 年 11 月，为了加强对农业合作化运动的领导，中央成立了农村工作部，邓子恢于 1953 年初调中央农村工作部担任部长。邓子恢对农业合作化的发展强调慎重、稳步、循序渐进，提出："合作社的发展必须坚持'宁肯少些，但要好些'的方针，必须发展一批，办好一批，在办好的基础上求发展。"①他主张在合作化发展速度上要稳妥，在数量上要少，在质量上要好，在规模上要小，逐级过渡。他的发展计划为从 65 万个发展到 100 万个。 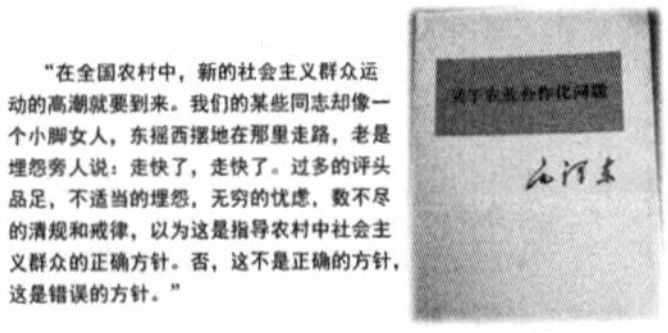 邓子恢的观点与毛泽东的观点发生分歧。毛泽东认为农村关系紧张，是由于地主、富农和富裕中农对社会主义的反抗，而不是因为政府多购了 70 亿斤粮食。他认为，农民叫缺粮大部分是假的，是阶级斗争的反映。因此，毛泽东主张全面规划，加快步伐。他在 1955 年 7 月 31 日《关于农业合作化问题》的报告中对邓子恢等同志的意见进行了批评，他开门见山地说："在全国农村中，新的社会主义群众运动的高潮就要到来。我们的某些同志却像一个小脚女人，东摇西摆地在那里走路，老是埋怨旁人说：走快了，走快了。过多的评头品足，不适当的埋怨，无穷的忧虑，数不尽的清规戒律，以为这是指导农村中社会主义群众的正确方针。否，这不是正确的方针，这是错误的方针。"甚至还	当学生看到"小脚女人"时会感到好奇，并且产生疑惑，心里在想这是一个什么样的故事？部分学生甚至会觉得奇怪，这个故事与所学知识有什么关系呢？	运用该故事来讲解农业合作化的发展进程，能增加课堂的趣味性，避免学生觉得枯燥乏味，失去课堂活力。

① 《邓子恢传》编辑委员会：《邓子恢传》，人民出版社 1996 年版，第 482 页。

续表

教师活动	预设学生活动	教学设计意图
指责说“有些同志被几十万个小型合作社吓昏了”，被胜利“吓昏了头脑”，是“从资产阶级、富农或者具有资本主义自发倾向的富裕中农的立场出发”。他认为这些都是右倾的错误，要克服掉。因此，毛泽东否定了邓子恢提出的农业合作社翻半番的发展速度，要求在1955年下半年，全国农业合作社要在65万个的基础上翻一番，达到130万个。在毛泽东的号召下，农业合作化的速度越来越快。 教师讲解： 1. 农业合作化前期的发展 1954年底，互助组从1951年底的400多万个发展到近1 000万个；初级社从1951年底的300多个增加到1953年的1.4万个。1954年秋为10万个，1954年底猛增到48万个。 2. 农业合作化运动的高潮 1955年夏季以后，农业合作化运动加速发展，出现了农业合作化高潮。到1956年底，农业合作化基本完成。 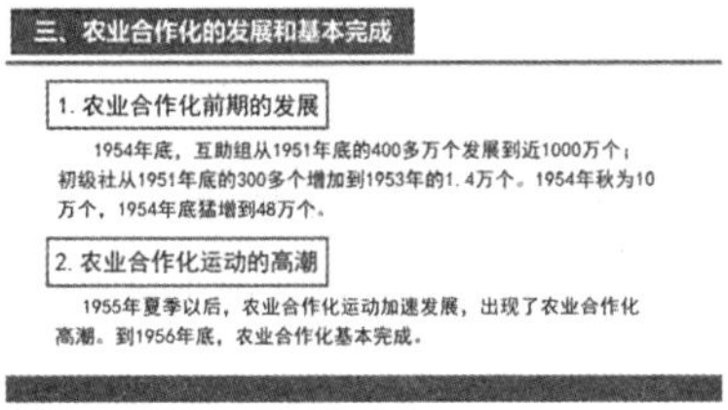 四、个体农业进行社会主义改造的原因 教师设问：进行农业社会主义改造的原因是什么？ 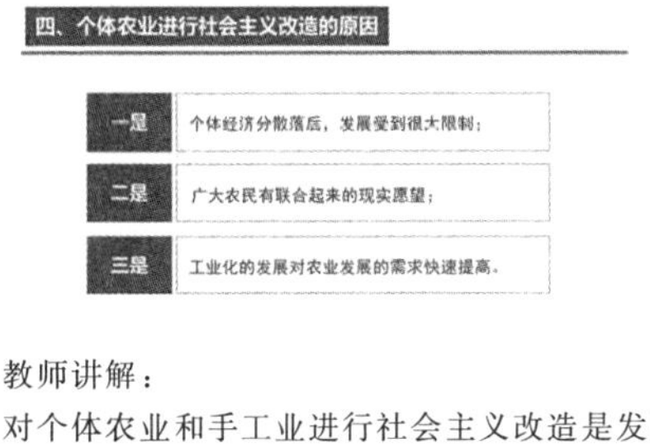 教师讲解： 对个体农业和手工业进行社会主义改造是发展农业和手工业、满足工业化需求和提高整个社会生产力的需要。 一是个体经济分散落后，发展受到很大限制。土地改革后，中国的个体农户耕地很少，经营规模十分狭小，生产工具严重不足，资金十分短缺。	当老师讲述故事时，学生恍然大悟，原来“小脚女人”是一种比喻，并且认为这种比喻生动形象。对于老师的讲解，学生们还会点头示意。学生们对于毛主席在《关于农业合作化问题》的报告中对邓子恢等同志的意见表示佩服，对毛主席的敬佩之情油然而生。	借助该教学案例讲解农业合作化的发展进程，形象生动，便于学生理解记忆。同时，将这个故事背后蕴藏的知识点挖掘出来，让学生明白毛泽东对邓子恢“小脚女人”的批评，推动了农业合作化高潮的到来，然而由于要求过急，工作过粗，改变过快，形式也过于单一，以致遗留了一些问题。

续表

教师活动	预设学生活动	教学设计意图
二是广大农民有联合起来的现实愿望。土地改革后，许多地区的农民从发展生产的实际出发，已经有了实行互助合作的实践。不少农民认识到，要脱离贫困，只有联系起来走社会主义大道。 三是工业化的发展对农业发展的需求快速提高。一方面，随着第一个五年计划建设的开展，城市和工矿区人口迅速增加，要求尽快增产粮食。同时，轻工业的发展也需要更多的农产品原料。另一方面，工业的发展对农业技术改造的支援日益增强。 五、对农业社会主义改造的评价 教师设问：如何评价农业的社会主义改造？ 教师讲解：	学生认真思考问题，在老师讲解时专心听讲，并做好笔记。	抛出问题让学生思考片刻，引导他们讲所学知识点串联起来。
从总体上看，农业合作化运动使5亿多农民在中国共产党领导下走上了社会主义道路，消灭了产生剥削制度的根基，避免了两极分化。这个重大的社会变革，基本上是成功的，其历史意义是深远的。同时，农业合作化促进了农业生产力的发展。合作社把农民组织起来，兴修了许多水利工程，进行了大规模的农田基本建设，促进了农业机械化，增强了抵御自然灾害的能力，推动了农业生产的发展。有些地方还办了社队企业，增加了公共积累，对当地农村经济发展起了积极作用。 这些措施保证了城乡人民对粮食和农产品的需要，也为国家工业化提供了粮食、原料和资金，为实现国家社会主义工业化作出了贡献。 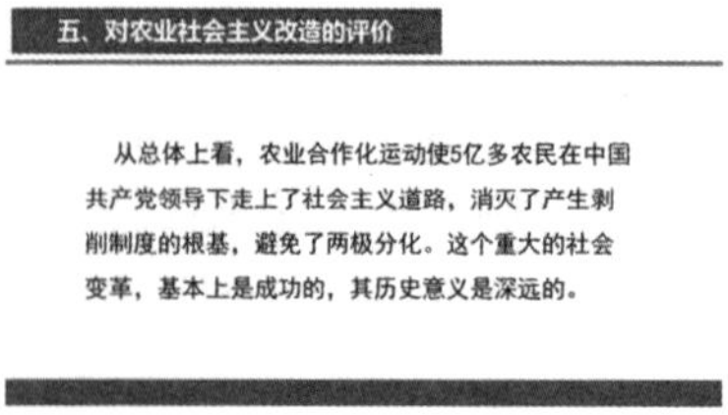 【总结回顾】 教师总结：	学生在脑子里将所学知识快速浏览，部分学生可能回忆起老师在讲“小脚女人——邓子恢”的故事时对农业合作化运动的评价，有的学生积极回应老师的提问，将心中的答案说出来。	通过提问，让学生主动思考，培养学生的思维能力。讲解对农业社会主义改造的评价，让学生有一个正确的认识。
本节课我们学习了对农业社会主义改造的原因、方针、政策和途径，农业社会主义改造从互助组到初级社再到高级社的过渡过程，以及如何正确评价农业的社会主义改造	学生跟着老师的思路走，将本节课的知识点回顾一遍	对本节课进行总结，有助于让学生加深对本节课知识的理解

【教学案例 3】

教学片段	经济体制改革的全面展开
教学过程	

教学活动	预设学生行为	教师设计意图
【导入新课】 播放视频：《改革开放四十年：从“西郊大棚”到“中国物流之都”》。  探究活动一： 请同学们结合视频内容，谈谈从前的“西郊大棚”为什么能发展成为如今的“中国物流之都”呢？ **【讲授新课】** 教师讲解： 临沂商城创建于 1982 年，是我国创办最早的专业批发市场集群之一和全国最大的商品集散地之一。临沂商城的发展经历了一个从无到有、从小到大的发展过程。 20 世纪 80 年代初，位于临沂西郊的长途客车站附近，在一片并不起眼的杨树林里，出现了由当地群众自发摆起的地摊，生意红火，这就是在改革开放初期应运而生的临沂西郊市场的萌芽。对于地摊的出现，原县级临沂市委、市政府不但没有采取制约措施，反而大胆冲破计划经济体制的束缚，在其他地方还没大规模兴办市场的情况下，顺应民心，抢抓机遇，用活政策，动员社会各方面力量，率先掀起了兴建市场的高潮。 	学生认真观看视频，对临沂“西郊大棚”的蓬勃发展感到震撼，感叹这就是实行改革开放、经济体制改革带来的市场的生机与活力。	选用有代表性的案例，借助视频形式，来讲解实行改革开放、进行经济体制改革的重大意义，将抽象化的知识变得形象具体，便于学生理解。

续表

教师活动	预设学生活动	教学设计意图
经过几十年的艰难探索，无数次的提升和创新，临沂从昔日的革命老区变为今天的“物流之都”，临沂的“买全国、卖全国”早已闻名遐迩，“临沂批发城”也给临沂人民带来了巨大的财富。也正是这个“批发市场”，给临沂赢来了“南有义乌，北有临沂”和“物流天下”的美誉。 探究活动二： 什么是经济体制改革？为什么要进行经济体制改革？进行经济体制改革有什么意义？ 教师讲解： 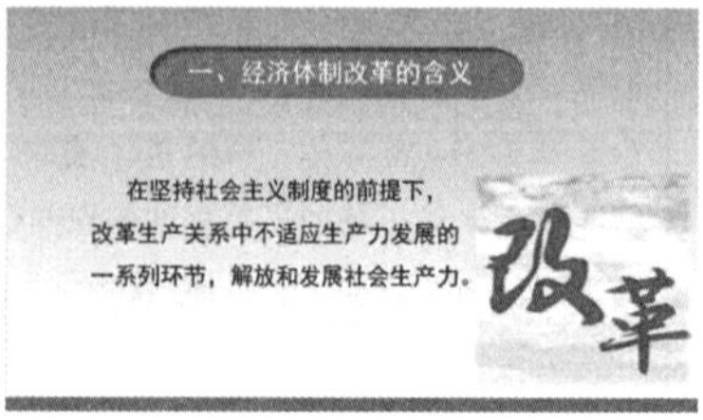 一、经济体制改革的含义 在坚持社会主义制度的前提下，改革生产关系中不适应生产力发展的一系列环节，解放和发展社会生产力。 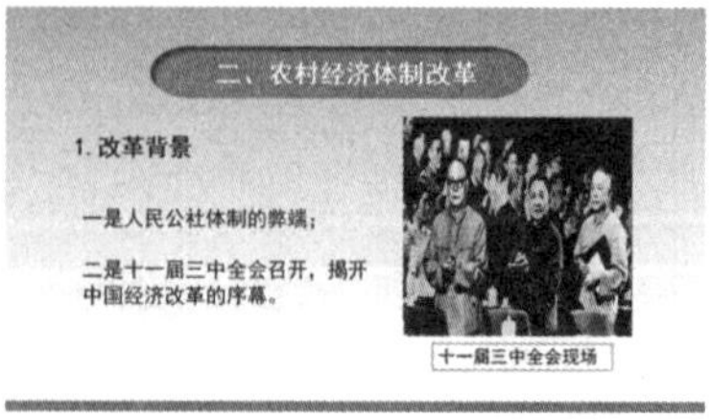 二、农村经济体制改革 1. 改革背景 一是人民公社体制的弊端；二是十一届三中全会召开，揭开中国经济改革的序幕。 2. 改革措施 以家庭联产承包为主要形式的责任制，发展乡镇企业和非农产业。 3. 意义 调动了积极性，解放了生产力，推动了农业发展；推动农村改革向专业化、商品化、社会化发展。	学生结合临沂商城的发展情况，认真思考问题。	通过设问使学生明白本节课所要学习的主要问题是什么。

续表

<table>
<tr><th>教师活动</th><th>预设学生活动</th><th>教学设计意图</th></tr>
<tr><td>三、城市经济体制改革
1. 根本原因
一是计划经济体制不适应生产力发展；二是农村改革的推动。
2. 措施
第一，十一届三中全会后，探索逐步扩大企业自主权；
第二，1985年后，改变单一公有制经济，发展以公有制为主体的多种所有制经济。
3. 意义：城市经济出现前所未有的活跃局面。

教师总结：
党的十二大以后，经济体制改革全面展开。随着农村经济的发展，大批富余劳动力逐渐从土地上转移出来，从事工业和加工业，使乡镇企业异军突起。到1987年，全国乡镇企业发展到1 750多万个，从业人员8 805万人，产值达到4 764亿元，占农村社会总产值的50.4%，第一次超过农业总产值，成为农村经济的龙头，给农村经济的发展注入了新的生机和活力。
1984年10月，党的十二届三中全会通过《中共中央关于经济体制改革的决定》。该决定总结了新中国成立以来特别是十一届三中全会以来经济体制改革的经验，比较系统地提出和阐明了经济体制改革中的一系列重大理论和实践问题。该决定突破把计划经济同商品经济对立起来的观点，指出我国社会主义经济是在公有制基础上的有计划的商品经济。

</td><td>经过老师的讲解，学生对于经济体制改革的含义、原因和措施有了系统地了解，再结合临沂商城发展的实例，对经济体制改革的意义有了深刻认识。</td><td>讲解完临沂商城发展的案例后，通过设问引导学生逐步理解什么是经济体制改革，问题层层递进，学生探究思考之后，教师进行系统讲解归纳，让知识点具有逻辑性，便于学生理解。</td></tr>
</table>

续表

教师活动	预设学生活动	教学设计意图
四、经济体制改革取得的进展 第一，所有制结构的改革突破了单一公有制结构，形成了以公有制为主体、多种经济成分共同发展的局面。 第二，扩大企业的经营自主权，逐步使政府和企业分开、所有权和经营权适当分离。 第三，改革高度集中的计划管理体制，经济杠杆在国家宏观调控中的作用明显增强，由高度集中的计划经济体制朝着有计划的商品经济体制转变。 【总结回顾】 教师总结： 本节课我们学习了什么是经济体制改革和为什么要进行经济体制改革，以及经济体制改革所取得的成就	学生对于本节课的内容有了整体掌握	通过简单地总结，帮助学生回顾所学内容，加强他们的记忆

【教学案例 4】

教学片段	抗日民主根据地文化建设

教学过程

教师活动	预设学生行为	教师设计意图
【导入新课】 开篇语： 抗日战争时期，为了提高广大民众的文化素质，普及抗战教育，中国共产党在其领导的各个抗日根据地创办识字班，广泛开展冬学运动。 播放视频：《沂蒙识字班》。  教师讲解： 识字班是抗日战争时期革命根据地扫盲运动的一	学生通过视频和老师的讲解，了解到识字班是抗日战争时期革命根据地扫盲运动的一种学习组织形式，对于提高劳动人民的思想觉悟、促进抗日战争的胜利发挥着重要作用。	运用视频资料，吸引学生的学习兴趣，增加课堂的趣味性。再经过老师的详细讲解，使学生明白识字班的建设与开展不论是对于劳动人民来说，还是对抗日战争的胜利来说，都具有重要意义。

续表

<table>
<tr><th>教师活动</th><th>预设学生活动</th><th>教学设计意图</th></tr>
<tr><td>
种学习组织形式。沂蒙识字班作为沂蒙老区独特的历史文化现象，是沂蒙精神不可分割的重要组成部分。

第一，沂蒙识字班是抗日民主根据地建设中的产物，沂蒙识字班首先教会了人民群众识字，帮助老百姓掌握了驶向文化殿堂的工具，学到了普通的文化知识。

第二，结合抗战需要，识字班向广大人民群众传播了马列主义、毛泽东思想这些共产主义思想体系的革命真理，提高了广大劳动人民群众的无产阶级觉悟。

第三，也是最为重要的一点，就是在学文化的同时，识字班还学政治，学习共产党的政策和民主政府法规。从抗战历史上看，没有任何一个学习或组织形式能够像沂蒙识字班这样坚持年月之长、发挥作用之大、产生影响之深。

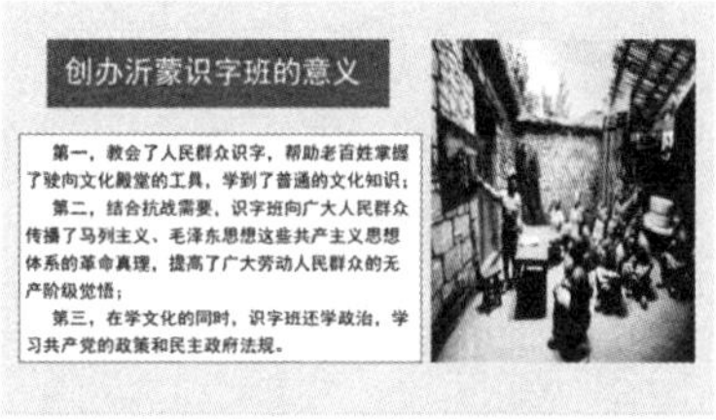

教师设问：

结合沂蒙识字班的故事，谈谈在抗日战争时期中国共产党为什么如此重视文化建设？

教师讲解：

推进抗日民主根据地的文化工作建设，是全民族抗日战争中的一条重要的战线，对于提高人民的文化素质和激发大后方人民的爱国主义意识具有重要作用。

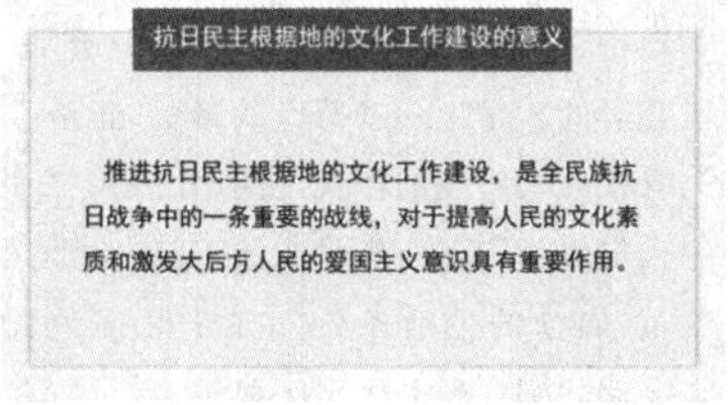

教师设问：

沂蒙识字班的建立对于沂蒙地区今天的发展有何影响？
</td><td>学生带着问题听老师的讲解，更加明晰了沂蒙识字班开展的意义。</td><td>通过提问，集中学生的注意力，培养他们的思维能力，提高课堂的活跃度。教育通过讲解，使学生明白中国共产党重视抗日民主根据地的文化工作建设的原因。</td></tr>
</table>

续表

教师活动	预设学生活动	教学设计意图
教师小结： 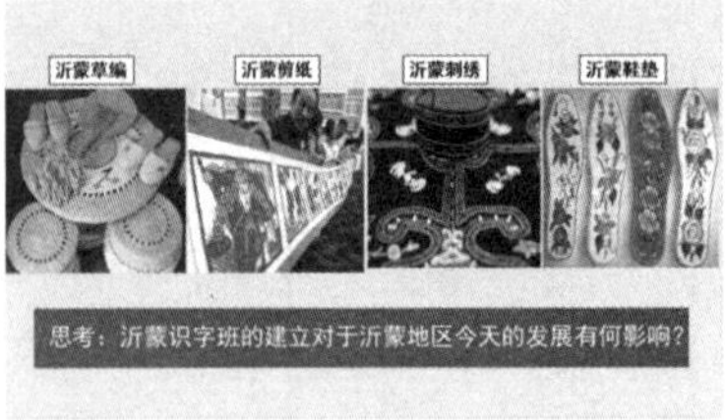 如今，战争的硝烟已散去70多年，沂蒙女性依然负重前行，继承革命的传统也永远没变。她们正在不同的岗位上为建设家乡、发展家乡贡献自己的力量，涌现出很多科技能手、致富能手、教育能手、拥军模范，书写着新时期沂蒙女性的崭新风貌。沂蒙草编、沂蒙剪纸、沂蒙刺绣、沂蒙鞋垫、沂蒙煎饼等众多流传民间的传统技艺又展现出新的沂蒙女性的风采。 教师讲解：“庄户学”故事。 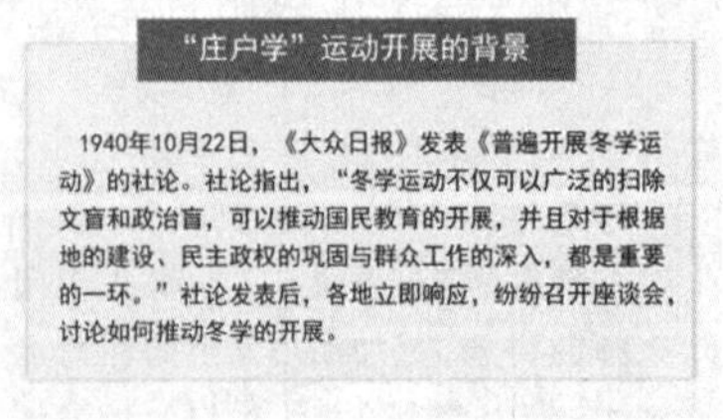 	学生结合学习知识文化的经验，来谈对这个问题的看法。	通过讲解新时期“沂蒙识字班”所展现的新风采，让学生深刻学习文化的重要性，深入理解为什么中国共产党重视文化建设。
冬学运动自1937年从陕甘宁边区兴起后，发展迅速，到1945年已经遍及西北、华东、华北、华中几乎所有根据地，成为抗日根据地社会教育中最大量、最经常、最有效果的一种组织形式，并贯穿于抗战斗争始终，对中国乡村社会产生了深远的影响。 山东抗日根据地的冬学运动始于1940年。1940年10月22日，《大众日报》发表《普遍开展冬学运动》的社论。社论指出，“冬学运动不仅可以广泛地扫除文盲和政治盲，可以推动国民教育的开展，并且对于根据地的建设、民主政权的巩固与群众工作的深入，都是重要的一环。”社论发表后，各地立即响应，纷纷召开座谈会，讨论如何推动冬学的开展。	学生抬头看课件中的图片，认真听老师讲解，了解冬学运动是在怎样的条件下开展的。学生不禁感叹在战火纷飞的年代人们仍不忘刻苦学习，如今的生活条件如此之好，更应该努力学习。	运用“庄户学”案例来讲解中国共产党在抗日战争时期十分重视文化建设，采取的形式也是多样化的，各种形式的扫盲运动都有力地推动了抗日根据地的文化建设。

续表

教师活动	预设学生活动	教学设计意图
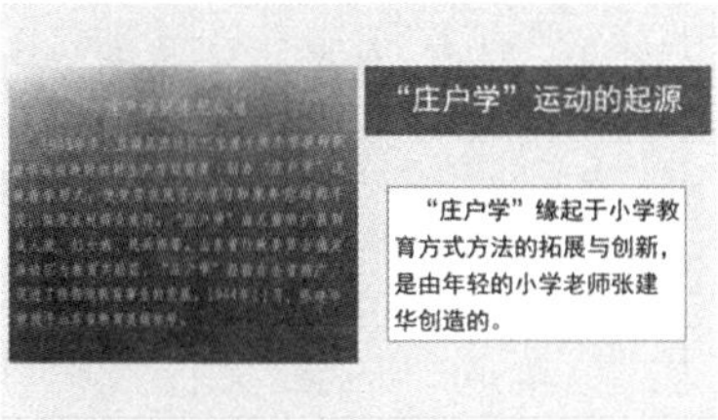 “庄户学”缘起于小学教育方式方法的拓展与创新，是由年轻的小学老师张建华创造的。1943 年 11 月，张建华从滨海中学师范毕业后被分配到莒南县洙边区刘家莲子坡村小学任教，他发现绝大多数贫苦农民的孩子都要去参加家庭生产劳动，无法坚持正常教学。于是他走出学校，跟踪追寻孩子们的去处，到山坡、田间地头，和孩子们混在一起，慢慢熟悉了，就趁机教孩子们识几个字。进而张建华根据孩子们的不同劳动任务，把他们编成小组，譬如分成放牛组、割草组、拾柴组等，适当安排了劳动和学习的时间。这种教学方式、方法较好地解决了学习与劳动的矛盾，村里的少年儿童入学人数迅速增加。这个办法被村干部和家长们知道了后称赞说：“这样又干活，又学习，很合咱们庄户人的意，像个庄户学堂”。在张建华的帮助下，该村又成立了妇女学习班、民兵学习班、青壮年学习班、村干部学习班等，也都根据学员的需要和习惯，灵活确定学习内容、学习时间和学习形式。		
教师设问： 如何评价中国共产党创造的这种新型民众教育形式？ 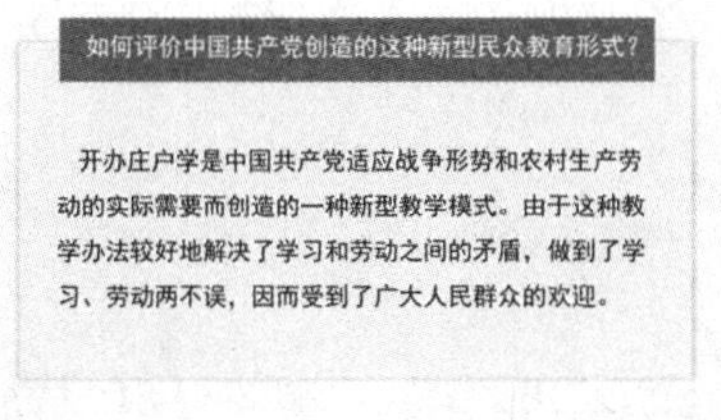 教师小结： 开办庄户学是中国共产党适应战争形势和农村生产劳动的实际需要而创造的一种新型教学模式。由于这种教学办法较好地解决了学习和劳动之间的矛盾，	学生认真思考问题，将所学知识在脑海中进行整理，积极配合老师。在老师讲解时记录重点语句。	抛出问题后进行讲解，有助于提高学生注意力，提高他们的学习兴趣，同时能加深学生对于知识的理解。

续表

教师活动	预设学生活动	教学设计意图
做到了学习、劳动两不误，因而受到了广大人民群众的欢迎。这一学习形式很快在山东解放区得到全面推广，进而把根据地的民众教育推向了高潮，提高了老百姓的文化水平，让老百姓在思想文化上得解放，在山东教育史上写下了光辉一页。 【总结回顾】 教师总结： 本节课我们通过“沂蒙识字班”和“庄户学”两个案例，了解了革命战争时期中国共产党是如何进行民众教育、保障人民群众的文化权益的，同时也能体会到在抗日战争时期，中国共产党十分重视抗日民主根据地进步文化工作的建设。由此可见，思想和文化教育无论是在哪一个时期，对于任何一个群体而言，都是极其重要的	学生认真听讲，认同老师所讲解的学习思想文化无论对于个人而言，还是社会而言，都是十分重要的	通过对本节课内容进行简单的总结，让学生明晰学习内容，同时引导他们珍惜当下的学习环境，勤奋学习

总的来说，若想焕发高校思想政治理论课教学中沂蒙精神的内在活力，就要加强思政课中沂蒙精神的内容体系建设。要紧跟党和国家教育目标的要求，阐释和丰富沂蒙精神的内在特质，将沂蒙精神中“朴素平华”、“人民之魂”的内容与时代精神有机地结合起来，开展体系科学、内涵丰富的课程教学。沂蒙精神作为红色革命精神之一，与其他红色精神是具有内在的本质的联系的，因此在课程内容的设置上应当结合其他红色革命精神的学习，使学生的历史画面更加宏大、精神层次也更加饱满。

第七章　合理选择并不断探索高效的教学方法和渠道

当前高校基础课教学方法还是传统教学方法，主要包括讲授法、提问法和讨论法。然而，由于沂蒙精神自身蕴含着丰富的精神内涵，这种传统的教学方式并不完全适用。高校育人模式必须不断改进和优化教学方法，因事而化、因时而进、因势而新，避免单纯的理论灌输和逻辑推导，改变“我说你听”的生硬的填鸭式教学模式和传统单一的教学手段，遵循“沿用好办法、改进老办法、探索新办法”的原则，采用多元化的教学方法。将沂蒙精神融入高校思想政治理论课教学还要不断深化教学方法，与时俱进适应社会发展变化的新形势，利用现有的技术资源对教学方法加以改进。

第一节　高校思想政治理论课的趣味教学原则

高校思想政治理论课担负着立德树人的国之大任，对于学生的未来发展意义重大，因此高校思想政治理论课的建设任重道远。思政课教师应充分发挥自己的主导作用，积极打造有趣味的思想政治课堂。趣味思想政治课应遵循如下五个原则：第一，联系社会热点，激发学生兴趣；第二，联系生活实际，使得学有所用；第三，善用幽默技巧，提升课堂滋味；第四，运用媒体教学，增强思政意味；第五，厚植红色文化，打造韵味课堂。

一、联系社会热点，激发学生兴趣

思想政治教育与社会的发展同向而行，思想政治课紧密联系社会现实。高校学生的思维活跃、求知欲盛、好奇心强，互联网时代学生获取信息的渠道拓宽，当代学生不仅热衷于关注社会现实而且对社会现实有自己的见解。高校思想政治理论课教材不能根据社会热点话题时时更新，为增强教学内容的实效性，激起学生的学习热情，就需要思想政治教师积极关注社会热点，并且及时把社会生活中学生熟悉并感兴趣的相关热点内容适时引入思想政治课堂，这样不仅可以弥补教材的不足，而且可以利用学生关心的社会现实激发学生的思维，使思想政治课活起来，上出有趣味的思想政治课。

例如,在学习《思想道德与法治》中第三章第三节《实现中国梦必须弘扬中国精神》相关内容时,可以将新冠肺炎疫情作为切入点,为抗击疫情,全国各族人民同心同德、同心同向,处处都有疫情“逆行者”和志愿服务者的美丽身影。就此探究团结就是力量,团结才能无坚不摧,中华民族伟大的民族精神是维护社会稳定、保障人民安全、捍卫国家利益的广泛社会基础和不竭的力量源泉。同时,疫情与我们每一个人息息相关,此社会热点的切入定能有效激发学生的情感,在情感共鸣中感受中华民族伟大的民族精神。

二、联系生活实际,使得学有所用

陶行知认为,教育的根本意义是生活之变化。生活无时不变即生活无时不含有教育的意义。变化着的现实生活丰富多彩,因此,教师应从实际生活中取材,使教育紧密联系学生的生活实际,提高思想政治课的趣味性,从而引起学生的情感共鸣,激发学生学习的欲望。教材中的内容都是经过层层筛选的理性知识,从认识理论上来讲,学生所接触的知识最初都是表面的感性的认识,在此基础之上经过个人的认知和沉淀才可以形成理性认知,达成教学目标。因此,教育过程中应注重联系学生的生活实际,将那些抽象的教学内容具体化、枯燥的教学内容形象化,用学生实际生活中的经历强化感性认识,并引导学生的认识由感性认识向理性认识转化。避免出现偏离学生生活实际,空谈大道理,灌输理论知识的填鸭式教育。另外,在思想政治的学习中学生经常会感到众多的理论知识与自己无切实的关联,失去学习的欲望,导致课堂枯燥无趣,只完成了教学中的智育目标而没有达到德育目的,因此思想政治理论课应该使学生认识到这门课程的学习是切实有用的。

例如,在学习《思想道德与法治》中第六章第二节《坚持全面依法治国》相关内容时,全面依法治国的总目标是从国家的层面进行论述的,学生对于建设中国特色社会主义法治体系、建设社会主义法治国家的认知也停留在国家的层面,认为这是国家的大政方针,是国家推动建设的体系和国家规划实现的目标,与自己的关联不大。为引发学生对于理论知识的情感共鸣和提高学生对于知识的运用能力,教师可选用《民法典》的颁布作为教育素材,从学生生活实际出发诠释法治。法治国家的建立是为了保障每一位合法公民的权益,法治国家的建立以及每一部法律规范的颁布与每一个人息息相关,全体社会成员都是法治国家的受益者,法治国家的建立和完善也需要每一个社会成员的努力。

三、善用幽默技巧,提升课堂滋味

没有教育对象的认同与赞赏,思想政治教育风格就会失去存在、推进的意义与价值。[①] 思想政治教师应不断地探索学生喜欢的教育风格，不断地在教学中塑造自己独特的教育风格，以自身的教育魅力提升课堂教学趣味。如何提高自身的教育魅力呢？教师可通过相关的漫画、历史典故、名言警句、经典语言、热门歌曲和影片等讲解相关的教学内容，将枯燥无味的教学内容以有趣的方式呈现出来，极大地调动学生的积极性，在和谐有趣的教学氛围中实现核心素养目标。同时，使自身在教学实践中成长为一位幽默有风趣的好老师，将自己的课堂打造成能够震撼学生心灵的、能够真正使学生受益终身的好课堂。

例如，在学习《毛泽东思想与中国特色社会主义理论体系概论》中第十章第三节《推进社会主义文化繁荣昌盛》相关内容时，教师可以挖掘当代青少年喜欢的热门电影《哪吒之魔童降世》作为教学素材，呈现《哪吒之魔童降世》里面的传统元素，引出文化发展应该把握好中国的传统文化；通过对比传统神话故事和《哪吒之魔童降世》里的哪吒形象和故事主题的区别，引出电影创作应该立足时代之基，文化创新和发展的关键是回答时代问题。

四、运用媒体教学，增强思政意味

随着新媒体时代的到来，互联网日益成为大学生学习的重要途径。在当前新媒体教育技术飞速发展的时代背景下，将沂蒙精神融入高校思想政治理论课教学也需要合理利用信息化技术，不断增强思政课教学质量及效果。

首先，要充分利用“两微一端”平台，用好新媒体传播正能量的沂蒙红色故事，用“互联网＋”手段对红色资源进行内容再造，使沂蒙红色文化更鲜活，实现资源共享。其次，利用视频网站、网络直播平台做好沂蒙精神的传播。让广大师生认识红色经典，把握红色文化，认同沂蒙精神。例如可以借助“90后”、“00后”喜闻乐见的抖音、快手等短视频直播平台，设立专门的红色思政账号，定期更新视频内容。内容要围绕大学生的健康成长展开，将身边具有教育意义的红色资源、人物事迹、革命故事等融入视频当中，展现“新时代的沂蒙红色故事”，使沂蒙精神的传播更加贴近生活实际、贴近大学生。再次，就是在思政课课堂中要将传统教学手段和新媒体技术进行良好融合。例如，可以借助在线案例、虚拟仿真实验、VR图片和视频等技术来提高课堂教学的乐趣。最后，课堂教学充分运用多媒体。多媒体是思想政治教学的辅助手段，教学中最常用的一种形式是制作相关课件，多媒体课件集图像、文字和声音等因素于一体，可以直观形象地呈现出抽象的教学内容，调动学生的多种感官，增强对所了解事物的情感体验，因此教师应合理、有效地运用多媒体课件。有的老师课件制作得非常美观，课堂上的学

① 孙艳秋：《思想政治教育风格研究的意义与前路》，《思想教育研究》2016年第8期，第26-29页。

习氛围看似浓厚，实际上，学生并未真正掌握所学知识，只是在享受多媒体盛宴。为充分发挥多媒体课件的教学优势，增强课堂意味，思想政治教师应该特别注意，多媒体课件的制作应以落实核心素养为目标，避免盲目使用。

例如，在学习《毛泽东思想与中国特色社会主义理论体系概论》中第十章第一节《建设现代化经济体系》相关内容时，教师应在深入钻研教材和教学参考书的基础上，根据教学内容选择相应的视音频作为知识的引子，视音频应反映出创新、协调、绿色、开放和共享的理念。多媒体课件的字体和字数应醒目，以呈现关键知识点为主，避免多媒体课件成为教材文字的搬运工。本节课中的五个发展理念分别解决不同的问题，并且五个理念之间是相互促进、相互贯通的，为帮助学生更好地理解知识可采用思维导图的形式在多媒体课件中将此呈现出来。

五、厚植红色文化，打造韵味课堂

红色文化是增强高校思想政治理论课趣味性的宝贵资源，以沂蒙精神例，沂蒙精神是在齐鲁优秀传统文化基础之上，在马克思主义科学的世界观和方法论的指导下，在中国革命和建设的伟大实践中形成的宝贵精神财富。翻开这本活教材，一个个感天动地的红色故事，不仅能作为教学素材构建意义教学，而且能激发学生的兴趣打造趣味课堂。首先，教师应自觉参加沂蒙精神专家讲座或者研讨会，增强自身对于沂蒙精神的了解，提高情感认同，为充分利用这份活教材打下坚实的基础。高校思想政治理论课教师教学任务繁重，缺乏足够的时间深入钻研沂蒙精神，因此，可重点关注典型教育素材，例如，女子火线桥、明德英乳汁救伤员、沂蒙母亲王换于、沂蒙六姐妹等典型红色故事，再如沂蒙山小调、跟着共产党走、谁不说俺家乡好等经典红歌。通过沂蒙精神的熏陶，使自己成长为一名具有扎实的专业知识以及深厚的文化修养的思政课教师，同时，用沂蒙精神的革命情怀上有趣味的思想政治课。

例如，在学习《毛泽东思想与中国特色社会主义理论体系概论》中第十一章第二节《全面深化改革》相关内容时，首先教师应明确这一课主要讲述改革开放以及中国特色社会主义的发展。其次，挖掘与沂蒙精神的契合点，这一课与沂蒙精神的完善和深化相契合。改革开放时期，沂蒙人民响应号召，积极投身改革大潮，开拓奋进，敢为人先，推动了经济快速健康的发展，产生了一大批以《开拓进取的金锣人》为代表的进取故事。这些感人的故事都可以当作教育素材来引导学生对改革开放的认识，使学生在对前辈们的感动中深入理解课本知识，同时激发自己的开拓进取意识。

总之，思政课教师应使思政课教学紧密联系社会热点，思政课教师应不断提高自己的幽默感，熟练运用多媒体教学，善于借助红色文化增进学生的情感体验，尤其是要注重思政课和生活的联系。因为，新课程标准的核心素养目标更加注重教学内容与生活的联系，只有“活的”教育才能使教学更有意思。思政课教师应在教学实践中不断探索打造趣味课堂的路径，真正走进学生的世界，让思政课更加吸引学生，从而体现思想政治教育的价值，提高思想政治教学的质量。

思政课的教学内容有较强的理论性，缺乏趣味性。在日常的课堂教学中，学生难免会感到枯燥和无趣，导致学习思想政治的兴趣缺失。因此在课堂教学中，教师应不断探索有效的方法，让有意义的思政课活起来，打造既有意义又有意思的课堂。

第二节　合理选择并不断探索高效的教学方法和渠道

教学方法是为完成教学任务所选用的一切方式和手段的总称，是教师教的方法和学生学习的方法的统一。恰当的教学方法能够吸引学生的注意力，激发学生的学习兴趣和求知欲，使学生在和谐的教学氛围中掌握知识、提升能力。

沂蒙精神可以融入高校思想政治理论课的全过程，最好的融入渠道是课堂教学。第一，课前导入，氛围营造。课程理论讲授之前，教师可以选取恰当的沂蒙精神相关案例来导入新知，营造本堂课学习氛围，并且激发学生学习兴趣，从而形成良好的学习动机。第二，课中巧用，化解重难点。课程讲授过程中难免会出现重点、难点问题，越是抽象的理论，越会使人难以理解。由于大学生身心发展的特点和认知局限性，其无法深刻或者形象地理解某些理论知识，这就要求教师在理论讲授过程中恰当地选用一些实际生活案例来解释理论，提升教学活力。第三，课尾导入，升华主题。课尾是一堂课完整性的重要体现，一场精彩的结尾是一堂好课的必然要求，在课程结尾巧用沂蒙精神案例，可以起到升华主题的作用，使整个课堂在热烈的、发人深省的氛围中推向高潮。

把握住主要的融入渠道，还需探求最佳的教学方法。教学方法应讲求多样，就思想政治教学的情感性和实践性特点来看，新媒体技术和实践教学优势不容忽视。

一、探究式教学法

就目前来看，探究式教学是高校思想政治理论课教学中常用的一种教学方式。探究在展现思想政治学科基本内容和基本观点的同时，还展现出情境性和活动性的特点。正是因为探究式教学情境性和活动性的特点，将沂蒙精神运用于高校思想政治理论课教学有了主要抓手。

将沂蒙精神与教学探究融合在一起能够更加有效地引领学生的探究思维，

其作用具体体现在以下三个方面:第一,更好地发挥学生的主体性。学生主体性的发挥以学生学习的兴趣和注意力为前提,沂蒙精神作为生动形象的活教材能够激发学生学习兴趣,引导学生将注意力转移到教学探究上来,进而发挥学生探究学习的主动性。第二,教学内容更加形象化。高校思想政治理论课教师普遍反映思想政治新教材比较枯燥、不易理解,沂蒙精神相关内容具体形象、可寻可感,将沂蒙精神与教学探究融合在一起能帮助学生形象化理解课本知识,同时拓展红色精神知识。第三,教学情境更具情感性。探究式教学强调学生在情境中进行探究学习,学生在情境中除了探究知识,还应该升华自身情感,将可歌可泣的沂蒙精神与教学探究融合在一起恰好起到升华情感的作用。教学案例如表7-1所示。

表 7-1　教学案例

探究主题	如何理解不同时期沂蒙精神有不同的价值取向
准备工作	组织学生搜集与沂蒙精神相关的内容
探究探讨	1. 沂蒙精神是怎样形成的? 2. 沂蒙精神为什么在不同时期有不同的表现
探究运用	运用于马克思主义基本原理概论中第三章《社会存在决定社会意识》
设计意图	沂蒙精神形成于革命战争年代,是在特定的社会时期形成的。沂蒙精神在不同的社会时期表现出了不同的时代内涵,是社会存在决定社会意识的鲜活案例。通过探究沂蒙精神的形成以及在不同时期的表现,逐步深化学生对社会存在决定社会意识的认识

二、情境式教学法

兴趣是调动学生学习的积极性,促使学生由被动学习转向主动学习的一种内部动力。在传统说教式的高校思想政治理论课堂中学生被动地学习,无疑是降低了学生学习的积极性,因此,必须转变教学方法,情境教学则是一个值得探索的好方法。所谓情境,就是可以产生更强学习动力、可以使人获得更好学习智慧的一种时空和主客体条件。情境教学能带给学生参与的兴趣,促使学生产生内在的学习动力,学生的这种内在学习动力也将有效提高课堂效率。

采用情境教学法应该注意立足学科特点。高校思想政治教育理论课情境教学中知识与社会的关系性存在,但它首先应该是政治课。也就是说高校思想政治理论课的落脚点应该是培养讲政治、懂法治、勇担当、乐奉献的人,以知识为媒介落实核心素养,促进学生的社会化。为此,情境教学过程中的情境设定应该立足于学生的生活，关注学生在生活中会遇到哪些具体的生活问题和道德问题。学生的生活问题可以关注学生的学习存在哪些典型的困难，学生的成长中有哪些典型的烦恼和困扰，学生的同学关系和家庭关系存在哪些新的变化，将学生的这些典型生活问题当作教学案例的切入点，融入课堂教学，在高校思想政治理论课的教学中帮助学生解决烦恼。了解学生道德发展的具体特点，根据不同年级学生发展的具体特点因材施教，循序渐进地落实核心素养，促进学生的社会化。

三、讨论式教学法

相较于传统思政课程内容而言，根植于沂蒙地区的沂蒙精神使得师生在理论与实践经验上更为对等，在面对相关问题时，更容易产生共同语言。因此教师应破除教学过程中自身占主导地位的传统模式，采取线上线下相结合的授课形式，合理利用网络教学资源，打通从面对面到键对键的网上思政教学新渠道。在课前通过雨课堂、云班课以及对分易等网络教学工具发布紧扣沂蒙精神的讨论内容，激发学生学习兴趣，学生通过搜集、筛选与分析相关资料形成个人思考。在课中充分发挥学生主体性地位，就相关问题协助、指导学生展开讨论，让学生在与同学、老师的讨论中得出结论，形成自己的独到见解。在课后引导学生归纳总结讨论内容与讨论成果，完成记录讨论过程与讨论感悟的课后作业，加深学生对沂蒙精神的理解。

四、多媒体教学法

新媒体指的是利用数字技术，通过计算机网络、无线通信网、卫星等渠道，采用电脑、手机、数字电视机等终端，向用户提供信息和服务的传播形态。[①] 新媒体具有受众增多、个性化突出、表现形式多样等突出特点，被广泛运用到方方面面。新时代大学生生活在5G、大数据、云计算、人工智能等高新技术不断发展的时代，大学生在日常生活中离不开手机，离不开手机中的抖音、快手、微博、微信等新媒体应用。新媒体社会背景下，学生获取信息的习惯发生了根本性变革，沂蒙精神要想走进大学生的视野，除了通过报纸、书刊等传统媒介外，必须创新沂蒙精神的传播途径，迎合新时代大学生的需求和口味，正所谓“明者因时而变，知者随事而制”。思想政治课程是立德树人的关键课程，思想政治教学要更新固有的教学方法，结合沂蒙精神内容的特点，创新沂蒙精神的传播途径，充分发挥抖音、快手、微博、微信等大学生常用的新媒体应用程序的作用。在抖音、快手等短视频平台上，通过官方途径申请沂蒙精神宣传账号，将《沂蒙六姐妹》、《夜袭》、

① 匡文波：《“新媒体”概念辨析》，《国际新闻界》2008年第6期，第66-69页。

《金银花开》、《沂蒙》等沂蒙红色影视作品,《沂蒙山小调》、《沂蒙颂》等沂蒙红色歌曲,截取其中的精彩和高潮部分,上传到各大正规的短视频平台上去,使大学生们在手机中寻求娱乐时能接收到红色革命教育;在微博、微信等社交平台上定期推送有关沂蒙精神的优秀文章和最新动态消息,鼓励读者留言讨论,为读者和作者提供交流机会;在腾讯、爱奇艺、优酷等手机 App 上开设《沂蒙精神》栏目,邀请沂蒙精神的专家学者为大众宣传介绍沂蒙精神。通过以上既具有创新性又符合新时代大学生需求的传播途径,让沂蒙精神的传播达到潜移默化、深入人心的效果,从而提高学生弘扬沂蒙精神的参与程度,拓宽学生认知、感受沂蒙精神的渠道,使思想政治教学更加多彩、新颖、有温度。

例如举办"扬沂蒙精神,敬革命岁月"线上主题演讲活动。让学生运用新媒体技术声情并茂地阐释沂蒙精神,表达自己的观点和看法,进而宣传和弘扬沂蒙精神。沂蒙大地上诞生了太多英雄儿女,催生了太多感人故事。例如,明德英乳汁救伤员的故事、支前模范沂蒙六姐妹的故事、大爱无疆沂蒙母亲王换于的故事等。英雄的事迹需要传承,感人的故事需要流传,借助现代新媒体技术开展线上主题演讲活动能够扩大学生的参与度和演讲呈现的受众面。正是因为新媒体受众面广等特点,学生会更加认真投入到资料的收集、内容的组织和展示这一过程,这个过程也是学生对沂蒙精神从认识到认同再到践行的过程。主题演讲活动使演讲者与受众都能够深刻感悟沂蒙精神是在战火纷飞的年代,革命先烈前仆后继、浴血奋战铸造的,能够有意识地从革命先烈身上汲取成长的力量。"扬沂蒙精神,敬革命岁月"线上主题演讲活动能让更多的学生把沂蒙情、沂蒙志、报国行融入实践参与中,为中华民族伟大复兴的中国梦集聚青年力量。

五、实践教学法

创新课堂教学,改进教学方法,丰富教学手段,拓展第二课堂,延伸课堂链条,把理论与实践、课堂与基地、讲授与寻访结合起来,探索实施"讲课+讲座"、"校内+校外"、"互联网+课堂"、"线上+线下"混合教学,打造沂蒙精神育人的"三维"立体化教学模式。音乐、舞蹈、播音主持、广播电视编导等专业师生自编自导自演的"沂蒙精神乐舞三部曲"《沂蒙畅想》、《沂蒙印象》、《沂蒙情深》,不仅成为学校对学生开展思政教育的必选项目,而且成为常演不衰的大学文化品牌,获山东省政府文化项目最高嘉奖"山东省文化创新奖",《沂蒙畅想》被教育部指定为"高雅文化进校园"巡演项目。

叶圣陶曾说,品德教育重在实做,不在于能说会道。沂蒙精神融入高校思想政治理论课的目标最终落脚于学生的实践活动,例如开展课前演讲、法治知识竞猜、辩论赛、角色扮演等活动,沂蒙精神融入高校思想政治理论课的教学过程是教学做合一的过程。这个过程中的教师应该是学生学习的引导者而非传授者，教师应有意识地用恰当的教学实践活动引导学生感受真善美、内化应有的价值评判标准；这个过程中的学生是在教师引导下的积极学习者、积极体验者，在积极的体验和感受中学习、成长。实践活动的初衷指向知行合一，学生的学习和生活会不断遇到新的问题，沂蒙精神融入高校思想政治理论课就是要让学生在教师有意识引导的实践活动中去经历未来可能遇到的问题，获得解决问题的办法，因此，深化实践活动应首先注重学生的知；学生在实践活动中获得的经验是为学生未来的为人处世做准备的，因此，深化实践活动应该重视学生的行。所以，教师组织实践活动、落实核心素养应遵循教学做合一和知行统一的原则。

课外实践活动是思想政治教学的重要组成部分，但目前的教学仍以班级授课制为主要教学组织形式，未能够有目的、有计划、有组织地指导学生开展与课堂教学相关的实践活动。实践活动能为学生带来积极的情感体验，“积极的情感是一种动机，一种激发和维持人的原动力，给人注入活力与生机，是推动人的认识升华的积极力量”①。为有效达成教学目标，帮助学生落实核心素养，教师应以课堂教学为主，辅之课外实践活动，以实践活动延伸和补充课堂学习。将沂蒙精神运用于高校思想政治理论课教学，在充分利用好课堂教学的基础之上，以“弘扬沂蒙精神，传承红色基因”为主题开展一系列的课外校外实践活动。实践活动的开展有利于深化学生对沂蒙精神相关内容的理解；有利于在活动中充分发挥学生的个性和特长，激发学生学习的积极性；有利于增进学生对沂蒙精神、对党和国家的认同，落实政治认同素养；有利于使学生成为沂蒙精神的传承者和创新者，培育学生的公共参与素养。

例如，举办“沂蒙精神的力量”知识竞赛。唯有学深悟透才能笃信躬行，知识竞赛能够带领学生重温沂蒙红色革命史、了解更多的红色历史事实，使学生不忘革命先烈为我们所做的牺牲，引导学生在革命先烈艰苦奋斗、无私奉献的事迹中坚定共产主义理想信念，为我们的红色使命不懈奋斗。竞赛可采取团队竞赛的方式进行，围绕沂蒙精神相关内容设置必答题、抢答题、风险题、挑战题四种题型，对应四种题型将知识竞赛分为四个环节，从而使竞赛氛围更加激烈。根据竞赛团队数按一定比例设置一等奖、二等奖、三等奖、优秀奖，通过奖励激发团队的合作意识，增进学生学习沂蒙精神的积极性。落脚到思想政治课程的素养要求，从活动本身来看，“沂蒙精神的力量”知识竞赛活动能够培养学生的合作精神，引导学生树立胜不骄、败不馁的科学意识；从沂蒙精神价值实现角度来看，沂蒙精

① 马晓燕：《基于实践体验的红色文化资源育人功能探究》，《思想理论教育》2019 年第 2 期，第 107-111 页。

神必须在实践中体验和认知，通过知识竞赛感悟红色历史文化中蕴含的精神力量，有利于深化学生对人生意义和价值的思考，进而将沂蒙精神转化成个人的行为准则。

再如，举办“学沂蒙精神，志青春岁月”报告会。报告会是就某些问题向与会人作专题演讲的一种形式，有极强的针对性、感染性、说服性。报告会形式多样，其中英模事迹报告恰是一种能用于高校思想政治理论课实践活动的报告形式。英雄模范事迹是对沂蒙精神的创新化践行，新时代中国特色社会主义伟大事业需要千千万万个英雄群体、英雄人物，新时代青少年的培育需要从英雄模范身上汲取养分。临沂代村党委书记王传喜践行沂蒙精神，对党忠诚、开拓进取、勇于担当，深入实施乡村振兴战略，带领村民实现共同富裕。邀请沂蒙精神践行者王传喜以“学沂蒙精神，志青春岁月”为主题作报告，用其模范事迹感染学生，从而引导学生立志做一个勇于担当、迎难而上的人，用青春书写践行沂蒙精神的华章。

【相关链接】

实践教学活动方案

教学实践目的：

在加强理论教学的基础上，为了更好地增强学生对沂蒙精神等红色文化资源的认识和理解，拟带领××××级本科新生共×××名学生赴孟良崮革命纪念馆、红嫂纪念馆等爱国教育基地进行教学实践活动，旨在通过对沂蒙精神、沂蒙红色文化的学习、思考、理解和领悟，全面引导当代大学生坚定理想信念、崇尚荣誉责任、增强爱国意识，自觉成为具有沂蒙精神特质的高素质应用型人才。

教学活动方案：

(1) 方式：全校每个行政班 45 人以下选 1 名学生参加教学实践活动，45(含)人以上选 2 名学生参加教学实践活动。

(2) 时间：××月××日(星期×)。

(3) 带队负责人：×××、×××、×××。

(4) 费用预算：租车费每天每辆车×××元，×辆车共计××××元。

午餐费每人××元，×××人，共计××××元，现场教学费用：××××元。

合计：××××元。

审批表示例见表 7-2。

表 7-2　学生集体外出活动审批表

申报单位	马克思主义学院		
活动时间	××××年××月××日××时——××××月××日××时		
前往地点	孟良崮战役纪念馆、红嫂纪念馆	交通方式	租车
活动负责人	赵长芬	参加人数	×××
带队人员	×××、×××、×××	联系电话	×××××××××××
活动内容	以“传承红色基因，弘扬沂蒙精神”为主题，带领学生参观孟良崮战役纪念馆和红嫂纪念馆		
安全措施	带队老师事前向学生强调安全事项 活动中负责各自班级学生安全		
申请单位意见	单位盖章　　负责人签字： ××××年××月××日		
审批单位意见	单位盖章　　负责人签字： ××××年××月××日		
学校意见			

注：① 学生集体外出活动实行“谁主管，谁审批”和“谁组织，谁负责”的原则。

② 本表一式三份，一份学院留存，一份审批单位留存，一份交学工部备案。

（一）榜样示范法

随着经济的全球化，外来文化的冲击给我国传统文化的发展带来了严重的阻力。大学生正处于价值观养成的关键时期，极易受到文化渗透的影响，导致部分学生出现爱国主义观念缺乏、理想信念不够坚定的问题。将沂蒙精神融入高校思想政治理论课，可以以沂蒙革命英雄为榜样参照，引导学生对照榜样查找不足，不断提升自我。沂蒙是革命老区、烈士的摇篮、将军的故乡，这里的每一寸土地都流淌着英雄的鲜血。比如老一辈革命家刘少奇、陈毅、罗荣桓、徐向前、粟裕等都曾在沂蒙山区生活战斗过，他们为沂蒙地区的进步与解放作出了卓越的贡献。比如送郎参军、送子支前的沂蒙红嫂和沂蒙六姐妹等。比如闻名全国的典型厉家寨、王家坊前、高家柳沟、沈泉庄、九间棚等。这些都是新时代大学生学习的榜样。高校思政课教师可以在高校思想政治理论课教学中运用榜样示范的教学方法，将沂蒙精神渗透到课程中，鼓励大学生学习榜样、对照榜样，不断激发自我完善、自我提高，克服学习和生活中的问题，增强爱国情怀和主人翁精神。

（二）案例分析法

案例分析法又被称为个案研究法，是指在教学过程中运用一些典型的案例进行教学的方法。这种教学方法可以充分调动学生学习的积极性，培养学生分析问题和解决问题的能力，从而提高教学质量和效果。案例的选择要求围绕教学目标，不能生搬硬套。将沂蒙精神融入高校思想政治理论课，可以对应高校思想政治理论课教学目标和教学内容，选取适当的案例进行教学。思政课教师在准备案例的时候可以提前查阅好资料，辅助一些与案例相关的图片和视频。在课堂上可以把学生分成几个小组，然后针对案例小组成员之间进行讨论交流。运用这种教学方法，可以使课堂变得更加活泼生动，大大集中学生的注意力，提升学生学习兴趣。让学生学会学习、学会合作，促进学生的全面发展。

（三）情感陶冶法

情感陶冶法主要是用设置好的情境去感染、熏陶学生，让学生在耳濡目染中受到触动和影响。现在的大学生大多是“00 后”，从小就生活在开放的环境下，受互联网影响大，接受新鲜事物较强。因此，教师要不断优化课上课下教育环境，进一步烘托沂蒙红色文化氛围。把沂蒙精神深度融入高校思想政治理论课的课堂，除了可以通过播放视频进行情感熏陶，还可以采用朗诵、音乐等形式营造育人情境，使大学生在潜移默化中受到浸润，在轻松愉悦中接受教育。此外，可以将沂蒙红色资源融入校园文化建设，把高校思想政治理论课课堂延伸到学校的边边角角，陶冶大学生的思想道德情操。以临沂大学为例，“实”的校风，秉承了沂蒙人民朴实的民风；“明义、锐思、弘毅、致远”的校训，负载了对沂蒙精神的传承。校园内修建的抗战之前的人物塑像、红色博物馆与红色影院等等具有沂蒙区域特色的建筑，都让沂蒙红色文化随处可见、随处可感。

（四）因材施教法

现在大学生的思想道德与法治课堂一般采用大班的形式进行授课，学校会将几个班的学生集中在一个大班里上思想政治理论课，但是很多时候这些学生并排来自同一个专业。因此将沂蒙精神融入高校思想政治理论课的教学，不仅仅指知识传授的过程，而且要时刻关注学生的思想变化和接受能力。因材施教不是单纯意义上的分层教学，而且针对不同的专业，思政课教师在课堂讲授的时候侧重点也要有所不同。运用因材施教的教学方法，立足于不同的专业特点和学生需求，可以更全面地培养学生的自主学习能力，同时适当对知识点进行迁移扩展，培养学生学科思政的发散思维，切实提高思政课的课堂效率。

提升沂蒙精神融入高校思想政治理论课的效果，还应该掌握以下技巧。其一，倡导学生自主学习，激发学生学习的能动性。课前将学生分成若干学习小组，各学习小组实行组长负责制。由组长带领小组成员认真阅读文字教材，自己发散思维对所学内容进行理解与阐释，并将个人意见进行梳理概括，进而升华为小组的观点提交课堂讨论，这能够使学生较清晰地了解作者的观点和意图。其二，教师对重点内容进行“画龙点睛”式精讲，注重培养学生综合分析问题、解决问题的思维能力。因课堂时间有限，教师应注重发挥学生在思政课中的主体作用，通过这种启发式教学进一步提升学生的学习能力，使学生更擅长思政课的学习。同时，教师充分发挥多种媒体的教学功能，借助教学幻灯片、红色歌曲、影视作品以及人物纪录片等形式帮助学生生动、直观地学习思政课。其三，采取师生互动模式调动学生积极性，吸引学生注意力，让学生自己启发自己，提高教学效率。针对教材中的一些问题进行讨论，通过轮流发言、小组讨论或自由辩论等形式，使学生充分发表意见看法，在交流发言中开拓学生的思路，增强学生的团队协作意识，加深对课程理念的理解，巩固课堂教学内容，促进理论的应用。其四，适时在教学中引入鲜活案例，彰显沂蒙红色文化的精神内涵，激发学生的实践兴趣。以案例式教学法激发学生的理论学习兴趣，活化教学过程，创新课堂教学。案例分析的着眼点在于提高学生解决实际问题的能力，而不仅仅是针对书本知识和某些固定概念。它可以变抽象为具体，提高学生理论联系实际的能力；变单一为综合，提高学生的综合分析能力；变被动为主动，提高学生的学习创造性。其五，针对某些重点理论问题组织专题研讨，结合现实问题开展调查研究，引导学生通过学习、实践、总结回答问题。通过交流、对话、实践与反思，实现互相启发、拓展思路的目的，从而提高学生分析问题、审思现实和实践探究的能力。

沂蒙精神教育必须要在实践中体验和认知，通过感悟红色历史文化中蕴含的精神力量，深化对自身人生意义和价值的思考，进而将沂蒙精神转化成个人的行为准则。

第八章　营造沂蒙精神融入高校思想政治理论课的环境

高校是有目的、有计划、有组织地进行思想政治教育，完成立德树人根本任务的特殊型社会组织，高校思想政治教育工作应从大局着眼，从细微入手，营造出全方位育人的大环境，春风化雨树德行，润物无声育新人。经久不衰的沂蒙精神以其独特的精神基因滋润每一个中华儿女的心田，提升学生的红色信仰同样需要打造隐性文化教育环境。文化自信融入高校思想政治教育为其环境营造提供丰富的文化教育因素，中华文化源远流长，如一泓涌流的清泉，只要不懈挖掘、充分引导，定能源源不断地滋润大学生。将沂蒙精神融入高校思想政治理论课，学校可以借助中华文化可操作化的外在表现形式营造良好的环境氛围，确保大学生受沂蒙精神的熏陶，有针对性地促进大学生认识中华文化、感悟中华文化、自觉传承与弘扬中华文化。在此过程中使学生受到潜移默化的影响，逐步提高学生的道德水平、文化基础，认同沂蒙精神的价值，增强对本民族文化基因的自信心，提高对其他民族文化的辨别力和警惕力。因此，沂蒙精神融入高校思想政治理论课需要营造思想政治教育大环境。

第一节　营造红色舆论积极的社会环境

思政课实践教学改革，就是要进一步整合各类教学资源，调动各个方面的积极性，确立“大思政”的教育理念，营造“大思政”的实践教学模式。大思政课堂理念下，社会环境是整个育人体系中的重要环节，也是学生在自我感悟基础上的自我体验和提升的有效途径。要真正实现沂蒙精神内化于心，不能单纯采取课堂灌输、说教的方式，必须让学生走进社会，直接接触红色革命文化与革命老区的新变化，拉近学生与沂蒙精神的距离，让沂蒙精神变得可感可触。学生在身体力行的实践中，才能真正体会到了沂蒙精神的内涵和精髓。

在将沂蒙精神融入高校思想政治教育且发扬宣传的过程中，离不开与整个社会的密切合作。高校应当整合社会资源为沂蒙精神的发扬提供良好的物质条件和文化氛围。当地政府可适当发挥自身行政功能，积极加强与沂蒙老区人民的联系，获取沂蒙地区的最新发展状况，及时发掘出沂蒙精神中最鲜活的、最符合时代精神的案例。同时,政府还可发挥自身文化建设和城市建设的功能,设立新颖、脍炙人口的标语、宣传幅等,加强城市红色文化氛围的营造。

与此同时,高校应该与社会企业相互配合。社会企业可以给大学生提供在校期间参与社会工作的机会,让大学生在实践中体会沂蒙精神的精神特质,并让大学生始终以沂蒙精神所包含的世界观、人生观与价值观去认识和解决问题,同时更要以实际的、发展的眼光去看待社会问题,以更加科学的思维去继承和发扬沂蒙精神带给大家的精神财富。

第二节　打造红色底蕴深厚的学校环境

高校应高度重视用红色精神教育学生,努力做到学校发展为了学生、发展依靠学生、发展成果由学生共享,着力保持校领导、教师同学生的密切联系。不能让沂蒙精神在学生眼中高高在上,高校应切实做到在沂蒙精神的指导下,针对不同年级学生的不同特点和需求,确定相应培养目标,制定相关制度与条例,切实解决学生的学习、生活难题,让理论为学生所用,赢得学生信赖。

将沂蒙精神融入校园文化,提升高校思想政治理论课的氛围。用好用活沂蒙精神案例,讲好"中国故事"、"沂蒙故事"、"临大故事"。临沂大学的校园文化有着鲜明的沂蒙精神特征。首先,体现在校风、校徽、校歌中。临沂大学"实"的校风体现了沂蒙人民的朴实民风、"沂蒙精神"的内涵特质以及实事求是的学风作风。临沂大学校徽以学校图书馆为主体,代表沂蒙地区特有的岱崮地貌,形似巍峨蒙山,宣扬了踏实、敦厚、坚定的精神品质。临沂大学校歌也体现了地域特色,把沂蒙历史、人文、精神、景观等充分融入其中,传递了爱国、爱党、爱校、爱人民的无限情怀。教育部思想政治工作司组织编写的《百所高校校训、校徽、校歌汇编》中,临沂大学校训、校徽、校歌入选其中。其次,体现在红色非物质文化遗产展馆等。临沂大学建设了沂蒙精神展馆、红色非物质文化遗产展馆和红色文献收藏中心等设施,开通了校内沂蒙精神育人专题电视频道和数字广播,在学报、校报开辟沂蒙精神育人专栏,把电影、话剧、歌曲等文艺作品搬进课堂,成为学校丰富开展思想政治理论课程的重要支撑。学校红色馆是全国高校唯一一所红色非物质文化遗产展馆,收集有近4万册革命题材纸质图书,默默发挥着"以文化场馆引导人"的功能,成为学校用沂蒙精神育人的重要文化载体,吸引了国内外大量慕名而来的参观者。采用照片、实物、影雕、塑像微缩景观、实景复制等形式,通过光、声、电、影等展示手段的恰当运用,强化陈列的动感,烘托气氛,增强展览的感染力,让大学生更深入地学习体会沂蒙精神的内涵和沂蒙人民的先进事迹，在日常大学生活中感受到沂蒙红色文化的熏陶。师生结合思想政治理论课内容自编、自导、自演、自拍的沂蒙精神乐舞剧、专题片等，荣获全国高校校园文化建设优秀成果一等奖、山东省文化创新奖。最后，体现在对红色文化和红色作品的挖掘和弘扬中。组织学生参观红色馆、博物馆，观看《沂蒙六姐妹》、《沂蒙印象》等红色艺术作品，撰写观后感，举行“跟着共产党走”等爱国主义歌曲歌咏比赛和红色演讲比赛；依托互联网、“两微一端”等平台，创建网络思想政治教育专栏，更新思想政治理论课网络资源，实现资源共享。探索实施“讲课＋讲座”、“互联网＋课堂”、“线上＋线下”等混合式教学新模式，提升学生学习思想政治理论课的兴趣，增强教学吸引力和感染力。

在校报、网站、广播站、“两微一端”等开辟“沂蒙精神”专栏，大力宣传沂蒙精神；组建大学生“沂蒙精神研究”社团，组织爱国歌曲合唱比赛、演讲比赛、征文比赛等主题教育活动，积极弘扬沂蒙精神；建设完善将军园、沂蒙文化长廊、沂蒙精神群雕等校园红色文化景点，在适当位置矗立沂蒙精神标识、标牌，营造沂蒙精神育人氛围；建设具有历史纪念意义的抗大一分校、滨海建国学院校门、校舍等特色文化景观，挖掘沂蒙精神史料，充实完善红色馆、红色非物质文化遗产展馆内容，加强师生校史校情教育。

第三节　营造红色氛围浓厚的家庭环境

家庭教育是大学生成长成才不可或缺的一种教育，其教育影响是学校教育和社会教育不可代替的。

一、开展不同形式的家庭亲子活动

带孩子到红色文化底蕴深厚的地方旅游、观看红色革命题材的影视剧、讲特殊的纪念日和重大历史事件、清明节带孩子给烈士扫墓、参观一些有历史意义的纪念馆，让孩子感受到革命英雄的伟大，了解我们强大的祖国有多么来之不易。

二、点滴小事中践行

家长一定要让孩子明白，在现如今的和平年代，爱国并不一定非要做轰轰烈烈的事情，我们可以将对祖国的爱融入日常力所能及的小事中。比如，给贫困山区的孩子捐赠一些衣物、文具，或者给福利院的小朋友们捐赠一些自己看过的图书，当有些地方遇到灾害时施以援手等。家长可以引导孩子对身边人从小小的爱开始，慢慢地学会爱家庭、爱民族、爱祖国。

三、家长以身作则

爱国教育不能仅靠家长的教育引导，还要让孩子自己去感受，去体会。作为父母，我们要以身作则，多带孩子参加一些有意义的社会实践，让孩子懂得现在的繁荣昌盛有多么来之不易。只有这样，他们才会从内心深处去珍惜和热爱我们脚下的每一寸土地。

第九章　将沂蒙精神教育纳入教学评价

沂蒙精神永不褪色，红色基因历久弥新。“水乳交融、生死与共”的沂蒙精神蕴含着巨大的育人价值，将沂蒙精神融入高校思政课是发挥沂蒙精神育人价值的重要渠道。而建立科学的评价体系是充分发挥沂蒙精神育人价值的重要保障。CIPP 模式作为成熟的教学评价模式，为评价体系的构建带来系统的思路。本章 CIPP 模式流程完备，彰显过程性评价理念，能为沂蒙精神融入高校思政课评价体系的建构提供科学指导，进而改进和提高融入效果。本章基于 CIPP 模式尝试建构沂蒙精神融入高校思政课的评价体系，从评析融入背景、评析方案设计、评析方案实施、评价融入成果四个阶段给出了具体的评价建议，以期更好地发挥沂蒙精神的育人价值。

第一节　CIPP 模式基本内容及应用可行性

一、CIPP 模式的基本内容

CIPP 模式是 20 世纪 60 年代末、70 年代初由美国著名的教育评价专家斯塔弗毕姆及其同事提出的一种评价模式，该模式包括背景评价、输入评价、过程评价、成果评价四个评价阶段。背景评价主要是通过调查、访谈、系统分析、诊断性测验等方法对方案出台的背景以及确定方案目标的依据进行评价；输入评价主要是对能够达成最终目标的多种可行性方案进行评价以生成一种适用的方案；过程评价主要是评价所确定方案的实施过程以改进方案的设计和实施程序；成果评价主要是对所实施方案进行测量、解释、判断以全面考察该方案的实施效果，从而决定是否继续、终止、调整方案。成果评价又分为影响、成效、可持续性和可应用性评价四个步骤，因此 CIPP 模式可以说是包含了四阶段七步骤的内容。

该模式的优点可以概括为系统评价、改良过程。斯塔弗毕姆的评价观是一种系统的、改良取向的评价观。这种模式能够提供系统全面的信息，帮助决策者确定方案目标、修订研究计划、改进方案实施、考核方案实施结果，使评价变得更加系统、更加注重过程性。正因如此，该模式被广泛应用于评价体系的探索。

二、用于构建沂蒙精神融入高校思政课评价体系的可行性

沂蒙精神所明确的价值取向“有利于当代大学生在正确的价值观、学习观和事业观的支配下进行正确的价值选择”[①],如何更好地融入以发挥沂蒙精神的价值功能成为一项探索性推进的活动,这项活动进展的有效性则需要相应的评价体系来判断。目前,沂蒙精神融入高校思政课尚未有完备的评价体系,无法对融入过程进行及时的监控和调节。因此,基于科学的理论构建评价体系以提高融入效果尤为重要。

沂蒙精神融入高校思政课的特殊性决定了运用CIPP模式的可行性。沂蒙精神融入高校思政课的特点具体表现在以下两个方面:第一,系统完整性。沂蒙精神融入高校思政课是一项探索性活动,需要考虑多方面的因素,如大学生对沂蒙精神的了解程度、高校思政课的教学特点、沂蒙精神育人资源的教学优势、具有沂蒙精神素养的师资队伍等,关键因素缺一不可。只有系统完整地进行评估,才能确定一套切实可行的融入方案。第二,过程调控性。首先,融入方案的规划、设计、实施等环节随着方案的推进必然要进行适时调整,需要作出怎样的调整则需要通过评价获取反馈信息,也只有在推进中不断改进融入方案才能实现沂蒙精神与思政课的深度融合,激活沂蒙精神的教育活力。其次,课堂教学是融入沂蒙精神的主渠道,整个过程中的教育主客体即教师和学生都是极富创造性的鲜活个体,势必会生成新的教育亮点调节融入过程。以上两个特点与CIPP模式“系统评价、改良过程”的特点正好适应,这就为CIPP模式用于沂蒙精神融入高校思政课评价体系的探索提供了可能。

第二节 基于CIPP模式构建沂蒙精神融入高校思想政治理论课评价体系的探索

基于CIPP模式的四阶段七步骤将沂蒙精神融入高校思想政治课的评价流程系统化。第一阶段,评析融入背景;第二阶段,评析方案设计;第三阶段,评析方案实施;第四阶段,评价融入成果,此阶段包括评价融入程度、评定融入成效、制度化方案、推广融入方案四个步骤。将评价贯穿沂蒙精神融入高校思想政治理论课的全过程,使融入过程伴随着评价与改进,进而提高沂蒙精神在高校思想

① 孙海英:《论沂蒙精神的价值取向与当代大学生的价值选择》,《临沂大学学报》2016年第1期,第6-10页。

政治理论课中的运用效果。(表 9-1)

表 9-1　沂蒙精神融入高校思想政治理论课的评价

步骤	CIPP 模式	评价流程	要点说明
1	背景评价	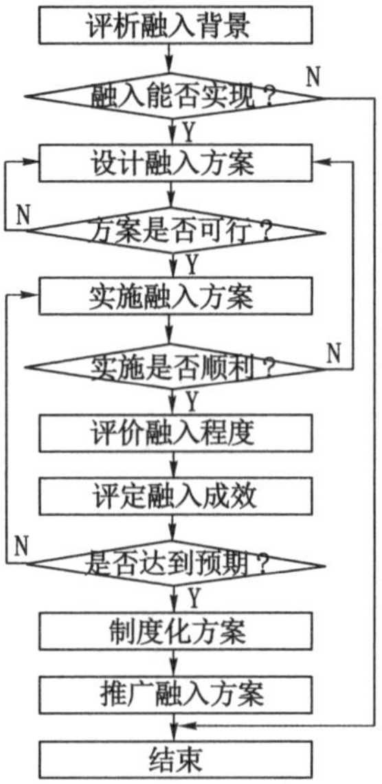	国家政策、课程目标、学生需求、融入理念
2	输入评价		师资队伍、教学设计、校园氛围、经费预算
3	过程评价		教师素养、教学实施、环境打造、经费支出
4	成果评价		认知、认同、践行程度
			融入结果的品质和重要性
			方案的优点及可持续性
			适用性、推广性

一、评析融入背景

此阶段主要评析沂蒙精神融入高校思政课是在什么样的背景下进行的,融入背景的评析主要涉及国家政策、课程目标、学生需求、融入理念等要点。评价内容具体化为国家有什么样的政策能为融入教学提供相关的政策支持,从课程目标出发考虑沂蒙精神融入高校思想政治课的价值功能,大学生对于沂蒙精神存在哪些学习需求。评析融入背景可通过探讨国家相关文件政策、问卷调查学生需求、访谈获取名师教学理念等方式进行。评析融入背景主要是为设计融入方案提供信息基础,综合融入背景信息确定融入能否实现,能实现则开始设计融入方案。

二、评析方案设计

此阶段主要对沂蒙精神融入高校思政课方案设计的优劣进行评价,选择一套最佳的实施方案。对设计融入方案的评价主要涉及师资队伍、教学设计、校园氛围、经费预算等要点。评价内容具体化为哪些教师能承担起将沂蒙精神融入高校思政课的任务；通过什么样的教学设计将沂蒙精神融入高校思想政治课，该教学设计包括预选相契合的沂蒙精神教育内容、预选相适应的融入教学方法等教学基本问题；为更好地将沂蒙精神融入高校思政课所预期打造的校园氛围能否润物无声促进教学；本融入方案的经费预算是否处于可承担范围。对设计融入方案的评价可以采用局部试点的方法进行，例如，选择某一个班级进行该融入方案的试点，其中，校园氛围可用班级氛围代替试验。通过局部试点评判该方案的可行性和适用性，旨在确定一种可行的融入方案以避免时间和金钱的浪费。综合对所设计融入方案的评价确定该方案是否可行，可行则实施融入方案，不可行则重新设计融入方案。

三、评析方案实施

此阶段对沂蒙精神融入高校思政课的实施过程进行评价，主要目的是将沂蒙精神融入高校思政课教学并改进前阶段融入方案的设计。该阶段的评价主要依据上阶段设计的融入方案进行，主要涉及教师素养、教学实施、环境打造、经费支出等评价要点。评价内容具体化为将沂蒙精神融入高校思政课的教师是否表现出相应的沂蒙精神教学素养，融入方案的实施是否指导学生把握住沂蒙精神与高校思政课相关内容的内在联系，是否能用预选的方法推进融入教学，是否为融入教学营造出良好的校园氛围，融入教学中经费支出如何。对实施融入方案的评价，可以采用集体反思、听课评课、学生访谈等方式进行。通过对上述问题的评价判断方案的实施是否顺利，顺利则继续推进方案，不顺利则返回设计融入方案步骤改进方案。

【相关链接】

沂蒙精神融入高校思政课的教学评价案例

充分发挥沂蒙精神补精神之钙、壮信念之骨的作用，需要对教学进行评价，善于从评价的反馈中得到改进教学的启发，不断提升沂蒙精神的运用效果。

泰勒的目标模式中，评价结果阶段为评价沂蒙精神教学效果带来启迪。与“我们如何确定这些目标正在得以实现？”这一问题相对应的是评价结果阶段，评价过程是从教育计划的目标开始的，此过程是课程开发系统得以运行的基本保证。泰勒的评价理念主要包含两个方面：第一，将评价与目标相结合，使评价成为目标得以达成的手段；第二，扩充评价的内涵，用评价观代替传统的测验观。泰勒的目标模式系统地论述了课程开发的模式，基于评价结果阶段的要求，本书在综合考虑教学目标、教学内容、教学方式的基础上融合高校思想政治理论课教学评价提出了沂蒙精神融入高校思想政治理论课教学评价建议。高校思想政治理论课的教学评价主要集中在教师的教学评价和学生的学习评价两个方面。将沂蒙精神运用于高校思想政治理论课教学,其价值意义是否得以实现,也应从教和学两个角度展开评价。

1. 对教师运用沂蒙精神情况进行评价

美国心理学家波斯纳提出一个教师成长公式:经验+反思=成长。由此可见,反思对于教师成长而言非常重要。将沂蒙精神运用于高校思想政治理论课,教学教师是最直接的运用主体,教师应借助评价反馈积极进行反思,从而提高运用沂蒙精神的能力。

对教师运用沂蒙精神情况进行评价不是单独进行的,而是和常规教学评价融合在一起进行的。首先,应对常规教学评价了然于胸。教学评价主要是评价教师对教学过程的调控质量,只有对教学过程调控得好,才会有好的学习结果。[①] 常规教学中,对教师的评价主要是评价课堂教学。就评价内容而言,课堂教学评价主要对教学目标、教学内容、教学方法、教学环节、教学氛围、教师素养、教学效果等方面进行评价;就评价方式而言,有领导评价、其他教师评价、学生评价、教师自我评价。其次,将沂蒙精神教学评价渗透在常规教学评价中进行。对教师运用沂蒙精神情况进行评价,其内容和方式同常规教学,在此基础之上突出沂蒙精神教学评价。沂蒙精神教学评价主要评价教师是否清晰呈现沂蒙精神教学目标,是否选用了相契合的沂蒙精神内容,是否选用了能够激发学生学习兴趣的教学方式,是否展现出了沂蒙精神教学素养,是否引导学生实现了对沂蒙精神的认知、认同和践行等。教师运用沂蒙精神育人的劳动价值具有模糊性,学生的成长和进步可能是多因素作用的结果,所以很难指出学生的变化是由哪方面因素引起的,因此对教师的评价应该注重过程性评价。以《社会存在决定社会意识》一课为例,教学评价如表 9-2 所示。

2. 对学生学习沂蒙精神情况进行评价

学生的学习评价主要是指学业评价,但评价的甄别与选拔功能已逐渐淡化,评价的根本目的在于促进学生的发展。高校思想政治理论课学业评价的落脚点是学生成长所必需的关键品格和关键能力,思想政治课程更加注重学生综合素质的发展,以适应社会人才发展的要求。

对学习沂蒙精神情况进行评价同教学评价一样应该同对学生的常规评价结合在一起进行。首先,应对常规学习评价做到心中有数。就评价内容而言,思想政治学习评价主要评价学生政治认同、科学精神、法治意识、公共参与素养的达成;就评价主体而言,主要有教师的评价、其他学生的评价、学生的自我评价。就

① 刘强:《思想政治学科教学新论》,高等教育出版社 2003 年版,第 283 页。

表 9-2 教学评价记录表

授课教师	×××			时间	××××年××月××日	
班级	×年级×班			课题	社会存在决定社会意识	
教学过程评价(请在相应选项下打"√")						
评价维度		评价等级				
		好	较好	一般	较差	差
1. 清晰呈现社会存在决定社会意识和沂蒙精神发展历程等教学目标						
2. 教材处理得当,教学重点突出						
3. 沂蒙精神与教学内容融合得当						
4. 教学方式有利于课程知识和沂蒙精神的学习						
5. 教学程序环环相扣,过渡自然						
6. 课堂氛围民主、和谐						
7. 教学能促进学生教材知识和沂蒙精神的学习						
教学反思						

评价形式来看,有诊断性评价、形成性评价、终结性评价等,其中形成性评价愈来愈受重视,评价愈加温和富有人情味。其次,将沂蒙精神学习评价渗透在常规学业评价中进行。对学生学习沂蒙精神进行评价,其内容、主体和形式同常规学习评价,在此基础之上突出沂蒙精神学习评价。沂蒙精神学习评价主要评价学生是否拥有清晰的学习目标,是否能积极参与学习活动,是否能把握住沂蒙精神和教材学习内容的内在联系,是否对沂蒙精神拥有了期望的认知、认同和践行。特别注意的是,学生对沂蒙精神的认知、认同和践行不是相分离的,这三个程度是相互联系的统一体,学生能够自觉地践行沂蒙精神是教学所期待达成的理想目标,正如叶圣陶所说"品德教育重在实做,不在于能说会道"。学生只有进入到社会为社会作出贡献之后,它的价值才能最终体现,所以对学生的学习并不能做终结性的评价,而应该对其学习过程进行评价。毋庸置疑,检验学生的学习效果应该通过情境化评价进行,情境化学习评价也正体现了教学评价由重视结果转向重视过程的发展趋势。以《社会存在决定社会意识》一课为例,学习评价如表9-3所示。

综上所述,对沂蒙精神的运用效果进行评价的出发点是提高沂蒙精神的运用效果,师生都应该重视从过程性评价中获得改进启示,以提高沂蒙精神融入高校思想政治理论课的教学效果。

表 9-3 学习评价记录表

<table>
<tr><td>授课教师</td><td>×××</td><td colspan="2">时间</td><td colspan="3">××××年××月××日</td></tr>
<tr><td>班级</td><td>×年级×班</td><td colspan="2">课题</td><td colspan="3">社会存在决定社会意识</td></tr>
<tr><td colspan="7">学习过程评价（请在相应选项下打“√”）</td></tr>
<tr><td colspan="2" rowspan="2">评价维度</td><td colspan="5">评价等级</td></tr>
<tr><td>好</td><td>较好</td><td>一般</td><td>较差</td><td>差</td></tr>
<tr><td colspan="2">1. 明确本节课要学习社会存在决定社会意识和沂蒙精神发展历程</td><td></td><td></td><td></td><td></td><td></td></tr>
<tr><td colspan="2">2. 积极参与探究“为什么不同时期沂蒙精神有不同的价值取向”</td><td></td><td></td><td></td><td></td><td></td></tr>
<tr><td colspan="2">3. 与小组同学配合主动</td><td></td><td></td><td></td><td></td><td></td></tr>
<tr><td colspan="2">4. 流利地表达小组的探究结果</td><td></td><td></td><td></td><td></td><td></td></tr>
<tr><td colspan="2">5. 对社会存在决定社会意识和沂蒙精神的认识深刻</td><td></td><td></td><td></td><td></td><td></td></tr>
<tr><td colspan="2">6. 能够反思学习需要改进的地方</td><td></td><td></td><td></td><td></td><td></td></tr>
<tr><td>学习反思</td><td colspan="6"></td></tr>
</table>

四、评价融入成果

该阶段对沂蒙精神融入高校思政课的最终效果进行评价，包括四个步骤。第一，评价融入程度。主要是评价融入方案影响学生的程度，即沂蒙精神融入高校思政课后，学生对沂蒙精神的认知、认同和践行的程度。特别注意的是，学生对沂蒙精神的认知、认同和践行是相互联系的，其中践行沂蒙精神是融入方案所期待达成的理想目标。对融入程度的评价建议采用情境化评价进行。第二，评定融入成效。对沂蒙精神融入高校思政课所产生的结果作出范围、深度、品质和重要性层面的评价，重点评价融入结果对学生学习和生活带来的积极影响。第三，制度化方案。考究该方案可持续化实施下去的程度，该步骤可采用专家研讨和评估的方式进行。第四，推广融入方案。评价成功方案能适用于何处，旨在将成功方案进行推广以便促进各地红色精神教育价值的发挥。

四个评价阶段丝丝入扣，将评价贯穿于沂蒙精神融入高校思政课的全过程，系统包含了对融入背景、融入设计、融入实施、融入成果的评价，对每一阶段的评价要点作出了具体全面的说明，具有评价的可操作性。同时，各阶段之间的反馈机制有利于形成融入与不断改进的良性循环，螺旋式提高沂蒙精神融入高校思政课的育人效果。

第三节　基于 CIPP 模式设计沂蒙精神融入高校思想政治理论课评价体系的现实意义

党的十八大以来，习近平总书记多次强调，要不忘初心、牢记使命，把红色资源利用好、红色传统发扬好、红色基因传承好，让革命事业薪火相传、血脉永续。①。沂蒙精神融入高校思政课正是立足于习近平总书记的讲话精神将沂蒙精神利用好、发扬好、传承好，为之建立相应的评价体系是充分发挥其育人价值的现实需要，也是弘扬和传承沂蒙精神的内在需要。因此，基于 CIPP 模式构建沂蒙精神融入高校思政课的评价体系更具现实意义。

一、背景评价有利于明确沂蒙精神融入目标

立足于充分发挥沂蒙精神的立德树人作用，各专家学者孜孜不倦地探索沂蒙精神融入高校思政课的最佳路径，提升融入效果的前提则是明确沂蒙精神融入高校思政课的育人目标。英国学者沃维纳格曾说："无目标的努力，有如在黑暗中远征。"因此，明确育人目标是融入的第一步也是关键一步。第一阶段评析融入背景不仅要分析国家政策以及相关红色文化重要论述，而且要分析思政课的培养目标和沂蒙精神的教育价值。沂蒙精神如一本鲜活的教材，是思政课重要的教学补充资源，本阶段的评价直接厘清沂蒙精神融入高校思政课的目标，在融入目标的指引下设计融入方案则能起到事半功倍的效果。

二、输入评价有利于完善沂蒙精神融入准备

俗话说"不打无准备之仗"，好的准备是成功的一半。沂蒙精神融入高校思政课的准备工作及设计融入方案是整个流程不可或缺的重要组成部分，有效的评价能为后续融入方案的实施做好坚实的铺垫。习近平总书记指出："办好思想政治理论课关键在教师，关键在发挥教师的积极性、主动性、创造性。"②本阶段通过评价哪些教师能承担起融入任务，直接有利于建设担负融入重任的师资队伍、发挥具有沂蒙精神特质教师的创造性，提高融入效果。评价教学设计有利于选择恰当的教学内容，挑选出适合的教学方式。评价校园氛围的预设有利于建

① 《传承红色基因　不忘初心使命：十论深入学习贯彻习近平总书记对湖南工作的重要指标精神》，《湖南日报》2018 年 8 月 8 日。

② 《习近平主持召开学校思想政治理论课教师座谈会强调　用新时代中国特色社会主义思想铸魂育人　贯彻党的教育方针落实立德树人根本任务》，《人民日报》2019 年 3 月 19 日。

设沂蒙精神融入高校思政课的隐性环境。评价经费预算有利于为沂蒙精神融入高校思政课提供经费保障。

三、过程评价有利于改进沂蒙精神融入方案

融入方案的实施是沂蒙精神融入高校思政课的核心环节,实践是检验真理的唯一标准,对融入方案的实施进行评价直接起到检验融入方案和改进方案的作用。评价教师素养有利于督促教师不断提高自身的教学基本功,成为有文化底蕴的红色育人者。评价教学实施有利于促进教师深入挖掘沂蒙精神与思政课的契合点,有利于教师在"教学有法、教无定法、贵在得法"教学理念指引下创新教学方式,从而提高学生学习沂蒙精神的参与感。评价环境打造有利于营造出更具红色底蕴的校园氛围,充分发挥环境对人潜移默化的滋养功能。评价经费支出有利于鉴定经费消耗的经济性、效益性。

四、成果评价有利于推广沂蒙精神融入方案

成果评价最可贵的是在鉴定融入方案实施成效的同时,考虑到了融入方案的可持续性和推广性。鉴定实施方案成效以检验学生的学习成效为主进行评价,评价势必会通过一系列的情境化活动进行。例如,以弘扬沂蒙精神主题举办知识竞赛活动、主题活动、主题实践活动,评价学生对沂蒙精神的认知、认同和践行。有亮点的情境化活动是沂蒙精神教育典范"走出去"的重要载体。目前,红色精神的育人研究如同雨后春笋,热度极高,沂蒙精神融入高校思政课的成功教学实践不仅能实现沂蒙精神育人的创新性发展,而且能够为其他地区、其他精神的红色育人活动提供方案借鉴。

总而言之,基于指向过程评价的 CIPP 模式为沂蒙精神融入高校思政课构建系统科学的评价体系,是发挥沂蒙精神育人功能的重要保障。该评价体系是否能最大限度提高沂蒙精神育人效果,还需要在实践中进行摸索、检验和再次建构。高校思政课教师应不断夯实自身的红色底蕴,打造红色课堂,充分利用沂蒙精神等红色精神立德树人,并为之建立科学的评价体系,形成育人长效机制,为国家培育一批有正确的价值观、事业观和职业观的新时代大学生,让每一个大学生都能作出正确的价值选择,成为中国梦的筑梦者、圆梦人。

结 束 语

沂蒙精神是中国共产党和沂蒙人民共同创造的精神文明成果，是高校思想政治理论课教学的“活教材”，只有充分利用才能最大化发挥其育人价值。近年来，沂蒙精神的研究愈加深入，沂蒙精神资源的挖掘整合愈加充分，这为沂蒙精神融入高校思想政治理论课教学打下了坚实的理论基础。沂蒙精神融入高校思想政治理论课教学也越来越受重视，教学实践不断深入。

沂蒙精神融入高校思想政治理论课的应用价值在于：一是教师教学水平大幅提升。“沂蒙精神融入高校思想政治理论课的研究与实践”教学案例获得山东省大学生思想政治教育优秀工作案例；相关成果获得山东省高等教育教学成果一等奖；以“沂蒙文化打造特色，沂蒙精神立德树人”为主要内容的孙海英工作室获山东省首批思想政治理论课名师工作室，1 人入选山东省高校思想政治理论课教师“十百工程”优秀中青年骨干教师，1 人获全国高校思政课教师影响力提名人物；3 个团队被评为校级优秀教学团队，1 个团队被评为黄大年式教师团队。相关专业教师发表各类教学研究、教学管理、学术论文累计 70 多篇。

二是学生实践能力明显提高。沂蒙精神融入思想政治理论课三维教学的探索和实践，充分利用本地红色文化资源，强化了实践教学，学生的实践能力、综合素质得到有效提升。截至目前，临沂大学共获批国家级大学生创新创业项目 411 项，校级 1 008 项，参与人数达 3 853 人；获国家级各类学科竞赛奖 1 312 项、省部级奖 1 852 项。其中，马克思主义学院思想政治教育专业学生在全国大学生“华文杯”讲课比赛中获奖 15 项；获山东省讲课比赛一等奖 2 项；获批创新创业项目 25 项，其中国家级 3 项；学生发表论文 18 篇；学生参加校外各种社会实践活动并提交专题研究论文、社会调查报告，并多次获得“调研山东”优秀调查报告。

三是人才素质显著提升。作为临沂大学独具特色的育人工程，一批具有“能吃苦、善创新、敢担当、乐奉献”临大特质的毕业生，受到用人单位与社会的广泛认可和赞誉。涌现出甘愿为北京陌生教师捐献骨髓的“新雷锋”黄梓琪、第二届全国道德模范提名奖获得者刘秀祥、受到总书记回信鼓励的“第一书记助手”创新创业团队等典型。6 人获得“全国大学生自强之星”称号，89 名学生自愿参加“西部计划”。

理直气壮地办好思想政治理论课，是一项教育工程，也是一项政治工程，更是一项立德树人的战略工程。将红色文化和中国共产党的革命精神融入思想政治理论课建设，是还原思想政治理论课政治性本质属性的客观要求，也是新时代赋予思想政治理论课的神圣使命。沂蒙精神融入高校思想政治理论课的基本理念是将沂蒙精神融入思想政治理论课以实现理论掌握、能力培养和价值引领的提升，核心思想是自主、合作、创新，主要路径是教学理念、教学方式的改革和学生学习方式的变革。如何通过思想政治教学弘扬和传承沂蒙精神，如何利用沂蒙精神铸魂立德树新人，还需要教育者在教学实践中不断探索行之有效的运用方式，齐心协力提高沂蒙精神融入高校思想政治理论课教学效果。进一步深化研究的建议如下：

（1）加强研究，提升理论素养。习近平总书记指出："推动思想政治理论课改革创新，要不断增强思政课的思想性、理论性和亲和力、针对性。"大学思政理论课不同于中学思想政治课，理论性是其基本特征，对思政理论课教师提出了更高要求。为此，要进一步加强对沂蒙精神内涵和价值挖掘的研究，加强对沂蒙精神与思政理论课最佳契合点的研究，加强相关前沿教育教学理论的研究。

（2）提高认识，大力开发资源。改变以往对教学资源的收集利用以及对实践教学的局限，创新形式挖掘教学资源，可以综合视频、抖音、快手、图片等学生喜闻乐见、易于接受的新形式。结合沂蒙红色文化和沂蒙精神课的教学与实践看，以往载体的优势是显而易见的。活动（实践）载体可以创造多种活动形式，满足学生的猎奇心理，符合学生的实际，更容易取得良好的教育效果。文化载体可以依托多种形式渗透到校园的每一个角落，通过潜移默化的方式感染学生的思想、意识。互联网已经成为一个不可忽视的媒介，不断创新载体建设、积极开发网络载体对加强大学生思想政治教育具有重要意义。强化以往载体的优势，实现多种载体的有机结合，是将沂蒙精神融入思想政治教育课的必由之路。

（3）突出主题，加强教师引导。课题研究过程中，在保证教师正确引领的前提下，充分发挥学生在教学中的积极作用。只有学生最大限度地广泛参与的课题研究，才能推动课程的发展，使其更具有实践性和借鉴价值。

（4）注重提炼，构建理论体系。课题研究不能只是一些零散经验的堆积，要在实践经验的基础上注重理论总结。只有构建起结合实践的完整的理论体系，课题研究的成果才具有推广意义。

参考文献

[1] 本书编写组. 沂蒙精神学习读本[M]. 北京：中共中央党校出版社，2014.
[2] 蔡玉卿，徐东升. 沂蒙精神的文化自信：内涵、逻辑及规范[J]. 临沂大学学报，2016，38(6)：12-17.
[3] 陈海涛. 沂蒙精神与胶东革命精神的比较分析[J]. 新西部，2020(8)：58-59.
[4] 陈三营. 沂蒙精神融入新时代思想政治教育工作的三维进路[N]. 大众日报. 2019-11-25.
[5] 陈宪雨."大思政"理念下高职院校思政课实践教学改革探索[J]. 现代职业教育，2018(5)：88.
[6] 陈永莲，孙海英. 沂蒙精神进课堂对大学生理想信念教育的影响：《红色文化与沂蒙精神》课程研究[J]. 临沂大学学报，2015，37(4)：11-14.
[7] 戴继诚. 始终坚持并不断丰富发展对我国教育事业的规律性认识[J]. 红旗文稿，2018(20)：26-28.
[8] 丁凤鸣. 遵义会议精神与中国梦的实现[M]. 北京：社会科学文献出版社，2016.
[9] 丁小景. 高职思政课"自主—合作—创新"三维复合教学模式的构建[J]. 长春教育学院学报，2015，31(6)：127-128.
[10] 杜俊华. 红岩精神与其他中国革命精神比较研究：1900—1949[M]. 北京：中国社会科学出版社，2013.
[11] 费聿辉，徐东升. 关于沂蒙精神的哲学思考[J]. 临沂大学学报，2015，37(1)：34-37.
[12] 傅治平. 精神的升华：中国共产党的精气神[M]. 北京：人民出版社，2007.
[13] 高梅. 秦汉时期沂蒙人民反抗斗争评述[J]. 临沂师范学院学报，2002，24(2)：52-54.
[14] 高校德育成果文库·教育部思想政治工作司，张泰城，等. 红色资源与高校人才培养：以井冈山大学为例[M]. 北京：中国书籍出版社，2015.
[15] 韩玲，李正兴. 高校思想政治理论课教师如何讲好"红色故事"[J]. 思想理论教育导刊，2017(2)：110-114.
[16] 韩延明. 红色文化与社会主义核心价值体系建设研究[M]. 北京：人民出版

社,2013.
[17] 韩延明.摭论沂蒙精神的本源、本质、本色与本分:学习领悟习近平总书记关于沂蒙精神的重要论述[J].理论学刊,2019(1):48-55.
[18] 黄蓉生,潘洵.红岩精神的时代价值:红岩精神与社会主义核心价值观研究荟萃[M].重庆:西南师范大学出版社,2017.
[19] 汲广运.论沂蒙精神与党建的良性互动及启示[J].临沂大学学报,2015,37(6):6-12.
[20] 汲广运,王厚香.沂蒙精神的地域文化渊源研究[M].济南:山东人民出版社,2017.
[21] 汲广运.沂蒙精神的人民性及其在马克思主义群众路线教育中的作用[J].临沂大学学报,2013,35(4):4-7.
[22] 孔庆榕,鲁开垠.中华民族精神与当代中华民族凝聚力研究[M].北京:中国社会科学出版社,2006.
[23] 雷俊,赵云芬,李元明.延安精神与大学生教育[M].武汉:华中科技大学出版社,2005.
[24] 雷莹,等.不朽的丰碑:中国共产党革命精神历史嬗变研究[M].北京:光明日报出版社,2009.
[25] 李纪岩.马克思主义群众观视域中的沂蒙精神研究论纲[J].临沂大学学报,2013,35(4):12-14.
[26] 李纪岩.沂蒙精神的内涵体系、生成基础与弘扬路径[J].临沂大学学报,2015,37(6):13-17.
[27] 李纪岩.在高校各类课堂教学中协同推进大学生价值观教育[J].临沂大学学报,2015,37(3):56-60.
[28] 李江源.论中国共产党人的革命精神[J].理论导报,2006(1):11-15.
[29] 李津津.陶行知生活教育理论的运用:以高中思想政治课为例[J].中国高校科,2017(S1):82-83.
[30] 李佩芝,王冠卿.沂蒙革命斗争史略[M].南宁:广西人民出版社,1992.
[31] 李世明.延安精神与成功之路[M].北京:国家行政学院出版社,2015.
[32] 李卫红.学习研究宣传好党的历史和革命精神[J].中国高校社会科学,2013(6):4-9.
[33] 李小三.中国共产党人精神研究[M].北京:中央文献出版社,2008.
[34] 李旭荟.当前开展革命精神教育的几点思考[J].上饶师专学报(社会科学版),1990,10(1):1-4.
[35] 李雁冰.课程评价论[M].上海:上海教育出版社,2002.

[36] 梁自洁.沂蒙精神研究[M].济南:山东人民出版社,1994.
[37] 林滨,黄晓星.理论逻辑、认知逻辑与生活逻辑的三维一体:中山大学博士生思政课教学改革研究[J].教育研究,2011,32(10):105-108.
[38] 林存华,徐东升.论地方高校与沂蒙红色资源的有机契合[J].江西科技师范大学学报,2016(3):40-44.
[39] 临沂大学马克思主义学院.高校思想政治理论课教学案例集:沂蒙精神代代传[M].北京:高等教育出版社,2015.
[40] 临沂地区史志办公室.临沂百年大事记[M].济南:山东人民出版社,1989.
[41] 临沂市关心下一代工作委员会.沂蒙精神代代传:党史国史青少年教育简明读本[M].北京:教育科学出版社,2014.
[42] 刘慧.沂蒙精神的双重逻辑及其时代价值:写在习近平总书记沂蒙精神重要讲话五周年之际[N].大众日报.2018-11-15.
[43] 刘金田.红色精神[M].长沙:湖南教育出版社,2011.
[44] 刘娟娟,霍东军.德育重心:从他律转向自律[J].中学政治教学参考,2019(18):48-49.
[45] 刘明钢.方志敏:研究中国革命精神的第一人[J].党史博采(纪实),2011(12):30-32.
[46] 刘强.思想政治学科教学新论[M].2版.北京:高等教育出版社,2009.
[47] 刘涛.新时代弘扬沂蒙精神的文旅之路:写在习近平总书记沂蒙精神重要讲话五周年之际[N].大众日报.2019-11-25.
[48] 刘涛.沂蒙精神融入大学生创新创业教育论析[J].临沂大学学报,2016,38(2):1-4.
[49] 刘涛.沂蒙精神:新时代革命者的精神坐标:写在习近平总书记沂蒙精神重要讲话五周年之际[N].大众日报.2018-11-15.
[50] 刘晓华,陈立勇,张文彬.大庆精神及其当代价值[M].北京:人民出版社,2017.
[51] 刘延宏,刘云华.试论沂蒙精神对临沂区域经济发展的影响[J].临沂师范学院学报,2009,31(1):120-123.
[52] 罗学渭.井冈山精神与当代大学生[M].武汉:武汉大学出版社,2005.
[53] 马晓燕.基于实践体验的红色文化资源育人功能探究[J].思想理论教育,2019(2):107-111.
[54] 秦正为.沂蒙精神与社会主义核心价值体系[J].临沂大学学报,2015,37(1):30-33.
[55] 邱小云.论中共民主革命时期的革命精神史[J].江西社会科学,2013,33

(3):120-123.
[56] 渠长根.红色文化概论[M].北京:红旗出版社,2017.
[57] 山东省委党史研究院(省地方史志研究院)宣教处.尽善尽美唯解放,君与恩铭不老松:追记王尽美、邓恩铭烈士[J].山东干部函授大学学报(理论学习),2020(1):61-63.
[58] 山东沂蒙党的群众路线教育基地教材编审委员会.根脉:沂蒙根据地十五讲[M].北京:中共党史出版社,2016.
[59] 沈权.基于叶圣陶实践性德育思想的导行策略[J].中学政治教学参考,2019(17):38-39.
[60] 石书臣,张朋林.习近平关于红色文化重要论述的德育思考[J].思想政治教育研究,2019,35(5):1-6.
[61] 孙海英,陈永莲.沂蒙精神与临沂革命老区跨越式发展研究[M].济南:山东人民出版社,2017.
[62] 孙海英,陈永莲.沂蒙精神与临沂革命老区跨越式发展研究[M].济南:山东人民出版社,2017.
[63] 孙海英.初心和使命:新时代沂蒙精神的传承和弘扬:写在习近平总书记沂精神重要讲话四周年之际[N].大众日报.2017-11-19.
[64] 孙海英.创新创业教育视域下沂蒙红色文化资源的开发[J].红色文化资源研究,2016(2):139-145.
[65] 孙海英,侯婷婷.沂蒙精神融入高校思政课评价体系初探:基于 CIPP 模式[J].中学政治教学参考,2021(28):75-77.
[66] 孙海英.论红色文化的育人功能与机制构建[J].江西科技师范大学学报,2016(2):62-67.
[67] 孙海英.论沂蒙精神的价值取向与当代大学生的价值选择[J].临沂大学学报,2016,38(1):6-10.
[68] 孙海英,王淑彩.论沂蒙精神党性与人民性的统一[J].临沂大学学报,2020,42(6):7-14.
[69] 孙海英.沂蒙精神融入大学生文化自信教育的路径选择[J].临沂大学学报,2018,40(5):46-53.
[70] 孙海英.沂蒙精神与中国共产党的初心和使命[N].大众日报.2019-12-23.
[71] 孙秀民.中国革命精神及其当代价值研究[M].北京:北京师范大学出版社,2013.
[72] 孙艳秋.思想政治教育风格研究的意义与前路[J].思想教育研究,2016(8):26-29.

[73] 谭虎娃.延安精神新论[M].北京:人民出版社,2015.
[74] 王爱华,王刚,刘丽.多维视野下的红色文化[M].成都:西南交通大学出版社,2011.
[75] 王春梅,方艳.沂蒙红嫂故事选[M].济南:济南出版社,2019.
[76] 王春梅.构建沂蒙精神融入社会主义核心价值观教育的长效机制[J].临沂大学学报,2015,37(2):15-19.
[77] 王恩民.沂蒙脚步声:新闻通讯[M].济南:黄河出版社,2004.
[78] 王厚香,汲广运.沂蒙文化若干专题研究[M].济南:山东人民出版社,2016.
[79] 王厚香.沂蒙精神故事读本[M].南昌:江西人民出版社,2016.
[80] 王笑地.基于学科核心素养的教学目标结构及其表述[J].教育与教学研究,2021,35(1):28-39.
[81] 王玉平.来自西柏坡的报告[M].北京:北京大学出版社,2015.
[82] 魏本权,汲广运.沂蒙红色文化资源研究[M].济南:山东人民出版社,2014.
[83] 文锋."沂蒙精神"育出学子"临大特质"[N].中国教育报.2016-12-02.
[84] 肖发生,张泰城.近年来高校红色文化资源育人的理论与实践[J].红色文化资源研究,2017(1):205-220.
[85] 辛文.构筑社会主义现代化的不朽精神支柱:读《沂蒙精神研究》[J].山东社会科学,1995(6):98.
[86] 徐东升,费聿辉.沂蒙精神研究[M].北京:中央文献出版社,2013.
[87] 徐东升,费聿辉.沂蒙精神与社会主义核心价值体系研究[M].北京:中央文献出版社,2012.
[88] 徐东升,汲广运.马克思主义群众观视域下的沂蒙精神研究[M].北京:人民出版社,2019.
[89] 徐东升,汲广运.沂蒙精神研究[M].济南:山东人民出版社,2017.
[90] 徐东升,刘涛.沂蒙精神与中国精神的内在逻辑[J].江西科技师范大学学报,2015(3):16-21.
[91] 徐东升,刘文凯,张立富.中华民族精神简明读本[M].北京:中央文献出版社,2011.
[92] 徐东升,孙海英,叶桉.中国共产党革命精神研究[M].济南:山东人民出版社,2017.
[93] 徐东升,孙海英,英伟.沂蒙精神故事选[M].济南:济南出版社,2018.
[94] 徐东升.沂蒙精神:涵养中国精神的重要话语资源[N].大众日报,2017-

11-19.
[95] 徐东升.沂蒙精神闪耀时代光芒[N].人民日报,2017-12-14.
[96] 徐东升.中华民族精神研究[M].济南:山东人民出版社,2014.
[97] 阎伟东,孙玉玲.延安精神概览[M].北京:当代中国出版社,2005.
[98] 杨河.中国共产党革命精神史读本:新民主主义篇[M].北京:人民出版社,2014.
[99] 杨少华.引领时代前行的永恒动力:中国共产党革命精神研究[M].北京:人民出版社,2014.
[100] 杨少华.引领时代前行的永恒动力:中国共产党革命精神研究[M].北京:人民出版社,2014.
[101] 姚桓.创新思想教育 弘扬革命精神[J].中国井冈山干部学院学报,2012,5(1):131-135.
[102] 叶桉.八一精神论丛[M].南昌:江西人民出版社,2017.
[103] 叶建华.大爱中国:抗震救灾彰显中华民族文化与精神[M].北京:经济管理出版社,2009.
[104] 苑朋欣,谭苏丽.沂蒙精神的科学内涵和时代价值[J].临沂师范学院学报,2009,31(1):128-131.
[105] 苑朋欣.沂蒙精神溯源研究[M].济南:山东人民出版社,2017.
[106] 苑朋欣.沂蒙精神在大学生思想政治教育中的运用[J].红色文化资源研究,2016(1):107-113.
[107] 岳峰.论沂蒙精神融入大学生思想政治教育的路径[J].临沂大学学报,2016,38(3):13-16.
[108] 张爱芹,王以第.红色文化与道德建设研究[M].青岛:中国海洋大学出版社,2008.
[109] 张百霞.应用型本科院校思政课"三维一体"自主实践模式的构建与研究:以"中国近现代史纲要"课为例[J].知音励志,2016(10):38-39.
[110] 张广良."六要"是思政课教师的不懈追求[J].中学政治教学参考,2019(20):12-15.
[111] 张红云.沂蒙山区民众组织与革命动员问题研究[M].济南:山东人民出版社,2014.
[112] 张华.课程与教学论[M].上海:上海教育出版社,2000.
[113] 张荣臣.坚守共产党人的精神家园[M].成都:四川人民出版社,2013.
[114] 张文华,孙百亮.论弘扬沂蒙精神的时代意义[J].党史文苑,2007(12):18-19.

[115] 张志松,黄化.红船精神史学探源及其教育实践研究[M].杭州:浙江大学出版社,2014.

[116] 赵国壮.红岩精神与中共中央南方局研究文集[M].重庆:西南师范大学出版社,2019.

[117] 郑舒东.浅论沂蒙精神与临沂经济的可持续发展[J].时代文学(下半月),2008(2):159-160.

[118] 中共临沂市委党史研究室,沂蒙革命纪念馆.中共沂蒙根据地党史大事记[M].济南:济南出版社,2016.

[119] 中共山东省委.贯彻党的群众路线贵在知行合一[J].求是,2014(10):25-27.

[120] 周艳红.红色文化自觉:培育大学生民族精神的有效路径[J].临沂大学学报,2016,38(4):12-16.

[121] 周振国,肖贵清.西柏坡精神学习读本[M].北京:社会科学文献出版社,2005.

[122] 周忠高.沂蒙精神与新时期党建工作[J].临沂大学学报,2015,37(1):25-29.

后 记

“沂蒙精神与延安精神、井冈山精神、西柏坡精神一样，是党和国家的宝贵精神财富，要不断结合新的时代条件发扬光大。”这是习近平总书记临沂考察时作出的高度评价。沂蒙走笔，观察到其靓丽的表象是远远不够的，触及熔铸在这座城市灵魂里最深层的东西，探究沂蒙精神与高校思政课的内在关联，才是本书的初衷和目的。模式可以复制，精神可以代际传递。这或许就是给我们带来的一点启示。

沂蒙精神对学生价值观的塑造，不是“狂风暴雨”般地灌输，而是“润物细无声”般地教化，逐渐将沂蒙精神内涵的精神力量转化为个体的情感认同和行为习惯。为提高沂蒙精神融入高校思想政治理论课教学效果，本书聚焦于教学目标、教学内容、教学方式、教学评价做思想政治课程的加法，通过“基因式”嵌入将沂蒙精神融入思想政治教学，以期起到潜移默化、润物无声的育人效果。

书稿是全国高校思政课建设项目：全国高校思政课名师工作室（临沂大学）21SZJS37010452的阶段性成果，是山东省社会科学规划课题“沂蒙精神融入高校思想政治理论课教学研究”(17CYMJ07)的最终成果。历经四年之久完稿，并经多次修改完善，最终定稿。其中第六章第一节、第三节和第四节内容分别由杨大洲、袁艺闻和黄蒙同学撰写，十分感谢他们的辛苦付出。

本书在写作中还借鉴了诸多同仁的实践经验与研究成果。在此，谨向所有为本文的研究奠定基础的同仁表示衷心的感谢！本书能够付梓出版，得到“沂蒙精神的内涵与时代价值研究(17ALLJJ13)”项目的支持，在此一并表示衷心感谢！

由于作者水平和经验有限，本书肯定存在许多瑕疵，不当之处敬请专家和学者批评指正。

孙海英

2021年3月于明义楼